职业教育"十四五"新形态教材

财经商贸大类新专标系列教材

企业管理基础

JIYE GUANLI JICHU

严玉康 主编

立信会计出版社

图书在版编目（CIP）数据

企业管理基础 / 严玉康主编. -- 上海：立信会计出版社，2024.9. -- ISBN 978-7-5429-7682-6

Ⅰ. F272

中国国家版本馆 CIP 数据核字第 202480RA73 号

策划编辑　　赵志梅
责任编辑　　赵志梅
美术编辑　　吴博闻

企业管理基础
QIYE GUANLI JICHU

出版发行	立信会计出版社		
地　　址	上海市中山西路 2230 号	邮政编码	200235
电　　话	(021)64411389	传　　真	(021)64411325
网　　址	www.lixinaph.com	电子邮箱	lixinaph2019@126.com
网上书店	http://lixin.jd.com		http://lxkjcbs.tmall.com
经　　销	各地新华书店		
印　　刷	常熟市人民印刷有限公司		
开　　本	787 毫米×1092 毫米	1/16	
印　　张	16.75		
字　　数	439 千字		
版　　次	2024 年 9 月第 1 版		
印　　次	2024 年 9 月第 1 次		
书　　号	ISBN 978-7-5429-7682-6/F		
定　　价	49.00 元		

如有印订差错，请与本社联系调换

前言 Foreword

进入21世纪,随着科技的飞速发展和市场的急剧变化,企业面临前所未有的挑战和机遇。一方面,新兴技术如人工智能、大数据、云计算等重塑企业的运营模式和竞争格局;另一方面,消费者需求的多样化、市场的不确定性,以及社会市场环境的变化也给企业带来了巨大压力。在当今充满变化与挑战的时代,企业管理的重要性愈发凸显。

作为一门综合性学科,企业管理的成败对于企业的生存与发展起着决定性作用。它不仅关乎企业内部的运营机制、组织架构、人员调配、资源利用等微观层面,而且影响着企业在市场竞争中的战略定位与长远规划。无论是初创企业寻求突破,还是成熟企业追求持续创新,都离不开科学有效的企业管理。

本教材作为高职高专院校学生系统学习企业管理知识的基石,主要介绍了企业管理的经典内容。本教材的内容突出了管理学科的知识性和应用性,具体特点如下:

(1) 在知识体系架构上,本教材力求全面和系统。从战略管理、组织管理到企业文化管理,从人力资源管理、生产管理到财务管理,从质量管理、物流和供应链管理、品牌和营销管理到创新管理,本教材涵盖了企业管理的各个关键领域,形成了一个完整的知识链条。

(2) 本教材注重理论与实践的紧密结合。在阐述管理理论的基础上,本教材引入大量真实生动的企业案例,让读者能够切实体会到相关管理理论在企业实际场景中的应用。

(3) 为了更好地引导学生学习,本教材设置了各种小栏目。本教材在每章开始设置了学习目标、思维导图和思政园地,让学生明确学习重点;在章节中穿插了案例分析,鼓励学生积极思考和互动;各章结尾设有练习题,帮助学生巩固所学知识。希望通过这种方式,本教材能帮助学生更加主动地参与到学习中,增强学习效果。

(4) 本教材注重对最新趋势和热点问题的关注与探讨。例如,数字化转型对企业管理带来的深刻影响,新技术在企业管理中的应用,以及如何在新经济环境下培养创新能力等。我们希望通过对这些前沿热点问题的介绍,帮助学生紧跟时代步伐,具备与时俱进的管理视野和能力。

本教材可作为高职高专院校相关专业学生学习企业管理课程的基础教材,也可作为实务工作者学习企业管理知识或进行相关业务培训的参考资料。本教材由上海东海职业技术学院严玉康教授主持编写。严玉康老师编写了第1章至第5章和第9章至第11章,王佳慧老师编写了第6章至第8章。在教材编写过程中,编者与行业专家、院校教师和立信会计出版社进行了多次研讨,他们提出了许多宝贵的建议,在此表示衷心的感谢。

企业管理既是一门科学,也是一门艺术。希望学生在阅读和学习本教材的过程中,用心领悟其中的智慧和奥秘,不断探索、思考和实践,在学习企业管理知识和实践管理工作的道路上不断前行,为推动企业的发展和社会的进步贡献力量。

编　者

目录 Contents

第1章 认识企业管理 1

——探索企业管理的奥秘,需要从基础出发构建起对企业运作的深刻理解。本章将从企业和管理两个纬度,深入解析企业营运的本质与管理理论的精髓。

第1节 企业概述 2
第2节 管理概述 7
第3节 企业管理的发展 10
第4节 现代企业制度 17
练习题 21

第2章 战略管理 23

——战略管理是企业成功的指南针。本章将在对战略管理内涵和框架进行剖析的基础上,探讨制定、实施与评估战略的关键步骤,使读者全面理解并掌握战略管理的核心要义。

第1节 战略管理概述 24
第2节 战略体系构建 33
第3节 企业总体战略 40
练习题 43

第3章 组织管理 45

——组织管理是塑造企业架构的基石。本章阐述企业组织设计原则、结构类型和组织结构设计,帮助读者理解并掌握组织管理的核心要素,为未来工作实践提供指引。

第1节 组织 46
第2节 组织结构和组织设计 50
第3节 组织变革 58

练习题 ··· 65

第4章　企业文化管理 ··· 67

——企业文化是企业的灵魂。本章将探讨企业文化的构建、传承与发展，揭示企业文化在企业管理中的独特作用，引领读者全面理解企业文化管理的重要意义。

第1节　企业文化概述 ·· 68
第2节　企业文化建设 ·· 73
第3节　企业形象 ··· 76
第4节　各国的企业文化 ·· 81
练习题 ·· 85

第5章　人力资源管理 ··· 87

——人力资源是企业最宝贵的资产。本章将着重探讨人力资源管理的内涵和其在企业管理实践中的应用，为读者揭示如何通过有效的人才选拔、培训与发展，为组织注入持续的活力和竞争力。

第1节　人力资源管理概述 ·· 88
第2节　工作分析 ··· 92
第3节　人员招聘和员工录用 ·· 96
第4节　员工培训 ··· 100
第5节　绩效考核和薪酬管理 ·· 103
练习题 ·· 109

第6章　生产管理 ··· 111

——生产管理是企业发展的引擎。本章将详细解读生产管理的各个环节，从生产计划到质量控制，从成本控制到效率提升，使读者能够运用生产管理理论解决实际问题。

第1节　生产管理概述 ··· 112
第2节　生产计划和生产控制 ·· 118
第3节　生产过程 ··· 123
第4节　生产管理的新特征和新理念 ··· 128
练习题 ·· 131

第7章 财务管理 ... 133

——财务管理是企业稳健发展的舵手。本章将系统阐述财务管理的核心要素,掌握财务管理的基本原理和实践方法,带领读者通过精准的财务分析和决策,确保企业财务健康和持续发展。

第1节 财务管理概述 ... 134
第2节 筹资、投资和分配 ... 135
第3节 财务分析 ... 141
第4节 财务控制 ... 152
练习题 ... 159

第8章 质量管理 ... 161

——质量管理是企业赢得市场的关键。本章将探索质量管理的核心理念,引导读者熟悉质量管理流程,掌握并运用质量管理工具和方法,提升企业产品和服务的卓越性,赢得市场和客户的信任。

第1节 质量管理概述 ... 162
第2节 质量管理的工具和方法 ... 169
第3节 六西格玛质量管理体系 ... 181
第4节 现代质量管理面临的挑战和新思路 ... 185
练习题 ... 187

第9章 物流和供应链管理 ... 189

——物流与供应链管理是构建企业高效运作的桥梁。本章将深入剖析物流运作的各个环节,探讨供应链的优化策略,使读者掌握协同管理、信息共享和风险控制等手段,实现企业降本增效。

第1节 物流和供应链 ... 190
第2节 基于供应链的战略联盟 ... 196
第3节 现代物流管理的新趋势 ... 202
练习题 ... 211

第10章 品牌和营销管理 ... 213

——品牌与营销决定了企业产品的商业价值。本章将全面阐述品牌与营销管理的核心内涵,带领读者理解品牌建设的重要性和营销策略的精妙,探索通过有效的品牌故事和营销活动,建立强大的市场影响力。

第1节 品牌 ... 214

第 2 节　营销管理 ·· 223
练习题 ··· 239

第 11 章　创新管理 ·· 241

——创新管理是企业持续发展的催化剂。本章将阐述创新管理的策略和方法，揭示如何激发组织创新活力并通过系统化的创新流程，推动企业不断突破现状，引领市场潮流。

第 1 节　企业创新概述 ··· 242
第 2 节　企业创新管理 ··· 247
第 3 节　企业创新管理面临的挑战和应对 ····························· 252
练习题 ··· 257

主要参考文献 ·· 259

第 1 章 认识企业管理
Chapter 1

思政园地

◎ 学习目标

- 掌握企业的概念、类型和特征等基本知识，能清晰阐述不同类型企业的区别。
- 了解企业组织的演化史，能分析其演变的原因和趋势，以及对现代企业的影响。
- 掌握管理的概念、职能和类型，认识管理在企业运行中的关键作用。
- 了解各种管理理论的主要内容和主要特征，熟悉中西方企业管理理论的发展过程，能总结其不同阶段的特点和要素。
- 理解并掌握现代企业制度的概念、基本特征和形式，能够运用现代企业制度对当前企业发展实际情况进行分析和研究。

◎ 知识导图

认识企业管理
- 企业概述
  - 企业的概念、类型和特征
  - 企业组织的演化史
  - 企业的生命周期
- 管理概述
  - 管理的概念
  - 管理的职能
  - 管理的类型
- 企业管理的发展
  - 西方企业管理的发展
  - 我国企业管理的发展
- 现代企业制度
  - 现代企业概述
  - 现代企业制度的概念
  - 现代企业制度的基本特征
  - 现代企业制度的形式

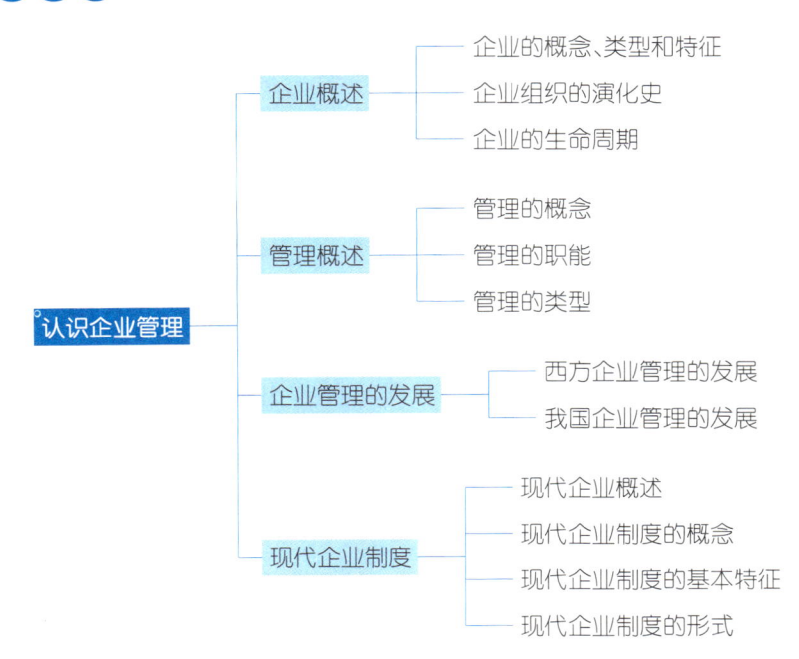

第1节 企业概述

企业作为社会经济的基本单元,承载着推动经济发展、创造就业机会、满足社会需求等多重使命。企业是社会发展的产物,是市场经济活动的主要参与者。企业通过参与市场竞争,实现资源的优化配置和有效利用。企业的经济活动不仅满足了人们的物质需求,还推动了技术创新、管理创新和文化创新,促进了社会的进步和发展,为社会带来了更多的活力和动力。在社会主义市场经济体制下,各种企业共同构成了社会主义市场经济的微观基础。

一、企业的概念、类型和特征

(一) 企业的概念

所谓企业,一般是指以营利为目的,运用各种生产要素(土地、劳动力、资本、技术等),从事商品生产、流通和服务活动,满足市场需要,实行自主经营、自负盈亏、独立核算,依法设立的经济组织。企业是商品经济发展到一定阶段的产物,随着商品生产的发展而发展。企业通过开展各种生产经营活动满足社会公众物质和文化需求,在市场经济中占据非常重要的地位。企业通过提供产品或服务换取收入,实现包括投资者、客户、员工、社会大众在内的相关者的利益最大化。因此,企业具有以下一些基本要素:

(1) 拥有一定数量的生产设备和资金。
(2) 拥有固定的生产经营活动场所。
(3) 拥有一定数量的工人和管理者。
(4) 从事产品的生产、流通等经济活动。
(5) 自主经营、自负盈亏,具有法人地位。
(6) 生产经营活动的主要目的是获得利润。

(二) 企业的类型

1. 企业类型的划分

对企业进行类型划分有助于各方更好地了解和认识企业,促进企业的健康发展。通常不同的企业类型代表着不同的经营方式、管理理念和风险承担能力。通过企业类型划分,投资者、合作伙伴和消费者能更清楚地了解企业,从而作出更明智的决策。

按照不同的分类标准,企业可以进行以下分类:

(1) 按规模大小不同,企业可分为大型企业、中型企业、小型企业和微型企业。
(2) 按所有制性质不同,企业可分为国有企业、集体所有制企业、民营企业、外资企业和股份制企业等。
(3) 按资产构成和承担的法律责任不同,企业可分为个人独资企业、合伙企业和公司制企业。
(4) 按生产力要素占比不同,企业可分为劳动密集型企业、资金密集型企业和技术密集型企业等。

2. 企业的组织形式

企业的组织形式是指企业存在的形态和类型,即企业从事生产、经营活动的外部表现和内部各要素之间相互关系的总和。它表明一个企业的财产构成、内部分工协作,以及与外部社会经济联系的方式。通俗来说,它表明在企业这个大家庭里,大家是怎么分工合作、共同奋斗的。想象一下,如果你是一家公司的老板,那你就要决定这个公司的结构,思考如何让大家更好地协作。

常见的企业组织形式有以下几种。

1) 个人独资企业

个人独资企业又称独资企业,是指由个人出资经营,归个人所有和控制,由个人承担经营风险并享有全部经营收益的企业。这种企业在法律上为自然人,因此不具有法人资格。个人独资企业一般规模较小,是一种古老而简单的企业组织形式。个人独资企业具有以下特点:

(1) 设立和解散的程序简单易行(独资企业在世界不少地方不需要在政府注册),产权能够比较自由地转让。

(2) 企业经营灵活、决策迅速,有较强的自主性,企业主可以完全根据个人的意志开展经营活动并作出管理决策。

(3) 企业主对企业的债务负无限责任,企业债务可以用个人资产进行偿付,有利于保护债权人权益。

(4) 企业规模比较有限。受限于企业主个人的资产能力、经营能力和管理能力,加上个人独资企业取得贷款的能力不足,企业在连续性和稳定性上存在较大隐患,因此,这类企业一般规模较小、生命力较弱。

个人独资企业主要盛行于零售业、农林牧渔业、手工业、服务业等传统行业及家庭式作坊。

2) 合伙企业

合伙企业一般是指由自然人、法人和其他组织设立的普通合伙企业和有限合伙企业。

普通合伙企业由2个以上普通合伙人组成。合伙人按协议共同出资、合伙经营、分享所得,同时对营业亏损共同承担完全责任。

有限合伙企业由普通合伙人和有限合伙人组成,由2个以上、50个以下合伙人设立,法律另有规定的除外。普通合伙人负责合伙企业的经营管理,对合伙企业债务承担无限连带责任,有限合伙人不执行合伙事务,以其认缴的出资额为限对合伙企业债务承担责任。普通合伙人主要是自然人,由于涉及对企业债务承担无限责任,2006年修订的《中华人民共和国合伙企业法》第三条规定,国有独资企业、国有企业、上市公司以及公益性的事业单位、社会团体不得成为普通合伙人。

相对于普通合伙企业,有限合伙企业允许投资者以承担有限责任的方式参加合伙并成为有限合伙人,可以使资本与智力实现有效结合,即拥有资金的人作为有限合伙人,拥有专业知识和技能的人作为普通合伙人,达成资源的高效整合,从而有利于企业的发展壮大。

总的来说,合伙企业可以从多个合伙人处筹集资金并共同承担偿还责任,因此其资本来源和信用能力相对较高,银行的贷款风险下降,企业的筹资能力得到改善。相较于个人独资企业,合伙企业弥补了资本、知识、能力等方面的缺陷,对市场经济的发展起到了积极的促进作用。

3) 公司制企业

公司制企业又称股份制企业,是指按照法律规定,由1个以上投资人(自然人或法人)出资设立、自主经营、自负盈亏、具有法人资格的经济组织。公司制企业的所有权主体和经营权主体分离,所有者只参与和作出有关所有者权益或资本权益变动的理财决策,日常的生产经营活动和其他理财活动由经营者进行决策。目前,公司制企业是现代企业中最主要、最典型的组织形式。

公司制企业主要包括以下几种形式:

(1) 有限责任公司。有限责任公司是指由50个以下股东出资设立的公司,股东以其所认缴的出资额为限对公司承担有限责任,公司以其全部资产对公司债务承担全部责任。

(2) 股份有限公司。股份有限公司是指公司资本由股份组成的公司,股东以其认购的股份为限对公司承担责任。

拓展资料

中国最早的股份制公司[①]

人们普遍认为中国最早的股份制公司出现在19世纪晚期,即1872年洋务运动时期成立的轮船招商局。轮船招商局由李鸿章创办,标志着中国企业开始采用西方的股份制经营模式。该公司采用入股形式,把资本分为若干股份,面向社会招股集资。股票持有者凭股票获得分红收益。轮船招商局的具体管理和实施者是商总和商董阶层,而非官方,这在一定程度上体现了官督商办的特点。轮船招商局的成立对中国近代企业的股份制发展产生了深远的影响。

(3) 无限责任公司。无限责任公司是指由全体股东对公司债务承担无限连带清偿责任的公司。

(4) 两合公司。两合公司是指一部分股东对公司债务承担无限连带清偿责任,另一部分股东以其认购的股份为限对公司承担责任的公司。

(5) 股份两合公司。股份两合公司是一种特殊形式的两合公司,同样由无限责任股东和有限责任股东组成,但资本分成均等的股份,有限责任股东以认购股份的方式出资。

常见的三种企业组织形式比较如表1-1所示。

表1-1 常见的三种企业组织形式比较

类型	法律依据	优点	缺点
个人独资企业	《中华人民共和国独资企业法》	❖ 注册手续简单 ❖ 决策自主性强 ❖ 税负较轻	❖ 规模小、连续性差 ❖ 筹资能力弱、发展受限
合伙企业	《中华人民共和国合伙企业法》	❖ 经营压力分散、抗风险能力较强 ❖ 资源整合程度较高 ❖ 经营管理灵活	❖ 管理费用较高 ❖ 法律责任较为复杂 ❖ 税收相对较高
公司制企业	《中华人民共和国公司法》	❖ 无限存续 ❖ 有限债务责任 ❖ 所有权流动性强 ❖ 资本市场地位优越	❖ 双重纳税 ❖ 公司组建成本高 ❖ 存在代理人问题

---

① 本教材的拓展资料均由作者根据相关资料改编。

(三) 企业的特征

企业既是一个经济性组织，又是一个社会性组织，是按照一定的组织规律有机构成的经济实体。企业一般具有以下特征：

(1) 企业是一个经济性组织，追求盈利目标。企业的主要目标是追求利润最大化，即通过生产、销售商品或提供服务来获取经济效益和利润。企业经营的动力就是实现盈利。

(2) 企业是一个社会性组织，具有社会责任。企业在追求自身盈利的同时，也要承担起社会责任。随着社会的发展，企业已不再被看作只是为拥有者创造利润和财富的工具，它还必须对整个社会的政治、经济发展负责。

(3) 企业是一个独立的法人，具有独立的法律地位和权益。从法律的角度说，企业是自主经营、自负盈亏，依法独立享有民事权利并承担民事责任的从事经营活动的法人组织。

(4) 企业是一个自主经营系统，具有独立决策的能力。企业拥有自主决策和自主经营的权力，这就要求我们减少对企业的干预，特别是行政干涉。

二、企业组织的演化史

(一) 企业组织的萌芽阶段

企业发展的早期，即企业组织的萌芽阶段，主要是指农业社会和手工业时期。这一时期的企业组织形式以家庭作坊和手工工场为主，其规模较小、结构简单，多数以血缘、亲缘或地缘关系为纽带而形成。这些企业组织在管理上往往依赖于传统的经验和习惯，尚未形成系统的管理理论和方法。然而，正是这些早期的企业组织为后续的企业发展奠定了基础，并孕育了企业管理的最初思想。

(二) 近代企业组织的产生与演化

随着工业革命的兴起，近代企业组织开始产生并逐渐演化。这一时期的企业组织形式逐渐由单一的家庭作坊和手工工场向更为复杂的工厂制企业转变。工厂制企业的出现，标志着企业组织在规模、结构和功能上的重大变化。随着规模的扩大和市场竞争的加剧，企业组织开始注重提高生产效率和降低成本，并逐步形成了一套较为系统的管理理论和方法。例如，费雷德里克·泰勒的科学管理理论、亨利·法约尔的一般管理理论等，都为近代企业组织的发展提供了重要的理论支持。

在近代企业组织的演化过程中，股份制企业逐渐成为主导形式。股份制企业的出现，使得企业可以通过发行股票来筹集资金，从而实现了企业规模的快速扩张。同时，股份制企业也促进了企业所有权与经营权的分离，使得企业能够吸引更多的专业人才参与企业管理，提高了企业的运营效率。

(三) 现代企业组织的产生与发展

进入20世纪后，随着科技革命和全球化的发展，现代企业组织开始产生并逐渐发展。这一时期的企业组织形式更加多样化和复杂化，跨国公司、企业集团、虚拟企业等多种新型企业组织形态开始出现。这些企业组织在全球化竞争中，通过跨国经营、战略联盟和供应链管理等方式，实现了资源的优化配置和企业的快速成长。

在现代企业组织的产生与发展过程中，企业管理理论和方法也得到了极大的丰富和发展。例如，人本管理理论、学习型组织理论、战略管理理论等，都为现代企业组织的发展提供了重要的理论支持。同时,信息技术和网络技术的发展也为现代企业组织的管理带来了革命性的变化,使得企业能够更加高效地获取信息、处理信息和传递信息,提高了企业的管理水平和竞争力。

企业发展的三个历史阶段反映了企业组织形态和管理方式的演变过程。从早期的家庭作坊和手工工场到近代的工厂制企业和股份制企业,再到现代的多样化和复杂化的企业组织形式,企业不断地适应着时代的发展和市场的需求,实现了自身的成长和进步。

三、企业的生命周期

企业生命周期理论最早是由美国人伊查克·爱迪斯(Ichak Adizes)提出的。他在《企业生命周期》一书中详细阐述了企业生命周期的概念,并将企业生命周期分为孕育期、婴儿期、学步期、青春期、壮年期、稳定期、贵族期、官僚早期、官僚期和死亡期这十个阶段。后来,学者们在伊查克·爱迪斯的基础上,发展出了多种不同的生命周期理论模型,但大多数模型都将企业生命周期简单划分为四个阶段:初创期、成长期、成熟期和衰退期(或转型期)。这些理论模型旨在为企业找到能够与其特点相适应并能不断促其发展延续的特定组织结构形式,从而帮助企业实现可持续发展。

企业在从初创、成长、成熟到衰退(或转型)的过程中,其在初创期不断探索与尝试,在成长期进行快速扩张与市场竞争,在成熟期实现稳定运营与持续创新,直至最后可能会面临衰退或转型。

(一) 初创期

初创期是企业生命周期的起点,也是最为关键的阶段。在这个阶段,企业刚刚成立,面临着资金、技术、人才等多方面的挑战。此时,企业需要明确自身的定位和目标,制定合理的发展战略,并投入大量的资源和精力进行市场调研、产品研发和市场推广。初创期的企业通常规模较小,但具有高度的灵活性和创新性,能够快速适应市场变化,寻求生存和发展的机会。

(二) 成长期

成长期是企业生命周期的第二个阶段,也是企业快速发展的阶段。在这个阶段,企业已经拥有了一定的市场份额和知名度,开始实现规模经济效应。此时,企业需要注重提高生产效率、扩大销售规模、增强品牌影响力,并加强内部管理和制度建设,以确保企业的稳健发展。同时,企业还需要关注市场动态和竞争对手的动向,以便及时调整战略和应对挑战。

(三) 成熟期

成熟期是企业生命周期的第三个阶段,也是企业最为稳定的阶段。在这个阶段,企业已经积累了丰富的管理经验和资源,形成了自己的核心能力和竞争优势。此时,企业的主要任务是稳固市场地位、提高利润水平、创造独特资源,并寻求新的发展机遇和突破点。然而,成熟期并不意味着企业可以高枕无忧。相反,企业需要保持敏锐的市场洞察力和创新能力,不断适应市场变化。此外,企业还需要关注内部管理、人才培养和企业文化建设等方面的问题,以确保企业的持续健康发展。

(四) 衰退期(或转型期)

衰退期(或转型期)是企业生命周期的最后一个阶段。在这个阶段,企业可能面临市场萎缩、竞争加剧、技术落后、业绩下滑和市场份额减少等多重困境。此时，企业需要认真分析衰退的原因，并采取相应的措施进行转型或调整。企业所采取的可能的转型或调整措施包括调整产品结构、拓展新的市场领域、改进生产技术和管理模式等。通过有效的转型或调整，企业有可能重获新生，进入新的生命周期阶段。

企业生命周期是一个复杂而多变的过程，需要企业在不同阶段采取不同的策略和措施来应对挑战和机遇。只有不断适应市场变化、加强内部管理、注重人才培养和企业文化建设等，企业才能在激烈的市场竞争中实现持续健康发展。

拓展资料

亚马逊公司的管理实践

亚马逊公司作为全球知名的电子商务巨头，其成功在很大程度上归功于其出色的管理实践。亚马逊公司制定了明确的长期目标，如扩大市场份额、提升用户体验、推动技术创新等。为了实现这些目标，亚马逊制订了详细的运营计划，包括产品选品、库存管理、物流配送、客户服务等各个环节的计划。明确的目标、详细的计划不仅为公司的发展指明了方向，也为员工提供了明确的行动指南。

作为一家全球性公司，亚马逊公司非常注重组织结构的优化和资源配置。公司的领导层具有强大的领导力和执行力，他们注重人才的选拔和培养，通过明确的愿景、使命和优厚的薪酬及有力的措施来激发员工的积极性和创造力。同时，亚马逊公司非常重视对业务过程的监控和控制：公司建立了一套完善的监控体系，对各个环节进行实时监控和数据分析。一旦发现问题或偏差，公司会立即采取措施进行纠正和调整。此外，亚马逊还注重持续改进和优化业务流程，确保公司的运营效率和客户满意度不断提高。

亚马逊公司通过充分发挥管理的基本职能，实现了公司的快速发展和持续创新。

第2节 管理概述

一、管理的概念

什么是管理？管理的定义基于立场、方法、角度的不同，有许多版本。一般认为，管理就是一定组织中的管理者通过计划、组织、领导和控制等职能来协调他人的活动，使他人同自己一起有效实现既定目标的活动过程。

人类关于管理活动的思考有着非常悠久的历史，甚至可以说，这种思考几乎与人类本身一样历史久远。"管理"一词，源于人类抵御危险、征服自然的生存需要以及人类的共同劳动。《马克思恩格斯全集》指出，一切规模较大的直接社会劳动和共同劳动，都或多或少地需要指挥，以协调个人的活动，并执行生产总体的运动……社会分工逐渐细化，协作范围不断拓展，管理的作用愈发凸显。在现代社会中，管理活动已是人类最重要的一项活动，广泛存在于社会活动中，并存在于各种机构中，如国家、军队、企业、学校、医院等。

管理的这个综合概念至少包括以下四个方面的含义：

（1）管理适用于任何一个社会组织。管理的第一要素是组织，因为只有集体活动才需要协调，单个人的活动与管理无关。

（2）管理的基本对象是人。尽管管理一般都要涉及人、财、物、信息各方面，但组织活动的主体是人。这就是说，管理是一种人际关系，存在着管理者和被管理者。

（3）管理是一种协调活动。协调就是使个人的努力与集体的预期目标相一致。管理的本质是协调，每一项管理职能、每一次管理决策都需要进行协调，且都是为了协调。当然协调的方法可以多种多样，要讲究协调的艺术。

（4）管理是一种有目的的活动。管理的目的是实现预期的目标，对企业来说就是要创造盈余（利润）。管理即创造一种环境，通过员工的辛勤工作，用最少的时间、资金、原材料等来实现集体的目标，或者在这个环境里使用现有的资源来实现更多的预期目标。

二、管理的职能

管理的职能是指管理系统所具有的职责与功能。目前，大多数学者认为计划、组织、领导、控制和创新是管理的基本职能。

（一）计划职能

计划职能是指根据企业内外部实际情况，通过科学、准确的预测，提出未来一定时期内的目标及实现目标的方法的一项管理职能。计划职能的重要意义在于：首先，计划职能能够帮助企业实现资源的科学配置，提高资源利用效率；其次，计划职能能帮助企业实现未来目标，使企业更具竞争力。企业规模越大，计划职能的重要性就越显著。总之，现代企业管理已经进化到一个高度复杂的阶段，计划成为每个企业管理人员必备的核心能力之一。

（二）组织职能

组织职能，从狭义上讲是指建立健全组织体系的工作过程的一项管理职能；从广义上讲，是指为有效实现组织目标，建立组织机构，配备人员，使组织协调运行的一项管理职能。组织职能是企业的核心功能，包括规划、组织、指导和控制等方面的工作。组织职能的履行需要有效的领导和管理、良好的组织架构和人才配备，以及高效的沟通和决策机制。另外，随着企业内外环境的变化，组织职能还需要对企业结构、人员配备等进行动态调整和优化，以保持企业的适应性和灵活性。

（三）领导职能

领导职能是指管理者利用企业所赋予的权力去主导和影响被管理者，使之为实现企业目标而努力工作的一项管理职能。领导职能包括激励、沟通、协调、奖励、处罚和示范等基本内容。为了有效实施计划，管理者不仅要设计合理的组织架构并配备合适的人员，同时要设法让组织成员以高昂的士气和饱满的精神投身到企业活动中去。此外，管理者自身也需要不断提升素质和能力，适应不同阶段企业的需要，灵活运用各种领导方式和技巧，引领企业在竞争中不断发展壮大。

（四）控制职能

控制职能是指管理者对企业各方面的运行状况加以监督，保证企业实际运行状况与企业计划要求保持动态适应的一项管理职能。控制职能旨在确保计划、组织、领导等管理活动的顺利实施,以实现企业目标。控制职能涉及识别问题、收集信息、制定控制策略和实施解决方案的过程。控制职能贯穿于管理的全过程,在各个层面和环节发挥着作用,从而保障企业整体目标的实现。

(五)创新职能

创新职能是指企业把新的管理要素,如管理方法、管理手段、管理模式等引入管理,通过对现有职能进行改进、优化和整合,以求更有效地实现企业目标的一项管理职能。职能创新的核心是提高企业的竞争力。从某种意义上来讲,计划、组织、领导和控制职能属于管理中的维持职能,只有创新职能才是提升企业竞争力、促进企业可持续发展的根本动力。

计划、组织、领导和控制四项管理职能相互促进、相互制约,从计划开始经过组织、领导到控制结束,形成一个管理循环,如图 1-1 所示。创新职能贯穿于管理的全过程,处于管理循环的轴心和基础地位,渗透到计划、组织、领导、控制各项职能之中。

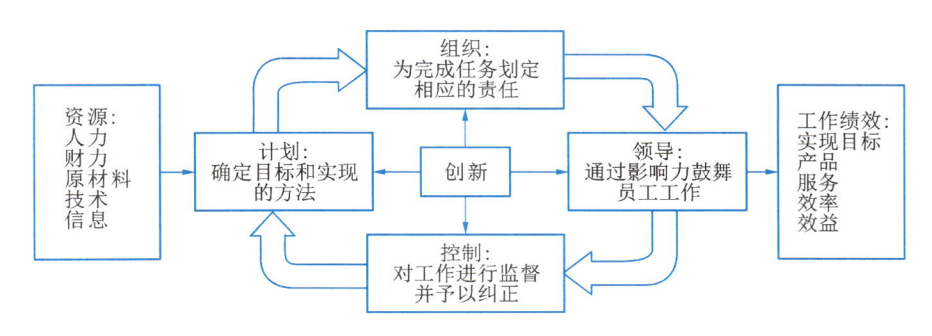

图 1-1 五项管理职能的关系

三、管理的类型

基于公共领域和非公共领域及其主体组织形式不同,管理一般分为公共管理和企业管理。

(一)公共管理

公共管理是以公共组织为依托,运用公共权力,为实现公共利益而进行的管理活动。公共管理的内容非常广泛,包括政府对社会经济生活、文化教育、环境保护、医疗卫生、交通运输等方面的管理,涉及多个领域,如公共事业管理、行政管理、城市管理等。作为一种强调公共性、追求公共利益的管理理念和管理模式,公共管理的主要特点如下:

(1)以公共利益为目标。
(2)以公共组织为依托。
(3)公共管理是公共权力运用的过程。
(4)具有独占性,即一种公共服务或公共产品由一个部门提供。
(5)需要接受公众监督。

(二) 企业管理

企业管理是一个系统工程，涵盖了多个方面的内容，包括组织管理、营销管理、财务管理、人力资源管理及企业文化管理等。通过科学的计划、组织、协调和控制，企业管理可以最大限度地发挥企业的潜力，提高企业的经济效益和社会效益。企业管理的主要特点可以概括为以下几个方面：

(1) 决策性。企业管理以企业作为相对独立的商品生产者和经营者为前提，根据企业外部环境和内部实力来作出各种决策。这些决策直接关系到企业的生存与发展，需要管理者具备敏锐的洞察力、判断力和决策力。

(2) 外向性。企业管理与社会、市场和用户有着密切的联系。企业的基本目的就是实现与外部环境的动态平衡，以获得良好的经济效益和社会效益。因此，企业管理需要密切关注市场动态，不断调整和优化自身的经营策略。

(3) 综合性。企业管理是一个综合性的管理过程，它的基本内容既包括市场调查、预测、生产、销售，也包括技术、财务和后勤等方面。管理者需要综合考虑各种因素，制订全面而协调的管理计划。

(4) 系统性。企业管理是一个由多个相互关联的子系统组成的复杂系统，包括生产系统、营销系统、财务系统和人事系统等。这些子系统之间相互依存、相互作用，共同构成了企业管理的整体。

(5) 层次性。企业管理分为不同的层次，包括战略管理(高层决策者)、战术管理(中层管理者)和操作管理(基层管理者)。每个层次的管理者都有其特定的职责和权限，需要协同工作以实现企业的整体目标。

(6) 计划性。企业管理需要进行周密的计划，包括战略计划、战术计划和操作计划等。这些计划是企业行动的指导方针，需要管理者根据企业的实际情况和市场环境来制订和调整。

(7) 组织性。企业管理需要建立合理的组织结构，明确各部门和岗位的职责和权限，以协调企业的各项活动。同时，企业管理还需要建立健全制度和规范，以确保企业的正常运转和高效管理。

(8) 控制性。企业管理需要对企业的经营绩效进行监督和控制，及时发现并纠正偏差。这需要管理者具备一定的控制能力和监督能力，以确保企业的目标和计划得以实现。

(9) 创新性。企业管理需要不断创新，以适应不断变化的市场环境。创新是企业发展的重要动力之一，需要管理者具备创新意识和创新能力，以推动企业持续发展。

第3节 企业管理的发展

企业管理最初产生于资本主义社会。随着商品经济、社会化大生产和科学技术的突飞猛进，企业管理的内容日益丰富。企业管理是对企业生产经营活动进行计划、组织、领导、控制和创新等一系列活动的总称。

一、西方企业管理的发展

西方资本主义企业管理的发展过程一般可分为四个阶段,即传统管理理论阶段、科学管理理论阶段、行为科学管理理论阶段和现代管理理论阶段。

(一) 传统管理理论阶段

这个阶段从18世纪末资本主义工厂制度产生到20世纪初资本主义自由竞争阶段结束为止,跨度为一百多年。英国的古典政治经济学家亚当·斯密、大卫·李图嘉、罗伯特·欧文、查尔斯·巴贝奇、安德鲁·尤尔和美国的亨利·普尔都是传统管理理论的代表人物。

在这一阶段,工厂将劳动者、劳动工具和劳动对象集中在一起进行产品的生产,因此,传统管理理论着眼于解决在企业内部生产过程中如何分工、协作,以保证生产顺利进行,以及如何减少资本消耗、提高工人的劳动效率,以获取更多利润等。传统管理理论的内容仅限于生产管理、工资管理和成本管理。

这一阶段企业管理的主要特点如下:

(1) 企业管理者基本上由资本家担任,资本所有权和经营权高度统一,采用家长专断式的领导方式。

(2) 主要依靠个人经验来从事生产和管理。工人一般凭经验操作,没有统一的操作规范;管理人员一般凭经验进行管理,没有统一的管理方法。管理工作成效主要取决于管理者个人的经验和个性等。

(3) 工人与管理者的培养主要采用传统的师徒制。这一阶段的管理比较粗放,处于经验积累阶段。

(二) 科学管理理论阶段

这个阶段的时间为从19世纪末到20世纪初,代表人物是美国的费雷德里克·泰勒。泰勒从学徒工开始,先后担任车间管理员、技师、工长、设计师主任和总工程师。通过广泛的实践和系统的研究,泰勒于1911年出版了《科学管理原理》一书。他提出的"科学管理"这一名词被人们广泛接受和引用。

泰勒的科学管理理论主要包含以下内容:

(1) 工作方法的标准化。通过分析研究工人操作动作,选用最合适的劳动工具,采用合理的操作动作,从而制定标准操作方法。

(2) 工时的科学利用。通过研究工人工时消耗情况,制定单位工作量所需的劳动时间定额。

(3) 差别计件工资制。通过科学的方法设定工作定额后,采用差别计件工资制来激励工人超额完成工作定额。

(4) 计划职能和执行职能相分离。由专门的计划部门承担计划职能,工人和工长承担执行职能,从而使管理更高效。泰勒主张一切管理问题都应当而且可以用科学的方法去研究解决,他认为可以通过工作的标准化使个人经验上升为理论,并据此提出专业化管理。

在科学管理理论的框架下,许多人进一步开展研究并丰富了这一理论。例如,德国的马克斯·韦伯提出了行政组织科学的组织理论和组织准则;法国的亨利·法约尔提出管理的五大职能说,并提出14项管理原则;美国的弗兰克·吉尔布勒斯夫妇从事动作研究和疲劳研究,他们采用观察、记录和分析的方法进行动作研究,确定标准工艺动作,提高生产效率,他们制定的生产流程图和程序图,至今仍被广泛使用;美国的亨利·甘特发明了甘特图,即运用线条图制订生产作业计划和控制计划执行的管理方法。

(三)行为科学管理理论阶段

这个阶段始于20世纪20年代,它被正式命名为行为科学是在1949年美国芝加哥的一次跨学科的科学会议上。行为科学管理理论产生于管理工作实践,是生产力和社会矛盾发展到一定阶段的必然结果。随着科学技术的进步和资本主义经济的发展,社会生产规模不断扩大和复杂,管理中人际关系的处理变得越来越重要。在这样的历史条件下,行为科学管理理论应运而生。

行为科学管理理论的主要代表人物有美国的乔治·埃尔顿·梅奥、亚伯拉罕·马斯洛、弗雷德里克·赫兹伯格等。梅奥于1927年在芝加哥附近的西方电气公司霍桑工厂进行了一系列实验(霍桑实验),于1933年出版了《工业文明的人类问题》一书,创立了早期的行为科学管理理论——人际关系理论。梅奥所创立的人际关系管理理论为行为科学研究奠定了基础。他提出了以下几个基本原理:

(1)人不仅仅是"经济人",同时还是"社会人"。人除了有物质需求,还有社会需求、心理需求。

(2)企业除存在正式组织,还存在非正式组织,即由共同的兴趣、感情、倾向和利益等因素自然形成的非正式群体。企业应正确处理好两种组织的关系,从而达到提高生产效率的目的。

(3)管理者应提升员工满意度,提高员工士气,促进生产效率的提升。

行为科学管理理论在发展过程中,还出现了以下四个非常重要的理论:

(1)美国心理学家亚伯拉罕·马斯洛提出的需求层次理论。他在1943年发表的《人的动机理论》中将人的需求按逐级递升分为五个层次,即生理需要、安全需要、社交需要、尊重需要和自我实现需要。他认为,只有前面的需要得到满足后,才能产生更高一级的需要。

(2)美国行为科学家弗雷德里克·赫兹伯格提出的双因素理论(又称激励保健理论)。他提出影响人们工作行为的因素有保健因素和激励因素两种。保健因素是对员工维持工作现状起到保健作用的因素,如工作环境、工作福利、同事关系等。激励因素是对员工的积极性起到调动作用的因素,如工作成就感、才能被认可、获得发展机会等。激励因素被满足则可以调动个人和团体的积极性。

(3)美国心理学家道格拉斯·麦格雷戈于1957年提出的"X—Y"理论。他对X理论和Y理论进行了具有创建性的分析比较。其中,X理论认为:多数人天生懒惰,尽可能逃避工作;多数人没有抱负,缺乏进取心,不愿负责,喜欢被人领导;多数人生来就以自我为中心,漠视组织要求;多数人缺乏理性,容易受外界或他人影响。因此,对大多数人要进行强制监督管理,以惩罚为主要管束手段,从而促使员工付出努力以实现组织目标。而Y理论则刚好相反,认为大多数人是具有一定的想象力和创造力的,只要给予一定的条件,就能激励和诱发人的能动性去努力工作,以实现组织目标。管理者要去找到并消除妨碍劳动者发挥积极性的因素,以"诱导与信任"替代"强制与管束"。传统管理通常奉行X理论,而Y理论在近代企业管理中影响较大。

(4) 美国行为科学家罗伯特·布莱克和简·莫顿于 1964 年在《新管理方格》一书中提出的管理方格理论。管理方格的横轴表示领导者对生产的关心程度,竖轴表示领导者对人的关心程度。各轴线均为 9 等分,分别为 1~9,数字越大代表关心程度越高。各条线相交后,共形成 81 个方格。每个方格代表不同类型的领导方式。他们认为企业管理的领导工作容易出现一些极端,如完全以生产为中心(9,1)或以人为中心(1,9)。为了避免趋于极端,克服绝对化观点,应运用管理方格客观分析企业内外各种情况,把自己的领导方式转化为理想方式(9,9),以实现企业效率的最大化。管理方格如图 1-2 所示。

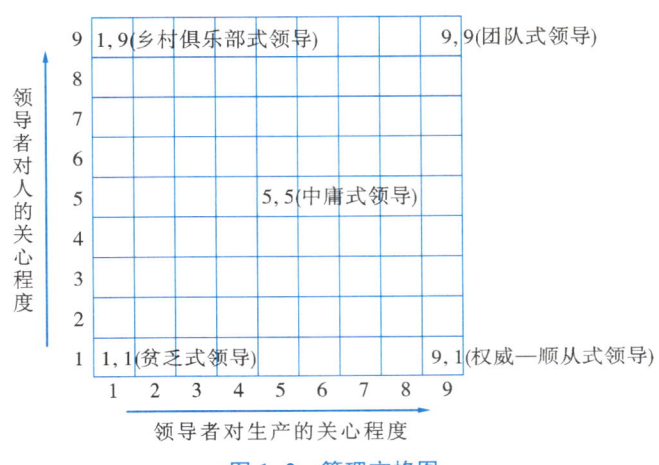

图 1-2 管理方格图

(四) 现代管理理论阶段

从 20 世纪 40 年代开始,企业管理进入现代管理理论阶段。其背景是,第二次世界大战后,科学技术和工业生产步入"快车道",现代科学技术新成果层出不穷,工业生产机械化、自动化水平不断提高。由于技术更新迅猛,产品周期缩短,市场竞争激烈,精密产品、大型工程相继出现,社会化大生产要求管理改变孤立的、单因素的、片面的方式,形成全过程、全因素、全方位、全员式的系统化管理。这就促使企业管理在思想内容、组织方法、管理手段等方面更快发展,从而形成了现代管理理论。

随着经济学、数学、统计学、社会学、心理学、人类学,乃至法学、计算机、信息技术等各学科的研究成果被广泛应用,现代管理理论出现了学派林立的景象,20 世纪 60 年代,美国管理学家哈罗德·孔茨将之喻为"管理理论丛林"。孔茨认为当时共有 11 个学派:管理过程学派、人际关系学派、组织行为学派、社会系统学派、管理科学学派、权变理论学派、决策理论学派、系统管理理论学派、经验主义学派、经理角色学派和经营管理学派。这些学派从不同的角度和研究方法对管理理论和实践作出了贡献。

进入 20 世纪 80 年代后,世界政治经济环境发生巨大变化,科学技术得到突破性发展和广泛运用,全球化趋势的影响日益凸显。为适应新形势、新变化、新发展,人们对管理理论进行了多角度、多形式的研究探索,从而形成了一些新的管理理论:

(1) 企业核心能力理论。企业核心能力理论是企业管理理论的最新发展成果。此理论起源于传统的企业能力理论。1990 年,美国学者普拉哈拉德和英国学者哈默尔在《哈佛商业评论》上发表了《公司的核心能力》一文,正式确立了企业核心能力在企业管理理论与实践中的地位。他们提出企业战略管理的关键在于培育和发展企业核心能力。企业核心能力是指企业所拥有的、难以模仿、难以替代、具有竞争优势的,能为企业带来持续获利能力的关键能力。一般来说,根据其需要满足稀缺性、价值性、持续性、难以模仿性等特点,企业核心能力可以归纳为以下几类:①技术创新能力;②品牌管理能力;③运营管理能力;④市场营销能力;⑤人力资源管理能力。当然,企业核心能力不是一成不变的,它会随着市场环境的变化而不断发展变化。企业需要不断创新,不断提升核心竞争力,才能在竞争中占据优势。

(2) 全面质量管理。质量管理是现代管理中的重要组成部分。20世纪八九十年代,西方发达国家的企业普遍进行了一场质量革命,这场革命被称为全面质量管理。全面质量管理强调对整个企业进行全面的管理和不断改进,以高质量的产品获得顾客认可。为此,管理者应把质量观念贯穿于每个过程,并激励员工积极参与。

(3) 企业再造理论。企业再造理论是由美国麻省理工学院教授迈克·哈默与詹姆斯·钱皮于1993年提出的。两人于1993年出版了《再造企业》一书,钱皮于1995年又出版了《再造管理》一书,由此企业再造广为业界所推崇。企业再造理论,简单来说就是以工作流程为中心,重新设计企业的经营、管理和运作方式的理论。20世纪80年代后,技术革命使企业的运营环境和运作方式发生了很大变化。在全球化环境下,市场竞争愈发激烈,市场需求多变,产品周期缩短,企业原有的经营模式已经跟不上快速发展的市场。为了适应新的竞争环境,企业有必要摒弃过去已成惯例的运营模式和工作方法,以工作流程为中心,重新设计企业的经营、管理和运营方式。

(4) 学习型组织理论。学习型组织理论研究企业如何适应新的知识经济环境,增强自身的竞争力,它已成为世界企业界和理论界关注的焦点。以五项修炼为基础的学习型组织理论,由以美国麻省理工学院教授彼得·圣杰为代表的西方学者融合东西方管理文化精髓后提出。学习型组织就是通过不断学习来改革组织本身的组织。要成为学习型组织,企业领导者和职工要进行五项修炼,即锻炼系统思考能力、追求自我超越、改革心智模式、建立共同远景目标和开展团队学习。而一个组织是否是学习型组织,主要可对照以下四条标准:①人们能否不断检视自己的经验;②人们是否有能力总结经验;③大家能否分享组织中的经验;④组织中的学习是否和组织目标相关。

(5) 企业文化管理。第二次世界大战后,日本经济实现迅速腾飞,由一个战败国曾一跃成为世界第二大经济体,这一现象引起了人们的研究兴趣。20世纪80年代,多位美国学者对此进行了深入研究,经过实地考察和对比分析,他们得出了一个共同的结论,即日本的经济奇迹来自日本式的经营管理,日本企业的成功不是靠严格的规章制度或计算机等新的管理技术,而是企业文化。企业文化通常是指企业成员共有的观念和准则,由价值观念、基本信念、道德规范、章程制度、人文环境等共同构成。企业文化作为一种重视人的因素的感性化管理,跟人群管理理论、行为科学理论是一脉相承的。企业文化作为现代管理的重要方面,一直受到企业界和管理学界的重视。

进入21世纪,世界进一步形成全球市场,企业成员背景越来越复杂,不同国籍、种族、民族、性别的员工成为企业成员,导致了企业文化的多元化。这些员工的价值观念、思维方式和生活习惯等存在很大差别,企业在全球化经营中必须关注如何通过有效的策略和方法来协调和处理文化差异。这包括对不同文化的理解和尊重,培养员工的跨文化沟通和合作能力,制定适应多元文化的管理制度和决策机制等。总之,如何对具有多元文化的组织进行有效的管理,是21世纪的管理学所面临的难题。

总的来说,现代管理理论具有以下特点:

(1) 强调系统化。现代管理理论认为一个组织就是一个系统,该理论引入系统论、控制论的观点,运用系统思想和系统分析方法来指导管理的实践活动,解决和处理管理问题。

(2) 重视人的因素。现代管理理论重视人的需求,实行以人为中心的人性化管理,运用激励手段和非正式组织凝聚组织成员,调动积极性,为完成组织目标而自觉作出贡献。

(3) 强调经营决策。现代管理理论关注经营决策的实际效力,提出管理的重心在经营、经营的重心在决策、决策的依据是信息、信息的基础是调查的理念。

(4) 方法手段科学化和现代化。现代管理理论广泛运用运筹学、计算机、互联网、云计算和智能技术等现代技术成果来提高管理水平和工作效率。

(5) 强调创新导向。现代管理理论把技术创新、制度创新和管理创新等作为企业发展核心问题,利用一切可能的机会进行变革,从而使企业更加适应社会环境的变化。

拓展资料

格力电器企业文化的演进历史

企业文化是企业竞争力的重要组成部分,它不仅是一种无形的生产力,更是企业无形资产和财富的体现。随着时间的推移,企业文化在企业管理中的地位愈发凸显,众多企业纷纷推出具有自身特色的文化品牌。

珠海格力电器股份有限公司(以下简称格力电器)自1991年成立以来,已发展成为全球领先的集研发、生产、销售、服务于一体的专业化空调企业。在多年的经营发展过程中,格力电器不断适应内外部环境的变化,形成了独具特色的企业文化。

1991—1994年,在企业成立的早期,格力电器倡导"实"文化,即"少说空话,多干实事"的工作态度,以及"忠诚、友善、勤奋、进取"的价值观。在这一时期,格力电器提出了专一化经营战略,强调"专一精神",即专注于空调领域的发展。

1995—2000年,面对国内市场的挑战,格力电器开始大力提升产品质量,强化质量意识。这一阶段,格力电器以"打造精品企业,制造精品产品,创立精品品牌"的"精品文化"为核心,倡导"先产品后销售"的理念,要求以质量赢得市场。

2001—2014年,格力电器认识到科技与创新的重要性,开始强力推进科技创新转型。在这一阶段,格力电器树立了"科技救企业"的意识,重视"草根创新",并将员工视为企业发展的重要战略资源。在研发创新过程中,格力电器还发扬了"刻苦钻研"和"大工业"精神。

2015年至今,随着企业规模的扩大和国际影响力的提升,格力电器定位于"服务世界——让世界爱上中国造",逐渐成为行业的领跑者。在这一阶段,格力电器继续以创立之初的"实"文化为基调,延续质量文化与自主创新精神。同时,为了更好地契合"世界品牌战略"建设,格力电器提出企业要做"企业公民",并大力倡导"绿色健康生活"的创新理念,致力于对全球人类环境作出积极贡献。通过这些阶段的企业文化建设,格力电器不仅在国内市场上取得了成功,也在国际舞台上展现了中国企业的风采,成为一家具有全球影响力的企业。

公司现任董事长兼总裁董明珠女士在其著作《行棋无悔》和《棋行天下》中总结了企业过去的成功经验，展现了她对企业管理和市场竞争的独到见解，以及她对企业文化和发展战略的深思熟虑。

二、我国企业管理实践与理论的发展

中国共产党领导下的中国企业管理思想经历了以下四个重要历史时期。

（一）新民主主义革命时期的公营工厂管理思想

在新民主主义革命时期，党管理企业，为的是搞好生产，为革命事业服务。这一时期的企业管理思想主要是发动群众，并结合推行责任制，执行经济核算制度。

（二）从中华人民共和国成立到改革开放前的国营企业管理思想

从中华人民共和国成立到改革开放前，党管理企业为建成工业化国家而发展工业企业管理体系。通过学习和借鉴苏联经验，我国形成了与高度集中的计划经济体制相适应的、比较完整的社会主义国营工业企业管理制度，形成了以"鞍钢宪法"（鞍山钢铁公司推行的以"两参一改三结合"为核心内容的企业管理模式）、"大庆精神"（为企业管理提供了宝贵的精神指引和价值理念）为代表的企业管理思想。

（三）从改革开放到党的十八大前的中国特色社会主义企业管理思想

1978年9月，邓小平视察鞍钢时提出，用现代技术和管理方法改造企业，按照经济规律管理经济。同年，党的十一届三中全会明确了全党工作的重点转向社会主义现代化建设，提出对经济管理体制和经营管理方式进行改革。在此之后，我国企业管理理论与实践迅速发展。在这一时期，我国实现了从相对单一的所有制经济结构向多种所有制经济结构并存的历史转变，构建了国有企业、民营企业和外资企业共同繁荣、共同发展的良好格局。中国企业管理思想有了质的飞跃，通过学习借鉴西方现代企业管理思想，我国建成了与我国作为世界第二大经济体的地位相称的、与社会主义市场经济体制相适应的企业管理体系，形成了许多行之有效的管理思想和管理方法。例如，首钢的"投入产出总承包"、海尔的"日清日高管理法"、邯钢的"模拟市场、成本否决法"等。

诸城经验

（四）党的十八大以来的培育世界一流的企业管理思想

党的十八大以来，我国的企业管理思想呈现出四个新的特征：国际化、创新化、数字化和绿色化。同时，国家高度重视完善中国特色现代企业制度与规范公司治理机制，为加快培育世界一流企业奠定了坚实的制度基础。

（1）国际化注重提升企业国际化经营管理水平。中国企业在国际化经营上有了长足发展，取得了重大突破。在众多企业成功的国际化实践的基础上，党的十九大报告明确提出高质量发展的新理念和培育具有全球竞争力的世界一流企业的新要求。

（2）创新化突出创新创业与企业家精神。国家政策导向是激励企业不仅要重视商业模式和业务创新，更要攻克各重要领域的"卡脖子"的技术。

（3）数字化重视抢占数字经济时代制高点。随着移动互联网、人工智能、大数据、云计算等新一代数字技术的快速发展,世界正加速迈入数字经济时代。近年来,我国政府加大了对数字经济的建设,鼓励企业研究探索在新技术下企业管理的理论创新和方法创新,营造更加健康、繁荣和可持续的社会主义市场环境。

(4)绿色化重视绿色低碳转型发展。随着绿色发展理念的贯彻和落实,企业管理思想绿色化的变革趋势表现得越来越显著。

拓展资料

国家电网公司的绿色转型之路

随着全球对环境保护和可持续发展的关注不断增加,国家电网公司积极响应国家能源转型战略,致力于推动能源绿色低碳发展。该公司在多个领域开展了创新实践,以实现电网的可持续发展和碳减排目标。

国家电网公司大力发展风光新能源,提高新能源装机容量和利用率。该公司通过建设特高压输电工程,实现了跨省跨区输电能力的提升,促进了清洁能源的大规模输送和消纳。该公司加快推进新型电力系统建设,探索源网荷储协同运行的新模式。例如,该公司在湖北随州广水高比例新能源县域电网项目中,构建了近零惯量、全电力电子化的高比例新能源电力系统,提高了电网对新能源的接入和消纳能力。该公司积极开展综合能源服务,推动能源的高效利用和综合利用。例如,北京城市副中心城市绿心绿色供用能和碳管理项目通过建设地源热泵能源站、分布式光伏等设施,实现了区域的"增绿"和"减碳"。

国家电网公司积极利用大数据、云计算、人工智能等技术,实现了电网的数字化和智能化管理。例如,浙江湖州新能源云数智化碳管理平台通过贯通"碳—能—电"产业链条,服务生产生活领域的增绿减碳。同时,国家电网公司积极参与国际能源合作与交流,推动全球能源绿色低碳转型。例如,该公司与国际组织和企业合作,共同开展新能源技术研发和项目建设。

通过以上措施的实施,国家电网公司在能源绿色低碳转型方面取得了显著成果。截至2023年年底,该公司经营区风光新能源装机达到8.7亿千瓦,利用率连续4年超过97%;累计建成35项特高压输电工程,跨省跨区输电能力超过3亿千瓦,输送清洁能源比例超过40%;该公司在运、在建及核准抽水蓄能超过9 000万千瓦,电网清洁能源配置和消纳能力显著提升。

第4节 现代企业制度

1993年11月,党的十四届三中全会通过了《关于建立社会主义市场经济体制若干问题的决定》,明确提出要建立现代企业制度。1994年11月,国务院召开全国建立现代企业制度试点工作会议,确定在企业开展以"产权明晰、权责明确、政企分开、管理科学"为特征的现代企业制度试点。经过几十年的发展,我国的现代企业制度日趋完善,成为适应社会主义市场经济体制要求的企业制度。

一、现代企业概述

现代企业是市场经济体系中的重要组成部分，是推动经济发展和社会进步的重要角色。其主要特征如下：

（1）组织形式多样化。现代企业的组织形式多样，包括股份制、合作制和有限责任制等。不同的组织形式满足不同行业、不同规模和不同经营模式的需求。

（2）具有技术创新能力。现代科学技术手段在生产经营活动中得到广泛应用，成为推动企业发展的重要动力之一。现代企业通过不断引进新技术、新产品和新工艺，提高产品竞争力和市场占有率，促进企业发展壮大。

（3）实行现代化管理。现代企业要求实行科学管理以提高效率和效益。企业内部分工更加细致，协作更加严密，企业管理不断向精细化、系统化和信息化方向发展。

（4）具有较强的成长能力。现代企业通常具有一定的资产规模和经济实力，能够承受更大的市场风险和竞争压力。同时，它们也具有更强的成长能力和扩张潜力，能够通过开拓创新实现持续发展。

（5）具有社会责任意识。现代企业越来越注重履行企业的社会责任，关注环境保护、公益事业和员工福利。这不仅有助于提高员工的工作积极性和忠诚度，也有助于提升企业的社会形象和品牌价值。

二、现代企业制度的概念

现代企业制度是指关于企业组织、运营、管理等一系列行为的规范和模式。我国的现代企业制度是以完善的企业法人治理结构为基础，以公司企业为主体，以产权制度为核心，以"产权明晰、权责明确、政企分开、管理科学"为特征的新型企业制度。

在社会化大生产和市场经济条件下，每家企业都必须真正以法人身份进入市场，按市场规则和需求组织生产经营，直接参与市场竞争。现代企业制度要求企业成为适应市场的法人实体和竞争主体；明确了国家与企业的权力和责任，国家按投入企业的资本额享有所有者权益，对企业的债务承担有限责任，企业依法自主经营、自负盈亏；规定了政府不能直接干预企业经营活动，企业也不能不受所有者的约束、损害所有者的利益。从法律方面看，现代企业主要是法人企业而非自然人企业，应当是依法成立、依法独立享有民事权利和民事义务的法人组织。所以，现代企业制度从法律上看是企业法人制度。由此可见，现代企业制度是社会化大生产、市场经济发展以及法制完善的产物。

三、现代企业制度的基本特征

现代企业制度的基本特征是产权清晰、权责明确、政企分开和管理科学。

1. 产权清晰

企业的设立必须有明确的出资者，必须有法定的资本金。企业享有独立的法人财产权，出资者享有企业财产的所有权。出资者所有权在一定条件下表现为出资者拥有物权、债权、股权和知识产权，并以股东身份依法享有资产收益、重大决策和选择经营管理者等权力。企业的所有权、经营权、收益权和处置权都有明确的界定和划分。

2. 权责明确

现代企业制度的一个重要特征就是企业法人权责明确。企业依法自主经营、自负盈亏、照章纳税,同时也对投资者负责,承担资产保值增值的责任。任何一家现代企业一旦权责关系明确后,就必须以其拥有的全部财产为依托,在法律法规允许的范围内,努力为企业创造更多的价值。

3. 政企分开

按现代企业制度要求,政府的行政管理职能和国有资产管理职能必须分开。这包括两层含义:一是政资职能分开。即政府行政职能和国有资产所有权分开,行政职能属于政府行政权力,所有权职能是一种财产权利,两者的范围与性质不同,所遵循的法律也不同。二是政企职责分开。即政府不能直接干预企业的生产经营活动,只能通过宏观调控来影响和引导企业的生产经营活动。

4. 管理科学

企业要主动建立科学的组织管理制度,这包含两个方面的内容:一是建立科学的组织制度。通过规范化的组织制度,企业建立科学、完整的组织机构,使企业的权力机构、监督机构、决策和执行机构之间职责明确。二是建立现代企业管理制度。企业运用先进的科学管理制度,建立人、财、物、供、产、销以及安全、环保、质量等全方位、系统化的管理制度。现代企业尤其要重视以人为本的管理理念,运用先进的管理方法,形成激励与约束有效结合的管理机制。

四、现代企业制度的形式

公司制是一种适应市场经济要求、依法规范的企业制度,它是现代企业制度的一种典型形式。我国目前的公司制通常包含有限责任公司和股份责任公司。另外,随着我国参与经济全球化程度越来越高,跨国公司大量出现。

1. 有限责任公司

有限责任公司是指不通过股票发行,而由股东集资组成的公司。公司的股东以其认缴的出资额为限对公司承担责任,而公司则以其全部资产对公司的债务承担责任。这类公司的主要特性如下:

(1) 公司由 1 个以上 50 个以下股东出资设立。

(2) 资本无须分为等额股份,也不发行股票。股东的出资只能转让。

(3) 设立、合并、增资、减资、解散、清算等程序比较简单,公司的财会信息也无须向社会公众披露。

(4) 组织机构的设置可以根据实际需要进行选择和调整,如股东会、董事会等。

2. 股份有限公司

股份有限公司是指把全部资本分为等额股份,发行代表股份的有价证券——股票的公司。这类公司具有以下基本特性:

(1) 股东必须达到法定人数。应当有 1 人以上、200 人以下为发起人。其中应当有半数以上的发起人在中华人民共和国境内有住所。

(2) 以发起设立方式设立股份有限公司的,发起人应当认足公司章程规定的公司设立时应发行的股份。以募集设立方式设立股份有限公司的,发起人认购的股份不得少于公司章程规定的公司设立时应发行股份总数的 35%，但是，法律、行政法规另有规定的，从其规定。

（3）股份有限公司通过向社会公开公平公正发行股票而募集资本，股东不能要求退股，但可以通过自由买卖股票出让股份。股票具有自由认购、自由转让的特性。

（4）股东对公司债务以其所认购股份金额为限对公司负责，而公司则以全部资产对公司债务承担全部责任。

（5）股份有限公司必须向公众公开披露财务状况。

与有限责任公司相比，股份有限公司主要有以下优点：

（1）能募集大规模资本。

（2）有严密的管理组织，能够保证大规模经营。

（3）公司经营好坏与公司管理层紧密相关。

（4）股份有限公司的经营置于社会监督之下。

3. 跨国公司

跨国公司是指以本国为基地或中心，在不同国家和地区设立分支机构，从事国际型生产经营活动的组织。就实质来讲，跨国公司与企业集团是同类型的经济组织，只是其具有国际性。在法律上，跨国公司不是一个独立的法人实体，而是法人的联合体。当今世界，跨国企业已经成为世界经济活动的主角，成为世界经济发展中重要的力量。《财富》世界500强大企业是跨国公司的典型代表。我国改革开放 40 多年来，经济总量已经跃居世界第二。随着经济的发展，我国的公司也在逐步走出国门，打入世界市场。2023 年《财富》世界500 强中中国公司达到了 142 家，数量居各国之首。

练 习 题

一、单项选择题

1. 企业的首要目标通常是(   )。
   A. 盈利　　　　　　B. 社会责任　　　　C. 创新　　　　　　D. 员工满意度
2. 下列组织形式中,企业股东对公司债务承担有限责任的是(   )。
   A. 独资企业　　　　B. 合伙企业　　　　C. 无限责任公司　　D. 股份有限公司
3. 企业管理的核心是(   )。
   A. 人力资源管理　　B. 财务管理　　　　C. 战略管理　　　　D. 运营管理
4. 企业战略通常分为(   )。
   A. 总体战略和业务战略　　　　　　　B. 业务战略和职能战略
   C. 总体战略、业务战略和职能战略　　D. 以上都不对
5. 下列各项中,不属于企业外部环境分析的是(   )。
   A. 政治环境　　　　B. 经济环境　　　　C. 企业文化　　　　D. 技术环境
6. 企业的核心竞争力通常体现在(   )。
   A. 独特的产品　　　B. 高效的生产流程　C. 优秀的团队　　　D. 以上都是
7. 下列各项中,不属于企业职能部门的是(   )。
   A. 市场部　　　　　B. 研发部　　　　　C. 董事会　　　　　D. 人力资源部
8. 企业社会责任包括(   )。
   A. 对股东的责任　　B. 对员工的责任　　C. 对环境的责任　　D. 以上都是
9. 下列管理理论中,强调通过科学方法提高工作效率的是(   )。
   A. 行为管理理论　　　　　　　　　　B. 科学管理理论
   C. 权变管理理论　　　　　　　　　　D. 系统管理理论
10. 企业的愿景主要描述的是(   )。
    A. 企业的短期目标　　　　　　　　　B. 企业的长期目标
    C. 企业的价值观　　　　　　　　　　D. 企业的经营理念

二、判断题

1. 独资企业的所有权和经营权是分离的。(   )
2. 企业管理只关注企业内部的运营。(   )
3. 企业战略一旦制定就不能更改。(   )
4. 人力资源管理的主要任务是招聘和培训员工。(   )
5. 企业的使命是企业存在的根本原因。(   )
6. 企业的组织架构应该保持固定不变。(   )
7. 企业文化对企业的发展影响不大。(   )
8. 市场细分是市场营销的重要环节。(   )
9. 财务报表是企业财务管理的重要工具。(   )
10. 创新是企业持续发展的关键因素。(   )

三、简答题

1. 简述企业重视管理的原因。
2. 请举例说明在企业管理的发展与演进过程中,哪些主要的管理理论对当今企业仍具有重要影响。
3. 简述现代企业制度的基本特征。

四、论述题

试论述在当今复杂多变的市场环境下,企业应如何提升自身的竞争力和可持续发展能力。

第 2 章 战 略 管 理
Chapter 2

思政园地

◎ 学习目标

- 理解战略管理的概念、内涵和发展,能够了解和掌握战略管理在企业长期发展中的重要作用。
- 掌握企业战略的管理过程,学会开展内外部环境分析,理解并运用各种分析工具,理解战略管理的实施和控制。
- 理解并能掌握在战略体系构建中开展战略分析、制定战略目标与战略方案的方法和要点,熟悉战略目标的制定原则和战略方案的主要内容。
- 掌握企业战略管理的类型和特征,能够准确识别不同战略类型的适用情境,运用相关知识分析企业战略现状。
- 深入研习常见企业战略管理,能够精准分析企业所处市场环境和自身状况,熟练运用这些战略知识为企业制定科学合理、切实可行的战略规划。

◎ 知识导图

战略管理
- 战略管理概述
  - 战略管理的概念和内涵
  - 战略管理的作用
  - 战略管理的发展
  - 战略管理的环境分析和制定程序
  - 战略管理的实施和控制
  - 常见的战略管理
- 战略体系构建
  - 战略分析
  - 战略目标
  - 战略方案
  - 战略实施
- 企业总体战略
  - 企业总体战略的概念和内涵
  - 企业总体战略的特征和内容
  - 企业总体战略的类型

第1节　战略管理概述

进入21世纪后，随着经济全球化的到来，新技术不断涌现，信息化全面普及，市场竞争变得愈发激烈。企业要想在极其残酷的市场环境中获得成功，实现企业生存、盈利和发展的目标，就需要有一个正确的战略来指引企业经营和管理。

"战略"一词来源于军事术语。在我国，"战略"一词历史久远，最初战略是指指导战争全局的计划和策略，其后逐渐引申为从全局考虑，以期实现最终目标的谋划。

最早把战略思想引进企业经营管理领域的是美国管理学家切斯特·巴纳德，他在其代表作《经理人员的职能》一书中运用了"战略因素"的概念对企业诸因素及其相互影响进行分析，用来说明企业组织的决策机制。1957年，菲利浦·赛尔兹尼克和阿尔弗雷德·钱德勒在《经营中的领导能力》一书中正式将战略思想引入企业管理领域。1962年，钱德勒又出版了著作《战略与结构》，掀起了研究企业战略的浪潮。1965年，美国经济学家伊戈尔·安索夫的《公司战略》一书问世，在书中他将战略和企业经营联系起来，认为企业战略不仅是对现有市场的反应，而且应包括对未来市场的预见和规划，从此"战略管理"一词被广泛运用。

一、战略管理的概念和内涵

战略管理是指企业根据自身特点和对内外部环境的分析确定企业的总体目标和发展方向，制定和实施企业发展总体规划的动态过程。战略管理涵盖了企业战略从设计、选择、规划、控制、实施直至达成总目标的全过程。战略管理是企业管理的核心组成部分，它贯穿企业发展的全过程，对于企业在竞争激烈的市场中取得优势和实现可持续发展具有至关重要的作用。

面对激烈变化的环境和日益严峻的挑战，企业为谋求生存和不断发展，需要作出总体性、长远性的谋划。企业实施战略管理的目的在于使企业在正确分析和评估内外部环境的基础上，通过分析、预测、规划、控制等手段，充分利用企业的人、财、物等资源，实现在激烈的市场竞争环境中生存发展的目标。通过上述对战略管理概念的分析，我们可以看到战略管理的内涵包括以下几个重要方面：

（1）明确企业的方向和目标。通过深入分析内外部环境，企业能够制定出具有前瞻性和适应性的战略方向，为企业的长远发展指明道路。

（2）强调资源的有效配置。战略管理促使企业合理调配人力、物力、财力等资源，以确保战略目标的达成，实现效益最大化。

（3）注重战略的制定与选择。战略管理涉及对多种可能战略方案的评估和权衡，以挑选出最适合企业当前状况和未来发展需求的战略路径。

（4）涵盖了战略的实施与执行。战略管理不仅仅是制订出计划，更关键的是将战略转化为实际的行动和运营举措，确保战略能够真正落地。

（5）重视对战略的评估与调整。市场环境不断变化，企业需要持续监测战略的执行效果,及时发现问题并进行必要的调整和优化,以保持战略的有效性和适应性。

战略管理涉及的都是企业发展的全局性、长远性的重大问题,诸如企业的经营方向、市场开拓、产品开发、技术升级与改造、组织机构改革等。因此,企业战略管理是现代企业领导者的主要职能,在现代企业管理中居于核心地位,关系着企业的成败存亡。

二、战略管理的作用

战略管理对于企业的发展具有至关重要的作用。战略管理的作用主要体现在以下几个方面:

(1) 明确发展方向和目标。战略管理的首要任务是明确企业或组织的发展方向和目标。在一个充满不确定性和竞争激烈的市场环境中,明确的战略方向能够为企业提供清晰的指导,使企业在面对各种挑战和机遇时能够迅速作出反应。同时,通过设定具体的战略目标,企业可以将资源集中于实现这些目标上,从而提高资源利用效率,增强企业竞争力。

(2) 优化资源配置。战略管理有助于企业优化资源配置。通过战略分析,企业可以了解自身的优势和劣势,以及竞争对手等外部环境的情况,从而确定如何合理分配人力、物力、财力等资源。这有助于企业实现资源的最大化利用,提高生产效率和质量,降低成本,增强企业的盈利能力。

(3) 提高风险应对能力。战略管理能够提高企业的风险应对能力。在制定战略时,企业会考虑到各种潜在的风险和挑战,并制定相应的应对措施。这使得企业在面对市场变化、竞争对手的威胁等风险时,能够迅速作出反应,减少损失,并抓住机遇实现快速发展。同时,战略管理还能够帮助企业建立风险预警机制,提前发现并解决潜在问题,降低经营风险。

(4) 增强企业凝聚力。战略管理有助于增强企业的凝聚力。通过制定明确的战略目标和愿景,企业可以激发员工的归属感和使命感,提高员工的积极性和创造力。同时,战略管理还能够帮助企业建立清晰的组织架构,使企业各部门之间能够协调配合,形成合力,共同推动企业的发展。

(5) 提高企业竞争力。战略管理是企业提高竞争力的重要途径。通过制定和实施战略,企业可以针对竞争对手的弱点进行有针对性的攻击,形成自己的竞争优势。同时,战略管理还能够帮助企业不断学习和创新,提高产品和服务的质量,满足客户的需求。这有助于企业赢得客户的信任和支持,提高市场份额和品牌影响力。

(6) 帮助企业实现可持续发展。战略管理对于企业的可持续发展具有重要意义。通过制定长期的发展规划和目标,企业可以确保在追求经济效益的同时,也关注到环境、社会等方面的责任和义务。这有助于企业建立良好的社会形象和声誉,吸引更多的合作伙伴和客户,实现企业与社会的共赢。同时,战略管理还能够促进企业内部管理的规范化和科学化,提高企业的运营效率和盈利能力,为企业的长期发展奠定坚实的基础。

企业应该高度重视战略管理工作,不断完善和优化自身的战略管理体系,以适应不断变化的市场环境和客户需求。

三、战略管理的发展

战略管理的发展是一个不断演进、不断创新的过程。随着社会、技术、科学和思想的不断变化和进步,战略管理始终在不断地适应和引领着企业发展的需要。战略管理的发展大致可以分为以下几个阶段。

(一) 传统管理理论阶段(20 世纪初至 20 世纪 60 年代)

在这个阶段,管理学家主要关注组织内部的管理问题,如组织结构、生产过程和效率等。战略决策往往由高级管理层在相对封闭的环境下单独进行,缺乏对外部环境的深入考量。

(二) 行业分析阶段(20 世纪六七十年代)

在这个阶段,研究者开始将注意力转向企业外部环境,特别是行业竞争的影响。麦肯锡公司的布鲁斯·亨德森指出了行业结构对企业绩效的重要性,这标志着战略管理从单纯关注内部转向内外部结合。

(三) 公司内部资源阶段(20 世纪八九十年代)

在这个阶段,研究者开始深入研究公司内部的资源和能力,特别是持续竞争优势的源泉。迈克尔·波特提出了"价值链分析"和"核心竞争力"等概念,强调企业应该通过开发内部资源来实现战略目标。

这个阶段的标志性成果包括战略定位观和资源基础观,这为企业提供了全新的战略思考框架。

(四) 知识经济时代(2000 年至今)

在这个阶段,随着信息技术的发展和全球化进程的加剧,战略管理的重点已经转向了知识的创新和共享。企业需要不断适应和创新,以应对持续变化的市场需求。大数据分析、人工智能和区块链等技术正在改变组织运营和决策的方式。可持续发展、社会责任和创新思维等概念也逐渐受到重视,成为战略管理的重要组成部分。

(五) 新兴趋势和发展

当前,战略管理正面临着前所未有的变革。大数据、人工智能等技术使得企业能够更准确地预测市场趋势和客户需求,为战略决策提供有力支持。同时,全球化、数字化和可持续发展等趋势也在推动着战略管理的不断创新和发展。

通过了解战略管理的发展阶段,我们能够从一个更广阔的历史视角来洞察其演变过程。这有助于我们理解当前战略管理理论和实践的背景和基础,识别关键趋势和转折点,借鉴成功经验,应对变革和不确定性。

四、战略管理的环境分析和制定程序

战略管理的环境分析是对企业未来外部环境的信息进行收集、整理、预测和研究的工作。它是企业确定战略目标、制定战略规划、配置战略资源和组织战略实施的重要依据,也是制定企业经营战略的一个重要环节。战略管理环境分析的目的是发现企业未来发展过程中外部环境所存在的机会和威胁,为制定企业的经营战略奠定基础。

(一) 战略管理的环境分析

严密完整的战略管理的环境分析能最大程度地保障战略决策的科学性和准确性,提高战略决策的稳定性和有效性。

1. 企业外部环境调查

企业外部环境调查包含企业外部环境一般调查和企业外部环境重点调查两个部分。

企业外部环境一般调查的主要内容如下：

（1）政治环境分析，包括国内国际政局分析、政府发布的各种法规政策等。

（2）经济环境分析，包括国民经济运行及发展情况、市场体系的建立及发展情况、产业政策执行落实情况等。

（3）社会、文化、科技环境分析，包括社会环境分析、文化环境分析、科技环境分析等。

（4）资源环境分析，包括自然资源开发和供应情况、资源利用和环境保护情况等。

企业外部环境重点调查的主要内容如下：

（1）市场需求分析，包括企业总体市场的调查分析、企业细分市场的调查分析、用户和消费者需求情况调查分析、影响市场需求的因素分析等。

（2）竞争状况分析，包括竞争对手总体情况调查、竞争对手竞争能力调查、竞争对手动向调查、潜在竞争对手情况调查等。

2. 企业内部环境调查

企业内部环境又称企业内部条件，主要是指企业所拥有的客观物质条件和工作状况。开展企业内部环境调查目的是发现企业自身的优势和劣势，查找导致劣势的原因，挖掘内部潜力。

企业内部环境分析的内容分为企业一般情况分析和企业经营实力分析两个部分。企业一般情况分析包含领导者素质和职工素质分析、发展情况分析、管理情况分析、财务状况分析、经济效益分析、资源供应分析和组织结构分析等内容。企业经营实力分析包括产品竞争能力分析、技术开发能力分析、生产能力分析和市场营销能力分析等方面。

3. 分析方法

战略环境分析一般由环境通查和环境精查两部分构成。企业通过环境通查发现未来存在的机会和威胁，确定经营战略方向。环境通查主要方式有：①根据现有产品情况考察与之相关的环境；②根据现有的技术和工艺情况考察与之相关的环境；③根据战略期内资金情况考察与之相关的环境。经营战略方向确定后，企业还需要围绕它开展环境精查，包括市场专题调查、技术专题调查和资源专题调查等。

企业战略环境综合分析方法主要有以下几种：

（1）企业内外部环境对照分析法，又称十字形图表法，是利用企业内外部环境相互联系、相互制约、相互影响的原理，将企业内外部环境的机会、威胁、优势和劣势四方面的情况结合起来分析，并用十字形图表进行对照分析，以制定适合本企业实际情况的经营战略的方法。

（2）波士顿矩阵分析法，又称市场增长率—相对市场份额矩阵分析法、四象限分析法等。波士顿矩阵由美国著名的管理学家、波士顿咨询创始人布鲁斯·亨德森于1970年提出，他认为一般产品结构的基本因素包括市场引力和企业实力。市场引力包括整个市场的销售增长率、竞争对手强弱和利润高低等。其中，反映市场盈利的综合指标是销售增长率，这是决定企业产品结构是否合理的外在因素。企业实力包括市场占有率、技术、设备和资金利用率等，其中市场占有率是决定企业产品结构的内在因素。

销售增长率和市场占有率相互作用，产生四种不同性质的产品类型，形成不同的产品发展前景。具体如下：

　　a. 销售增长率和市场占有率双高的"明星"产品。
　　b. 销售增长率和市场占有率双低的"瘦狗"产品。
　　c. 销售增长率高和市场占有率低的"问题"产品。
　　d. 销售增长率低和市场占有率高的"金牛"产品。
　　波士顿矩阵如图 2-1 所示。

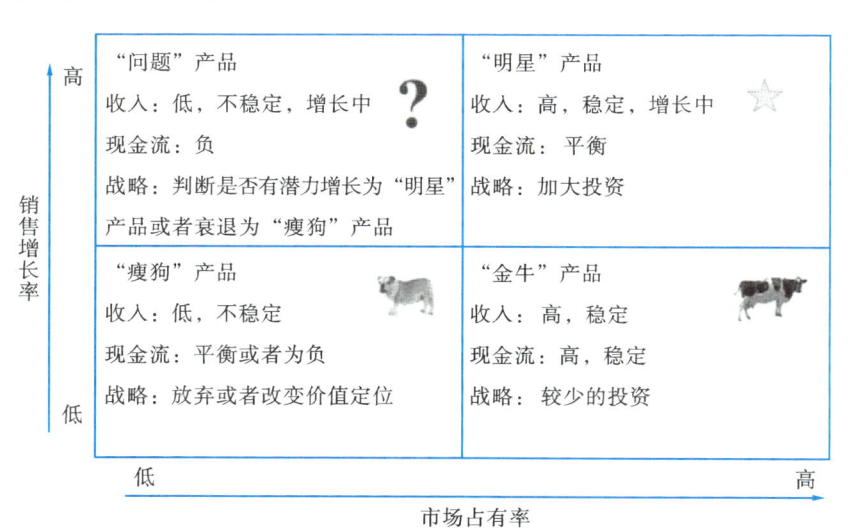

图 2-1　波士顿矩阵

　　（3）麦肯锡矩阵分析法。麦肯锡矩阵是对公司的战略事业单元进行业务组合分析的一种管理模型。它将战略经营领域的吸引力和企业的竞争地位两个综合型性指标组合成矩阵进行分析。战略经营领域吸引力和企业竞争地位这两个指标根据一定标准分别设为强弱和优劣两种状况。通过对这两个变量进行打分，确定业务单位的位置，并由此确定对该业务单位所采取的策略，如图 2-2 所示。

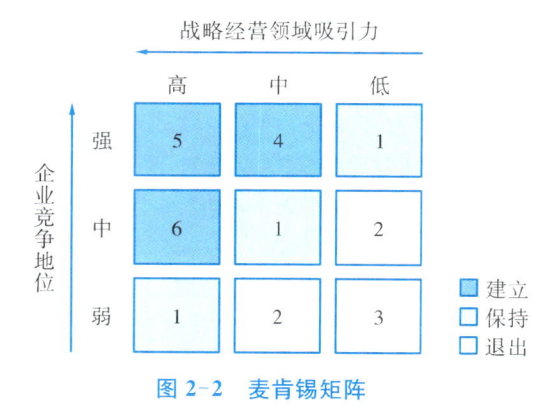

图 2-2　麦肯锡矩阵

（二）战略管理的制定程序

　　（1）树立正确的战略思想。企业最基本的战略思想应以市场为依托，扬长避短，发挥自身优势，提供市场需要的产品或服务，不断增强企业竞争力。企业的经营战略思想是由一些重要的经营战略观念构成的，包括市场观念、用户观念、竞争观念、创新观念、开发观念、管理观念和效益观念等。

　　（2）开展战略环境分析。首先开展外部环境分析，通过调查、分析、预测未来企业发展面临的机遇和挑战。然后开展内部环境分析，通过测定和评估企业的各项素质摸清企业情况，明确企业自身优势和劣势。企业完成内外部环境分析后，最终制定战略环境分析报告，为企业战略决策提供依据。

（3）制定战略方案。根据战略环境分析情况，结合企业的发展要求和经营目标，企业拟定一套或多套经营战略方案。

（4）评价和比较战略方案。企业根据股东、管理人员及其他利益相关团体的价值观和期望目标等，确定战略方案的评价标准，并依照评价标准对各项备选方案加以评价和比较。

（5）确定战略方案。在评价和比较战略方案的基础上，企业选择一个最满意的战略方案作为正式的战略方案。有时为了增强战略的适应性，企业往往还要选择一个或多个方案作为后备的战略方案。

五、战略管理的实施和控制

（一）战略管理的实施

为贯彻既定的战略，企业必须做好以下工作：制订实施计划、建立组织机构、配置资源和人力、实施战略并监控。其中，建立组织机构是战略管理实施中最重要的工作。

（1）制订实施计划。应将战略规划具化为行动计划，确定实施的时间表和阶段目标，制定绩效和考核指标，用于评估实施过程中的进展和结果。

（2）建立组织机构。应选择符合战略实施所需要的组织机构，明确组织机构相应的责任和权利，建立各种有效的规章制度。

（3）配置资源和人力。应根据战略规划调配必要的资源，包括财务、人才、技术等，同时建立工作团队，明确团队目标及成员的职责任务，建立有效的沟通协调机制，确保信息的传递和共享。在战略实施过程中，资源的合理分配直接影响战略的执行成效。

（4）实施战略并监控。应依据目标任务和行动方案，实施战略计划。在实施过程中，应定期对战略实施的状况进行全面评估，及时发现和纠正偏差，主动改进和调整计划，以应对可能出现的变化和挑战，保障目标的顺利实现。

（二）战略管理的控制

战略管理的控制是企业管理者为了确保企业战略目标的实现而采取的一系列控制行为。这些控制行为旨在监督战略计划的实施，确保企业战略方向与实际业务运营相一致，同时根据实际情况作出调整和优化。

1. 财务控制

财务控制是企业战略控制的重要手段之一。通过对企业财务数据的分析和监控，可以掌握企业的经营状况和战略执行情况，从而及时发现问题并采取相应措施。例如，通过预算控制，企业可以监督各部门的财务支出；通过财务报告分析，企业可以了解销售采购库存等环节的实际运营状况。

2. 人力资源控制

人力资源控制是指企业通过人才引进、培训激励的方式，有效利用企业人力资源，进而促进企业战略目标的实现。例如，制定符合战略需求的人才招聘标准；实施员工培训计划，提升员工的工作技能；制订员工激励计划，激发员工潜力等。

3. 运营控制

运营控制是指制定和执行一系列规章制度，使企业运营更加规范化和高效化。例如，制定明确的工作流程和操作规范；完善质量管理体系，提升产品的质量和服务水平；采用信息化管理系统，提高企业运营效率和管理水平等。

六、常见的战略管理

(一) 竞争战略

所谓竞争战略,是指有目的地选择一套不同的运营活动,以创造一种独特的价值组合。在公司层战略确定业务组合后,竞争战略主要解决其中的每一项具体业务应当选择什么样的竞争策略、如何建立竞争优势及需要何种核心竞争力等问题。各种具体的竞争战略如下:

(1) 总成本领先战略,又称低成本战略。该战略要求企业在向消费者提供与竞争对手相同的产品和服务时,其生产成本和经营成本明显低于同行业竞争对手。实施总成本领先战略可以形成行业进入壁垒,增强企业在面对客户时的谈判能力,并使企业保持领先竞争地位。然而,该战略要求企业严格控制生产和管理成本,降低企业经营活动中每个环节的成本。

(2) 差异化战略。该战略采取一定手段或方法,使企业提供的产品或服务与竞争对手相比具有一定差异,并逐步将这种差异打造成企业的竞争优势。实施差异化战略通常要求企业具备成熟的内外部环境,包括外部顾客对产品的需求多样化、市场竞争对手较少等。同时,企业内部必须具备较强的市场营销能力和新产品开发能力。差异化战略可以细分出很多类型,包括产品差异化、服务差异化、人事差异化和形象差异化等。

(3) 集中化战略,又称专业化战略。该战略将企业的主攻目标定位于特定的用户群体、产品线的某一特定部分或者特定的市场。与总成本领先战略和差异化战略不同,集中化战略的目标不是全行业的目标,而是某一特定的目标。实施集中化战略,可以更好地集中企业的力量和资源,更加专注地分析顾客需求、市场环境和技术等外部因素,为顾客提供针对性的产品或服务,形成企业的竞争优势。

选择竞争战略时,企业需要综合考虑多种因素,包括行业竞争格局、消费者需求、企业资源和能力等。不同的竞争战略,在不同的情况下,具有不同的适用性和优势。一般而言,总成本领先战略适用于市场上的价格敏感型消费者。通过降低生产和经营成本,企业能够以更低的价格提供产品和服务,吸引消费者并获得市场份额。差异化战略适用于市场上对产品或服务有特殊需求的消费者。通过在产品设计、品质、功能、服务等方面与竞争对手形成差异化,企业能够创造独特的价值,吸引特定的消费者群体并建立品牌忠诚度。集中化战略适用于资源有限,但企业在某一特定领域具有竞争优势的情况。通过专注于特定的市场细分产品领域,企业可以深入了解目标顾客的需求,提供更加个性化的产品和服务。

(二) 多元化战略

随着市场经济体制的日益完善,企业为了提高市场竞争力,越来越多地用多元化战略。多元化战略是指企业为了更多地占领市场和开拓新市场,或避免经营单一事业所带来的较大的风险,选择性地进入新的业务领域的战略。根据业务不同,多元化程度可以分为两大类:低程度多元化和中高程度多元化。

1. 低程度多元化

低程度多元化经营将多元化战略运用于单一业务或某主导业务。单一业务的多元化战略,是指95%以上的销售收入来自某一核心业务时所使用的企业战略。主导业务的多元化战略,是指70%到95%的销售收入来自某一单一业务所使用的企业战略。大量研究表明,专注于一个或少数几个行业市场的企业能够获得更高的回报,因为他们更容易培育出适用于这些市场的能力。另外,这些企业面临的挑战较小,有助于获得规模效益,从而充分利用自身过剩资源来创造更大的价值。

2. 中高程度多元化

中高程度多元化包括相关多元化和非相关多元化等类型。相关多元化是指超过30％的收入来自主导业务之外的业务,并且业务相互之间存在某种联系,这样的多元化战略称为相关多元化战略。如果这种联系直接而且频繁,就是相关约束型多元化。联系不多或仅有部分联系的,则是相关联系型多元化。相关约束型多元化企业各项业务可以共享很多资源和行为。相关联系型多元化企业较少共享资源和资金,但知识和核心竞争力的相互传递较多。

高度多元化企业的各项业务之间没有关联,其采用的就是非相关多元化战略。非相关多元化企业不存在各业务间的行为共享或核心竞争力的传递。

多元化战略的优点非常明显,具体如下:①分散风险,可避免对单一业务的过度依赖,从而减少市场风险对企业的影响;②增加收益,通过进入新的市场和行业,可抓住新的增长机会,提高企业的盈利能力;③提高竞争力,有利于企业形成综合性的竞争优势,提高市场地位和抵御竞争风险的能力;④优化资源,可以整合和共享不同业务之间的资源和能力,提高资源的利用效率,实现经济规模和范围优势。

但多元化战略的缺点也同样明显,具体如下:①管理复杂性增加导致管理成本和风险加大;②不同业务之间的关联性和协同效应不强导致资源和能力无法充分整合;③资源能力分散导致某一领域内较难形成核心竞争力;④大量资金投入导致企业的财务风险和资金压力较大。

(三)国际化战略

国际化战略是指企业在本国市场以外的市场销售产品或服务的战略。基于全球整合的需求和本土迅速反应的需求,国际化战略可以划分为多国化战略、全球化战略和跨国化战略。

(1)多国化战略。多国化战略是指企业将战略和经营决策权分配给各国或地区的战略业务单元,从而使各战略业务单元能为当地市场提供更本土化的产品的战略。企业对本土敏捷反应的需求较高而对全球整合的需求较低时,适宜采用多国化战略。

(2)全球化战略。全球化战略是由企业总部决定各个国家或地区的业务单元的战略。全球化战略意味着企业对全球整合的需求较高,而对本土敏捷反应的需求较低。相对于多国化战略,全球化战略下产品或服务的标准化程度更高,因此更容易形成规模经济。当不同国家或地区的市场和消费者的需求没有明显差别的时候,全球化战略最有效。

(3)跨国化战略。跨国化战略是指企业寻求同时实现全球化效率和本土化敏捷反应的战略。跨国化战略即同时实现全球整合和本土响应的需求,因此其实施难度相对较大。跨国化战略的实施需要灵活地协调,如果能够有效实施,则企业可以获得比多国化战略和全球化战略更高的业绩回报。

企业实施国际化战略的主要动因如下:

(1)企业可寻求更大的市场,通过国际化战略的实施,占据更大的市场规模,提高盈利能力,获得更多的利润。同时,企业可改善自身竞争地位,更有效地应对国际竞争或减少本国市场竞争。

（2）谋求更高的效率。通过国际化战略，企业可获得采购、生产、管理、营销和研发等方面的效率和优势，达到降低成本提高利润的效果。

（3）获得先进技术和管理经验。通过对外投资或与外资合作，企业可学习先进的科学技术和管理经验及产品、服务、经营等方面的新理念，推动企业创新发展，提高国际竞争力。

当然，国际化战略面临的最大挑战就是所在国和进入国在文化、制度、地理、经济等方面的差异所形成的外来者劣势。同时，企业还会遇到诸如政治风险、市场风险、技术风险和管理风险等一系列挑战。因此，国际化战略对企业而言，机遇和挑战并存。

（四）并购重组战略

1. 并购

并购是指为了获得其他企业的控制权而进行的交易活动，是合并与收购的简称。

并购按照不同的标准，可以划分为不同的类型：

（1）从行业角度划分，并购可以分为横向并购、纵向并购和混合并购。①横向并购为处于同一行业的竞争者间的并购；②纵向并购为处于同一产业链不同业务阶段的企业间的并购；③混合并购为处于不同产业部门、不同市场且这些产业部门没有特别的生产、技术联系的企业间的并购。

（2）从融资方式角度划分，并购可以分为杠杆收购、管理层收购和联合收购。①杠杆收购是指筹资企业以其拟并购目标的资产和未来收益作抵押，通过债务融资实现的并购；②管理层并购是指公司管理层或经营层利用自筹或借贷等方式所融资本收购其所在的企业，从而改变企业的所有者结构、控制权结构和资产结构，达到重组该企业并获得收益的目的的并购；③联合并购是指2个或2个以上的并购方通过达成某种协议或者默契，积极配合、共同进行，但表面上各自独立行动的并购。

通过并购，企业能够获得额外的能力，如关键技术、管理经验、品牌、人才等，促使企业进一步发展壮大。并购的优势主要体现在以下几个方面：

（1）创造经济规模效应。通过并购，企业可以扩大规模，实现资源共享和合理配置，降本增效，提高企业的竞争力。

（2）扩大市场份额。通过并购，企业可以更好地利用资源，增加销售量和市场份额。

（3）强化竞争力。通过并购，企业可以获得目标企业的核心竞争力、技术和品牌，进而提高企业竞争力。

（4）实现战略转型。通过并购，企业可以实现战略转型，拓展新的业务领域或进入新的新兴市场。

（5）有效降低风险。通过并购，企业可以分散风险，减少对特定市场、行业或产品的依赖。

当然，并购也存在一定的风险，如高昂的并购成本、管理整合困难、利益价值冲突等。如果企业不能妥善地处理这些问题，则极可能影响并购后的业务运营和绩效。

2. 重组

重组是指企业对其业务架构或财务体系进行改变的战略行动。重组战略主要包括放弃部分业务和精简规模。在管理实践中，企业可以采用三种重组战略，即精简、收缩和杠杆收购。一般而言，精简并不会带来良好的业绩表现，而收缩比精简和杠杆收购更容易产生积极效果。

第2节 战略体系构建

一、战略分析

战略分析，简单来说，就是对一个组织、企业或个人所面对的外部环境和内部条件等进行深入研究和分析，以确定未来发展方向和目标，并制订相应的战略计划。战略分析的内容主要包括以下方面。

(一) 外部环境分析

外部环境分析主要侧重于宏观环境分析和行业竞争分析。

(1) 宏观环境分析。宏观环境分析就是对企业所处的整体大环境进行审视，找出那些可能影响企业决策和行动的关键因素。宏观环境具体包括：政治因素，如政府政策、法规和稳定性；经济因素，如经济增长率、通货膨胀率和汇率等；社会因素，如人口结构、文化价值观念和生活方式；技术因素，如技术创新和发展趋势；法律因素，如劳动法、竞争法和环境法等。

(2) 行业竞争分析。行业竞争分析就是深入剖析一个特定行业中各企业之间的竞争状况，具体包括：行业生命周期，分析导入期、成长期、成熟期和衰退期；竞争者的数量和实力，即了解竞争对手的规模和市场份额；市场需求和供给情况，即预测未来市场需求的变化趋势；替代品和新进入者的威胁，即分析可能的替代品或潜在进入者的影响。

(二) 内部条件分析

内部条件分析关注企业自身的资源、能力、优势和劣势等，可以从以下两方面展开：

(1) 组织资源分析。组织资源分析包括：①资金，评估企业的资金状况和融资能力；②人力，分析员工的数量、技能和素质；③技术，评估企业的技术水平和创新能力；④设备，检查设备的先进性和维护状况；⑤品牌和信息，评估品牌价值和信息系统的有效性。

(2) 组织能力分析。组织能力分析包括：①市场营销能力，分析市场定位、品牌建设和销售渠道等；②研发创新能力，评估企业的研发实力和创新能力；③管理执行能力，评估决策能力、组织协调能力和执行力等；④组织学习能力，分析企业如何适应环境变化，从经验中学习。

战略分析是一个全面、系统的过程，它要求企业不仅要关注外部环境的变化，还要深入了解自身的资源和能力，从而找到发展的最佳路径。在这个过程中，各种战略分析工具和方法如 SWOT 分析、PEST 分析、五力模型等都能帮助企业更准确地把握市场和竞争态势，为企业制定有效的战略提供有力支持。

二、战略目标

(一) 战略目标概述

1. 战略目标的含义

战略目标是企业对其战略经营活动预期取得的主要成果的期望值。它不仅是对企业宗旨的展开和具体化,更是对企业宗旨中所确认的企业经营目的和社会使命的进一步阐明和界定。

战略目标着眼于整体和长期,提出的是企业整体发展的总任务和总要求,为企业描绘了一个较为理想的未来设定。战略目标是对现实利益与长远利益、局部利益与整体利益的综合反映。战略目标可以分解为具体的目标、任务和要求,从而使企业职工的行动有一个明确的方向。同时,战略目标必须被企业内部人员和外部公众所理解并符合他们的利益。

2. 战略目标的作用

战略目标有助于企业明确方向、指导企业决策、实现长期愿景、建立竞争优势和增强企业凝聚力,对于企业的发展和成功至关重要。战略目标的作用包括以下几个方面:

(1) 平衡内外条件。战略目标能够实现企业外部环境、内部条件和企业能力三者之间的动态平衡,使企业获得稳定和协调的发展。

(2) 明确发展方向。战略目标明确了企业的努力方向,使企业使命具体化和数量化,避免了战略任务的落空。

(3) 指导具体实施。战略目标是企业战略实施的指导原则,能够集中企业中的各项资源和力量,减少内部冲突,提高管理效率和经济效益。

(4) 提供评价标准。战略目标为战略方案的决策和实施提供了评价标准和考核的依据,确保了企业战略的有效实施。

(5) 起到激励作用。战略目标描绘了企业发展的远景,对各级管理人员和广大员工有很大的激励作用,增强了企业的凝聚力和向心力。

(二) 战略目标的分类

对战略目标进行分类,有助于企业进行全面深入的分析思考,制定适合企业的发展战略目标。战略目标的分类可以从多个角度进行划分。

1. 按时间长度分类

(1) 短期战略目标。该目标通常是指1~3年内的目标。这些目标注重于当前的经营活动和短期内的业绩提升。例如,短期内提高销售额10%,或者在未来2年内推出3款新产品。

(2) 中期战略目标。其时间跨度通常在3~5年。这类目标更加关注企业的中期发展,可能涉及企业规模的扩大、市场份额的提升等。例如,在5年内实现全国市场覆盖,或者在未来4年内实现上市目标。

(3) 长期战略目标。其时间跨度通常超过5年。长期战略目标关注企业的长期发展和战略转型。例如,在10年内成为全球行业前3名,或者在未来8年内实现年销售额翻两番。

2. 按目标性质分类

(1) 发展性目标。发展性目标主要关注企业整体素质的提升和发展能力的增强,如生产规模目标、技术进步目标和产品开发目标等。

(2) 效益性目标。效益性目标侧重于企业的经济效益和价值创造能力的提升,包括产出目标、成本目标和利润目标等。

(3) 竞争性目标。竞争性目标关注企业在市场竞争中的地位提升和市场份额的扩大,如市场目标和创新目标等。

(4) 利益性目标。利益性目标在增加企业收益和满足员工、股东等利益相关者需求的前提下设定,如资本收益率目标和利润分配目标等。

(5) 社会性目标。社会性目标强调企业对社会关系的维护、形象提升和社会影响力的增强,如公共关系目标和社会责任目标等。

3. 按财务和非财务因素分类

(1) 财务目标。财务目标关注的是企业的经济表现和财务状况。这些目标通常可以用货币或财务数据来衡量,是企业战略目标体系中重要的组成部分。常见的财务目标包括:①利润目标,如净利润、毛利率、营业利润率等,反映了企业的盈利能力和经营效率;②收入目标,如销售额、市场份额等,反映了企业的市场占有率和经营规模;③成本目标,如成本控制、成本降低率等,反映了企业在成本控制方面的效率和成果;④资金目标,如资金周转率、资产负债率等,反映了企业的资金运营效率和财务结构。

(2) 非财务目标。非财务目标关注的是企业的非经济方面,如客户满意度、员工满意度、市场份额、品牌影响力等。这些目标虽然难以用货币或财务数据来衡量,但对于企业的长期发展同样重要。常见的非财务目标包括:①客户满意度目标,如客户满意度调查得分、客户重复购买率等,反映了企业在满足客户需求方面的能力和成果;②员工满意度目标,如员工满意度调查得分、员工离职率等,反映了企业在员工管理、福利待遇等方面的表现;③市场份额目标,如提高市场占有率、开拓新市场等,反映了企业在市场竞争中的地位和影响力;④品牌影响力目标,如品牌知名度、品牌美誉度等,反映了企业在品牌建设方面的成果和影响力。

非财务目标往往与企业的长期战略和可持续发展密切相关,它不仅能够反映企业的综合竞争力,还能够为企业的长期发展提供有力支持。因此,在制定战略目标时,企业需要综合考虑财务目标和非财务目标,确保企业的全面发展和长期竞争力。

总之,战略目标的分类应该根据企业的实际情况和需要进行选择和设定。不同的分类方式可以帮助企业更加清晰地了解自身的发展方向和重点任务,从而更好地制定和实施战略计划。

(三) 战略目标的设定原则

为了确保组织在追求愿景与使命过程中,能够高效、有针对性地引导战略决策和资源配置,战略目标的设定应坚持以下几个基本原则:

(1) 明确性原则。战略目标应该具有明确的表述和含义,避免歧义。目标应能够清晰地传达给员工和相关利益者,便于他们进行理解。

(2) 可衡量性原则。战略目标应具备可衡量性,通过具体的指标和数据来评估其完成程度。设定关键绩效指标和时间要求,以便企业能够了解目标达成的情况,并据此调整战略方向和目标。

(3) 可达性原则。战略目标应该是可达到的,即企业在当前的资源和条件下能够实现目标。目标的设定应基于实际情况和可行性考量,避免过高或过低的目标设定。

(4) 挑战性原则。战略目标应具备一定的挑战性,以激发员工的积极性和创造力。合理的挑战性目标可以激励员工追求卓越,提高企业的整体绩效。

(5) 一致性原则。战略目标应与企业的核心价值观和愿景相一致,体现企业的整体理念和发展方向。目标之间应相互协调和相互支持,形成一个有机的整体。

(6) 适应性原则。战略目标的设定应具备一定的适应性,能够灵活应对外部环境的变化和内部资源的调整。随着外部环境的变化,企业需要不断调整目标和策略,以适应新的挑战和机遇。

(7) SMART 原则。SMART 原则是一种用于设定和评估目标的有效方法,它通过确保目标具有特定的属性,来提高实现目标的可能性。SMART 原则的具体含义如下:

S——specific:目标具体明确,不模糊。

M——measurable:目标可衡量,有具体的数据或指标。

A——achievable:目标可达到,基于实际能力和资源。

R——relevant:目标与现实相关,与企业愿景和使命相符。

T——time-bound:目标有明确的时间限制。

SMART 原则可以帮助企业设定明确、可衡量、可实现、相关和有时限的目标,从而提高目标实现的可能性。通过遵循 SMART 原则,企业可以更加高效地管理资源、优化决策过程,并推动企业的长期发展。

遵循以上原则,企业可以制定出合理、可操作的战略目标,进一步推动企业的发展与壮大。同时,这些原则也提醒企业在制定战略目标时,要充分考虑企业的内外部环境、资源和能力等因素,确保目标的科学性、合理性和有效性。

三、战略方案

(一) 战略方案的生成方法

1. 基于内部分析的方法

基于内部分析的方法主要有 SWOT 分析、组织结构分析、财务状况分析和人力资源分析等。

1) SWOT 分析

SWOT 分析是一种被广泛应用的战略分析工具,其与战略选择存在着极为紧密的关联。

(1) 优势(strengths)。这指的是企业在内部所具备的显著长处。例如,独特且先进的技术,拥有强大的品牌影响力,具备高效的运营模式等。基于这些优势,企业在战略选择上可以采取如下策略:①充分利用自身优势去积极拓展市场,扩大市场份额;②可以凭借优势适时地推出新的产品或服务,满足市场需求并占据先机;③不断强化企业的核心竞争力,稳固企业在行业中的领先地位。

(2) 劣势(weaknesses)。这代表着企业内部存在的不足或薄弱之处,如面临资金相对短缺的状况,技术研发较为落后,管理机制不够完善等。针对这些劣势,企业在战略决策方面可能需要采取如下行动:一方面,着力改进内部管理体系,提升管理效率和水平;另一方面,加大技术研发投入,努力提升技术水平以追赶竞争对手。此外,企业还可以积极寻求外部合作,通过合作来弥补自身的劣势。

(3) 机会(opportunities)。这涉及外部环境中呈现出的有利因素和潜在的广阔发展空间。例如,新兴市场的逐步兴起,获得政策的有力支持,顺应行业发展的良好趋势等。面对机会,企业在战略规划上可以作出如下选择:①选择进军新的市场领域,开拓新的业务范畴;②集中精力开发新的业务方向,挖掘新的利润增长点;③紧紧把握政策机遇,顺势而为,实现快速发展。

(4) 威胁(threats)。这主要是指外部环境中存在的不利因素和严峻挑战。比如,市场竞争日益激烈,相关法规政策发生变化,替代品不断涌现等。鉴于这些威胁,企业在战略制定上可以实施以下举措:①实施差异化战略,突出自身产品或服务的独特性,以与竞争对手区分开来;②加强风险防控机制建设,有效应对各种潜在风险;③根据实际情况适时调整业务布局,以更好地适应外部环境的变化。

在进行具体的战略选择时,通常会根据以下几种具有代表性的组合采取针对性措施:

(1) 优势—机会(SO)战略,即充分利用自身的优势去紧紧抓住外部机会,从而实现企业的快速发展和壮大。

(2) 劣势—机会(WO)战略,即通过努力克服自身的劣势,更好地把握外部环境中的机会,以此来提升企业自身的竞争力。

(3) 优势—威胁(ST)战略,即依靠自身的优势来积极应对外部环境带来的威胁,尽可能降低不利影响对企业造成的冲击。

(4) 劣势—威胁(WT)战略,即尽最大努力来减少自身的劣势,并采取有效措施规避可能面临的威胁,以维持企业的生存和稳定发展。

通过深入细致的SWOT分析(图2-3),企业能够更为清晰地认识到自身的实际状况以及外部环境的具体情况,从而可以更加科学合理地进行战略选择,以更好地适应市场的动态变化,最终实现企业的可持续发展目标。

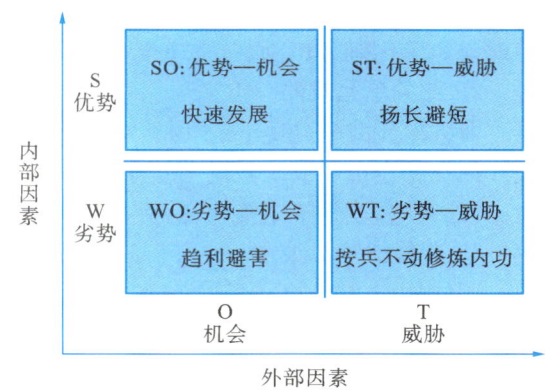

图 2-3 SWOT 分析

2) 组织结构分析、财务状况分析和人力资源分析

(1) 组织结构分析评估企业的组织结构是否合理,是否有助于各部门之间的沟通和协作,以及决策层和执行层的关系是否顺畅。

(2) 财务状况分析分析企业的会计报表,如资产负债表、利润表和现金流量表等,以了解企业的盈利能力、偿债能力和运营能力。

(3) 人力资源分析评估企业的人力资源状况,包括员工的数量、素质、技能和组织文化等,以确定企业的人力资源优势和不足。

2. 基于外部分析的方法

1) PESTEL 分析

PESTEL分析是一种宏观环境分析工具,用于评估政治、经济、社会、技术、环境和法律等外部因素对企业战略的影响。其主要分析内容如下:

(1) 政治因素,包括政府政策、政治稳定性、国际关系等。

(2) 经济因素,如经济增长率、通货膨胀率、利率和汇率等。

(3) 社会因素,涉及人口结构、文化习惯、消费者偏好等。

(4) 技术因素,如新技术的发展、技术创新趋势等。

(5) 环境因素,包括自然资源的可用性、环境保护政策等。

(6) 法律因素，涉及法律法规、法律环境等。

2) 波特五力模型

波特五力模型是一种用于分析行业竞争环境的方法，包括对现有竞争者、潜在竞争者、替代品威胁、供应商和买家五个方面的分析。

(1) 现有竞争者。分析同行业的其他企业，了解它们的市场份额、产品特点、营销策略等。

(2) 潜在竞争者。评估可能进入该行业的新企业或新技术对行业的潜在影响。

(3) 替代品威胁。了解其他产品或服务可能替代企业产品的情况。

(4) 供应商。分析供应商对企业的议价能力，以及供应链的稳定性和可靠性。

(5) 买家。评估买家的议价能力，以及市场需求和消费者偏好对企业产品的影响。

(二) 战略方案的内容

一份完整的战略方案通常包含以下几个主要战略。

1. 总体战略

总体战略（corporate strategy）是企业的最高层次战略，它定义了企业的整体发展方向、业务范围、资源配置和长期目标。总体战略通常关注企业如何在多个业务单元或市场领域中取得竞争优势，以及如何实现企业的长期可持续发展。

2. 业务单元战略

业务单元战略（business unit strategy）是针对企业具体业务或产品线的战略，它关注企业如何在特定市场或领域内与竞争对手竞争并取得优势。业务单元战略通常包括市场定位、产品策略、竞争策略等内容，旨在实现该业务单元的利润增长和市场份额的扩大。

3. 职能战略

职能战略（functional strategy）是企业为实现总体战略和业务单元战略而制定的各个职能部门的战略。这些战略通常涵盖研发、生产、营销、财务、人力资源等各个方面，以确保各部门能够协同工作，支持总体战略和业务单元战略的实现。

(1) 产品战略（product strategy）。产品战略关注企业产品的开发、设计、生产、销售和服务等方面。它旨在确定产品的定位、特色、定价、促销策略等，以满足客户需求并获取竞争优势。产品战略是企业获取市场份额和利润的重要手段之一。

(2) 市场营销战略（market strategy）。市场营销战略关注企业如何进入、发展和维护市场。它涉及市场细分、目标市场选择、市场定位、市场推广等方面。市场战略旨在为企业创造有利的市场环境，吸引潜在客户并促成交易。

(3) 人力资源战略（human resource strategy）。人力资源战略关注企业如何吸引、留住和发展优秀人才。它涉及招聘、培训、激励、绩效管理等方面。人力资源战略旨在为企业提供足够的人力资源支持，确保企业战略的有效实施。

(4) 财务战略（financial strategy）。财务战略关注资金筹集的渠道与方式、资金运用的效率与效益、资金分配的合理性与灵活性。它涉及资金募集、资金管理、利润分配、财务风险管控等方面。财务战略旨在通过科学规划和统筹安排财务资源，保障企业资金的稳定供应与高效流转，实现企业价值的最大化和可持续发展。

(5) 技术创新战略（technology innovation strategy）。技术创新战略关注企业如何利用技术创新来推动业务发展。它涉及技术研发、技术引进、技术应用等方面。技术创新战略旨在帮助企业保持技术领先地位，提高产品质量和生产效率，并开发新的市场和产品。

4. 竞争战略

竞争战略（competitive strategy）关注企业如何在激烈的市场竞争中与竞争对手竞争并取得优势。它涉及竞争对手分析、竞争策略制定、战略合作与联盟等方面。竞争战略旨在帮助企业应对竞争对手的挑战，维护市场份额并实现持续增长。

5. 风险管理战略

风险管理战略（risk management strategy）关注企业如何识别、评估和管理各种潜在风险。它涉及风险识别、风险评估、风险应对和监控等方面。风险管理战略旨在帮助企业降低风险，确保企业运营的稳健和可持续发展

6. 国际化战略

如果企业计划拓展国际市场，国际化战略（international strategy）将是一个重要组成部分。它关注企业如何在全球范围内配置资源、选择目标市场、进入新市场并管理跨国运营。国际化战略旨在帮助企业实现全球市场的增长，提高竞争力。

四、战略实施

战略实施是将企业制订的战略计划转变为实际行动，通过具体的资源配置、组织结构设计、激励机制建立等方式，确保战略目标的顺利实现。

（一）组织结构与战略的匹配

组织结构对于战略的成功实施起着至关重要的作用。一个合适的组织结构能够促进信息流通，协调各部门行动，确保战略目标的达成。

当企业采用不同的战略时，需要相应地调整组织结构。例如，实施成本领先战略的企业可能更倾向于采用高度集权、规范化的结构，以实现高效的运营和成本控制；而追求差异化战略的企业则可能需要更具灵活性和创新性的组织结构，鼓励跨部门合作和创意的产生。

此外，组织结构还应能够适应企业的发展阶段和规模变化。随着企业的成长，其组织结构可能需要从简单的结构逐渐向复杂的层级式或矩阵式结构转变。

（二）资源配置与战略执行

资源配置是战略实施的关键环节。企业必须合理分配人力、财力、物力等资源，以支持战略的推进。

在人力资源方面，企业要确保关键岗位配备合适的人才，通过培训和发展提升员工的能力，使员工适应企业战略的要求。

在财务资源分配方面，企业要根据战略重点对核心业务和战略项目给予优先支持。

同时，企业要注重资源的有效利用和优化配置，避免资源浪费或低效使用。企业应定期评估资源配置的效果，及时进行调整，以确保资源与战略紧密契合。

（三）企业文化与战略的协同

企业文化是企业的灵魂，企业文化与战略的协同至关重要。积极的企业文化能够强化员工对企业战略的认同和承诺，激发员工的积极性和创造力。企业要塑造与战略相匹配的文化氛围，如强调创新的文化以支持创新战略，强调团队合作的文化以适应协作型战略等。

企业应通过价值观的引导、行为规范的建立和榜样的示范，推动企业文化与战略的深度融合。此外，企业要不断强化企业文化的传承和发展，使其在企业的发展过程中保持连贯性和适应性。

（四）战略实施中的领导与控制

强有力的领导是战略成功实施的保障。领导者要具备清晰的战略眼光、卓越的决策能力和强大的影响力，能够引领团队朝着战略目标前进。在战略实施过程中，要建立有效的控制机制。领导者应通过设定明确的目标和指标，进行定期监测和评估，及时发现问题并采取纠正措施。同时，领导者要善于授权和激励员工，营造良好的工作氛围，提高团队的执行力和凝聚力。领导者应保持对市场和竞争环境的敏锐洞察，根据变化及时调整战略和实施策略。

战略实施是一个复杂的系统工程，需要组织结构、资源配置、企业文化和领导控制等多方面进行协同，只有这样，才能确保企业战略顺利实施。

第3节　企业总体战略

一、企业总体战略的概念和内涵

在计划经济时期，我国企业主要实施生产型管理，因此大多用长期计划、远景规划、经营方针等术语来表示企业发展的目标。这些术语在一定程度上也含有"战略"的意思。但改革开放后，企业的经营环境随着市场经济的发展发生了重大变化，激烈的市场竞争、多变的市场环境使企业的生存与发展不再仅仅取决于当前的生产经营状况，而更多地取决于企业对未来发展作出的整体性规划。西方的经营管理理论进入国内并被广泛学习借鉴后，"战略"一词被广泛使用。研究和确立企业经营战略，可以使企业从更高、更远、更全面的角度来思考发展问题，帮助企业制定长期的战略目标，促进企业平稳有序发展。

企业总体战略又称公司层战略，是企业最高层次的战略。它是指企业根据其使命与愿景，对企业在较长时期内（通常为5年以上）的发展方向、目标、经营领域、资源配置等作出的总体性、全局性的谋划和决策。它主要确定企业的经营范围、成长方向和竞争优势，旨在合理配置企业资源，使企业在市场中建立和保持竞争优势，实现企业的长期可持续发展。企业总体战略有狭义和广义之分。狭义的企业总体战略主要侧重于企业整体的发展方向、目标和重大行动路径的规划。广义的企业总体战略则不仅包括这些，还可能涵盖企业在各个层面和领域的战略协同、资源配置的总体安排，以及与外部环境的全面互动和应对策略等更广泛的内容。

企业总体战略对企业经营活动和各项工作起着指导作用，对企业的生存、发展具有极其重要的意义。这具体表现在以下几个方面：

（1）明确企业的使命、愿景和核心价值观，为企业的发展提供根本性的指引和方向。

（2）确定企业的经营范围和业务组合，决定企业将进入哪些市场和领域，以及如何在不同业务之间进行资源分配和协同。

（3）规划企业的长期发展目标，包括规模目标、市场地位目标、盈利能力目标等，为企业的行动提供清晰的方向。

（4）选择企业的发展模式和路径，如采取内部增长、外部并购还是采取多元化发展等方式来实现成长。

（5）构建企业的竞争优势，即通过资源整合、核心能力培育等手段来提高企业的竞争力。

（6）考虑企业与外部环境的互动关系，包括宏观经济环境、行业趋势、竞争对手等，以确保战略的适应性和前瞻性。

有了总体战略，企业就有了发展的"总纲"。企业就可以围绕"总纲"进行人力、物力、资金、技术等方面的优化配置。同时，准确、完整的战略规划能够统一全体员工的思想，充分调动员工的积极性和创造性，使企业上下一心、共同努力，实现企业生产经营战略目标。

二、企业总体战略的特征和内容

企业总体战略是指导企业走向未来的行动纲领，它一般具有以下特征：

（1）全局性。企业战略是以企业全局为对象，根据企业总体发展的需要而制定的总体行动。它追求的是整体效果，从全局的角度思考并实现对局部的指导，用局部的最优的结果保障全局目标的实现。

（2）前瞻性。企业战略的着眼点在于未来而非当前，需要考虑长远的效益和影响。企业战略需要建立在预测未来市场变化和企业发展趋势的基础上，因此必须具有前瞻性。

（3）纲领性。企业战略是企业发展的行动指南和纲领，为企业的经营活动提供了明确的目标和方向，有助于统一全体员工的思想和行动，提高企业的凝聚力和向心力。

（4）风险性。企业战略最终是要达成企业的发展愿景和未来目标，但企业的外部环境和市场机会具有一定的不确定性，企业战略的制定实施也会面临一定的风险和挑战。

（5）竞争性。企业在制定和实施总体战略时，必须充分考虑市场竞争，不断运用新的思想、方法、技术等提高企业自身的竞争力，进而战胜对手。

企业总体战略是由战略思想、战略目标、战略重点、战略方针、战略阶段和战略对策等组成的有机统一体。其中，战略思想指导着战略目标的设定，而战略目标又影响着战略重点的选择。战略方针、战略阶段和战略对策是战略目标与战略重点顺利达成的重要保障。

三、企业总体战略的类型

通常，企业总体战略按竞争态势和发展方向不同，可以划分为以下三类。

1. 稳定型战略

稳定型战略（防御型战略或维持型战略）是指企业不改变其生产性质、主要产品和为社会提供的服务，在一定时期内企业也并不准备扩大生产规模的一种战略。其核心主要是提高企业现有生产条件下的经济效益。

稳定型战略适用于多种情况。当市场环境稳定时，企业可凭借现有优势实现安稳发展；在资源有限时，企业集中精力稳固现状更合适。当产品成熟、内部运营良好时，稳定能使企业的优势得以保持。若行业壁垒高、宏观形势不明朗，或企业风险偏好低、刚经历变革,则稳定型战略可确保企业平稳过渡并维持市场地位,有利于企业在相对稳定中寻求持续发展。

2. 增长型战略

增长型战略(扩张型战略或发展型战略)是企业在现有水平基础上向高一级方向发展。它是指企业扩大生产规模,并在保持原有主要产品的同时,增加新产品的生产,挖掘企业潜力,提高销售量,扩大市场占有率的一种战略。一般而言,采用增长型战略的企业会努力提高盈利能力,超过竞争对手,使经济技术指标达到或超过同行业的先进水平。

当市场存在较大增长空间,企业要抓住机遇或企业拥有独特资源或核心竞争力时,可以采用增长型战略来拓展市场和业务。另外,如企业处于快速发展阶段,则增长型战略能推动企业加速发展;当企业有充足资金和能力支持新业务发展,或渴望提升市场份额和影响力时,增长型战略能助力企业开拓市场,实现可持续发展。

3. 紧缩型战略

紧缩型战略(退却型战略)是指企业缩小生产规模,或取消某些产品的生产,减少企业的投入,封存或出卖部分设备的一种战略。其核心是通过紧缩战略来摆脱企业生存所面临的困境,使财务状况好转。这种战略一般适用于经济不景气、需求紧缩、资源有限、产品滞销、企业内部矛盾重重、财务状况恶化,以及企业在原经营领域中处于严重不利竞争地位的情况。

紧缩型战略通常适用于以下情况:企业面临严重的财务困境,需要削减开支来维持生存;企业在竞争中处于劣势,短期内难以扭转,需要保存实力;企业的某些业务长期亏损且无改善希望,需要调整业务结构;行业处于衰退期且前景黯淡,或宏观经济环境恶劣,企业为降低风险而采取紧缩政策;企业进行重大战略转型前,先进行紧缩以便将资源集中于新方向。

练 习 题

一、单项选择题

1. 下列各项中,属于企业战略管理关键要素的是(　　)。
   A. 仅关注短期利益
   B. 制订详细的战术计划
   C. 综合考虑内外部环境并进行战略选择与实施
   D. 随意调整战略以适应变化

2. 环境分析方法主要有战略要素评估矩阵法和(　　)两种。
   A. 核心能力分析法　　　　　　B. SWOT分析法
   C. 财务分析法　　　　　　　　D. 生命周期分析法

3. 所谓差异化战略,是指为使企业产品与(　　)有明显的区别,形成与众不同的特点而采取的一种战略。
   A. 原产品　　　　　　　　　　B. 竞争对手产品
   C. 本企业产品　　　　　　　　D. 同行业产品

4. 如果企业处于SWOT矩阵的第Ⅱ象限,那么宜采取的战略是(　　)。
   A. 发展型战略　　　　　　　　B. 先稳定后发展战略
   C. 紧缩战略　　　　　　　　　D. 多元化战略

5. 企业战略家应当具备的核心素质是(　　)。
   A. 政治素质　　B. 思想素质　　C. 心理素质　　D. 技能素质

6. 多元化战略是由新产品领域与(　　)组合而成的一种企业成长战略。
   A. 现产品　　　B. 原市场　　　C. 现市场　　　D. 新市场

7. 下列各项中,符合集中化战略的是(　　)。
   A. 企业同时进入多个市场,提供多样化的产品和服务
   B. 企业通过收购和兼并其他行业的业务,实现多元化经营
   C. 企业专注于某个特定的市场细分,通过提供专业化的产品和服务来满足该细分市场的需求
   D. 企业通过扩大生产规模,降低生产成本,以提高市场份额

8. 下列各项中,不属于企业实施国际化战略动因的是(　　)。
   A. 寻求更大的市场　　　　　　B. 谋求更高的效率
   C. 获取新技术和管理经营　　　D. 避免政治风险

9. 下列各项中,不属于企业总体战略内容的是(　　)。
   A. 竞争型战略　　B. 成长型战略　　C. 稳定性战略　　D. 收缩型战略

10. 下列各项中,符合SMART原则要求的是(　　)。
    A. 目标是在未来1年内将销售额提高50%
    B. 目标是提高客户满意度
    C. 目标是尽我们所能,增加市场份额
    D. 目标是生产出伟大的产品

二、判断题

1. 战略目标应具备一定的挑战性,以激发员工的积极性和创造力。（   ）
2. 外部环境分析主要侧重于分析宏观环境和行业环境。（   ）
3. 企业文化总是能与战略自然协同。（   ）
4. 企业战略控制主要关注战略实施的结果。（   ）
5. 企业在不同发展阶段可以采用不同的组织结构来匹配战略。（   ）
6. 新兴产业的企业最适合于开展集中化战略。（   ）
7. 战略目标的可接受性是指战略目标要为公司的股东所接受。（   ）
8. 集中化战略意味着企业应该专注于多个市场细分,提供多样化的产品和服务。（   ）
9. 从行业角度划分,并购可以分为横向并购、纵向并购和混合并购。（   ）
10. 战略制定后就不需要再进行调整了。（   ）

三、简答题

1. 请谈谈你对企业战略的认识。
2. 简述多元化战略的优缺点。
3. 简述并购重组战略。

四、论述题

试述 SWOT 分析的内容。

第 3 章 组织管理

Chapter 3

思政园地

◎ 学习目标

- 深入理解并准确把握组织的定义、特征、目的、意义和核心要素,能够运用相关知识分析和评估各类实际组织的运行状况与发展需求。
- 理解并能清晰阐述不同组织结构类型的特点、优缺点及适用场景。
- 掌握组织设计的基本原则和关键要素,能够分析组织设计的合理性。
- 学会评估组织变革的必要性和可行性,推动有效的组织变革。

◎ 知识导图

- 组织管理
  - 组织
    - 组织概述
    - 组织理论的发展
    - 企业的组织形式
  - 组织结构和组织设计
    - 组织结构
    - 组织设计
  - 组织变革
    - 组织变革概述
    - 组织变革的类型
    - 组织变革的驱动力
    - 组织变革阻力的产生与消除
    - 组织变革的过程
    - 组织的学习和发展
    - 当代组织变革问题和新兴组织形式

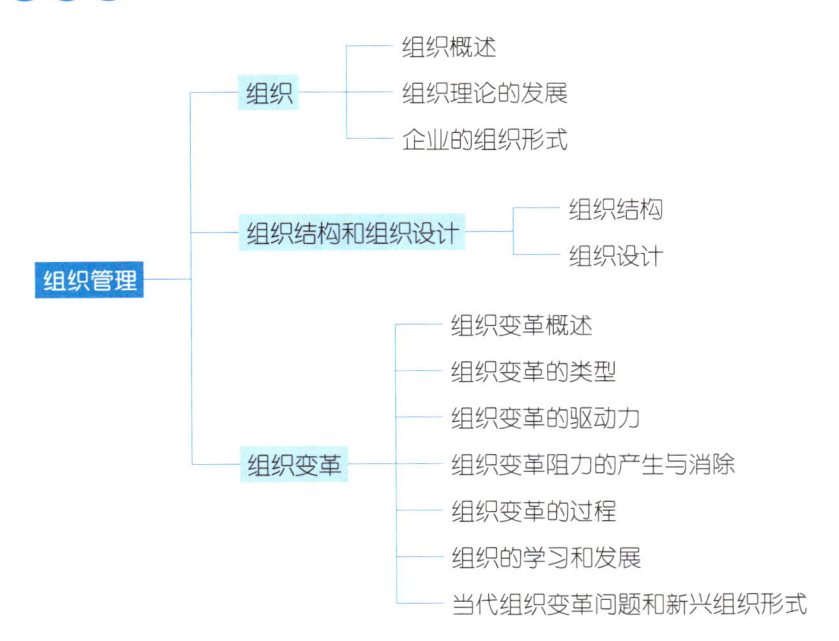

第1节 组　　织

组织是指有共同的目标,通过人、财、物、信息等相互之间有机结合所形成的社会系统。企业组织是为实现企业的目标、任务,将企业各种资源按照一定形式联结起来的社会系统。企业组织是组织在商业领域的一种具体应用。

一、组织概述

(一)组织的定义

组织是人们生活的普遍形式和存在方式,每一个人都或多或少地属于一个或几个组织,同时在日常生活中我们也不断地和各种各样的组织打交道。比如,工厂、医院、银行、超市、学校、剧团、酒店等都是组织。

管理学者对组织定义的表述如下:

史蒂芬·罗宾斯:组织是对完成特定使命的人们的系统性安排。

埃德加·薛恩:组织是为了达到某一特定的共同目标,通过各部门劳动和职务的分工合作和不同等级的权利和职责的制度化,有计划地协调一群人的活动。

杰克·邓肯:组织是一个相互影响、相互依赖,为了达成某一共同目标的工作群体的集合。

综观这些学者的论述,我们可以看到,他们的表述虽然有所不同,但其内涵、要素基本一致。简单来说,组织就是由若干个人和群体所组成的、有共同目标和一定边界的社会实体。它包含三层意思:①组织必须是以人为中心,把人、财、物等合理配合在一起,并保持相对稳定而形成的一个社会实体;②组织必须以人为本,具有全体成员共同认可并为之奋斗的目标;③组织必须保持一个明确的边界,以区别于其他组织和外部环境。

(二)组织的特征

1. 明确的目标导向

每一个组织,无论规模大小、形态方式如何,都有明确的目标。比如,企业的目标就是实现盈利,医院的目标就是救死扶伤,学校的目标就是培养人才等。有了共同的目标,组织才能引导组织成员运用组织所拥有的各种资源去完成组织的使命和任务。

2. 合理的资源配置

组织拥有的资源包括人、财、物、技术、信息等多个方面。这些资源在组织内部需要进行合理的配置和调用,最大程度地发挥资源效益。组织要实现目标,必须通过各种方式优化配置和合理使用资源。

3. 严密的结构体系

组织具有严密的结构体系。组织内部通常划分为不同的部门和层级,每个部门和层级都承担特定的职责和任务。这种结构体系使组织能够高效地进行分工和协作,确保各项任务顺利完成。

4. 良好的沟通和协作

良好的沟通和协作是组织运转的润滑剂,有助于减少冲突和摩擦,提升组织的凝聚力和向心力。组织应建立有效的沟通机制和协作平台,确保信息沟通的顺畅,鼓励成员之间交流分享、加强协作,共同解决问题和应对挑战。

(三)组织的目的和意义

1. 组织的目的

组织的目的在于通过集合个体的力量,共同追求并实现既定的目标和愿景。它旨在建立一个高效有序且协作良好的工作环境,优化资源配置,提升工作效率,推动创新和进步。具体而言,组织的目的包括以下几点:

(1)实现目标。组织将个体的力量汇聚起来,共同朝着组织的战略目标和愿景努力。比如,企业具有盈利目标,公益组织具有社会使命等。

(2)提升效率。通过组织,企业可以将目标工作划分给具体的岗位和部门,将工作职责分配给相关的各个工作人员。通过合理的分工和协作,企业可以减少重复和浪费,优化资源配置,提高整体运作效率。

(3)满足成员需求。组织为成员提供了一个施展才华、实现自我价值的平台,同时满足了成员物质和精神方面的需求。

(4)适应环境变化。组织能够灵活调整自身结构和运作方式,以更好地适应外界的政治、经济、社会等环境变化。

2. 组织的意义

组织是企业运行的基础和支撑,良好的组织架构与管理能有效整合资源、提升效率、促进协同,对企业实现战略目标和持续发展起着至关重要的作用。组织对企业管理具有以下重要意义:

(1)明确分工与职责。这有助于清晰界定每个岗位的任务和责任,避免职责不清导致效率低下。

(2)提高效率。企业通过合理的架构和流程安排,可以优化资源配置,促进信息流通和工作协同,大幅提升企业运营效率。

(3)促进协同合作。组织使不同部门和人员能够围绕共同目标紧密配合,发挥团队合力,更好地完成复杂任务。

(4)实现资源整合。组织将人、财、物等资源进行有效整合和调配,发挥资源的最大效用。

(5)增强决策科学性。规范的组织架构有利于信息的收集和传递,为管理层提供更全面准确的依据,提升决策的科学性和正确性。

(6)保障战略实施。组织是战略落地的重要支撑,能将战略目标分解到各个部门和层级,推动战略的有效执行。

(7)塑造企业文化。组织为企业文化的形成和传播提供载体,营造良好的企业氛围和价值导向。

(8)提升企业竞争力。高效的组织能快速响应市场变化,灵活调整策略,在竞争中占据优势地位。

(9)培养和发展人才。组织为员工提供成长和发展的平台,有利于人才的培养和留存。

(10)适应环境变化。灵活的组织可以更迅速地适应外部政治、经济、技术等环境的变化。

(四) 组织的核心要素

人员、结构和流程是组织的三大核心要素,它们是组织成功的基石,也是组织持续发展和进化的关键动力。它们相互作用、相互影响,共同构成了一个有机的组织整体。只有当这三个要素都得到恰当的重视和发展,组织才能充满活力、高效运行,在激烈的竞争中处于优势地位。

1. 人员

人员是组织的活力之源,是组织中最关键的要素。他们是组织目标的执行者和战略的推动者。优秀的人员具备专业的技能、丰富的知识和积极的工作态度。他们的能力和潜力决定了组织能达到的高度。在一个组织中,吸引和留住合适的人才至关重要。这需要建立科学的招聘体系、提供有吸引力的薪酬福利、搭建广阔的发展平台,以及营造良好的工作氛围和企业文化,让员工能充分发挥自己的才能,找到归属感和成就感。

2. 结构

结构是组织的运行框架,合理的组织结构如同组织的"骨骼",支撑着整个体系的运转。它明确了不同部门和岗位之间的关系、职责和权限。一个清晰、高效的结构可以促进信息流通、减少内耗和冲突。常见的组织结构有直线型、职能型和事业部型等,不同的组织结构适应不同的发展阶段和业务需求。随着组织的发展和变化,结构也需要不断优化和调整,以保持灵活性和适应性。

3. 流程

流程是组织的效率保障,是组织各项工作有序开展的路径。高效的流程可以确保工作的连贯性和一致性,避免重复和浪费。从业务流程到管理流程,每一个环节都需要精心设计和持续改进。科学的流程能够提升工作效率,缩短周期,增强客户满意度。通过对流程的不断梳理和优化,组织可以消除繁琐的步骤,实现资源的最佳配置,快速响应市场变化和客户需求。

二、组织理论的发展

组织理论是随着人类社会的出现发展而形成和发展的。组织理论从最初的萌芽到现在,经历了多个阶段的演变和深化。

(一) 古典组织理论

古典组织理论主要存在于 14 世纪末到 20 世纪初,强调层级分明、分工明确、制度严格的组织结构,其核心思想在于通过规范化、标准化的管理方式来提升组织的效率和稳定性,注重权力的集中和自上而下的控制。它对现代组织管理的发展产生了深远的影响。总的来看,古典组织理论侧重于对组织的静态研究,以机械化的角度看待组织,将组织视为一个精密的系统,将个体看作机器中的一个部件,强调层级、职责和规范的重要性。

古典组织理论中最具有代表性的是泰勒的科学管理理论。泰勒在其《科学管理》一书中关于企业组织结构的论述,代表了古典组织理论的精髓。他认为,为提高工作效率,企业应该采取职能组织,以明确职能,实行专业化分工,使每个管理者只负责特定的职能领域;应通过层级制的结构,建立起清晰的指挥链和沟通渠道,确保命令的准确传达和执行,从而达到最佳的工作效果。同时,企业要建立科学的工作流程和标准,对各项工作进行精确的规划和控制,减少不必要的浪费和延误,最终实现企业生产和运营的高效有序。

(二) 新古典组织理论

新古典组织理论又称行为科学组织理论。随着时代进步，人们逐渐意识到组织中的个体并非简单的机器部件，而是具有复杂情感和需求的个体，于是从20世纪30年代起，行政组织理论的研究逐渐引进行为科学的方法，形成了新古典组织理论。

新古典组织理论的主要代表人物包括玛丽·帕克·福莱特、埃尔顿·梅奥、弗里茨·罗特利斯伯格和切斯特·巴纳德等。这些学者著书立说时正值传统管理理论或古典组织理论盛行之时，他们的研究使管理理论和组织理论的发展进入了一个新的阶段。

与古典组织理论相比，新古典组织理论具有以下特点：

（1）集权与分权。新古典组织理论主张更多的分权，认为分权可以让更多人参与决策，有利于调动员工的积极性。例如，美国通用汽车公司总裁艾尔弗雷德·斯隆提出的集中政策、分权管理主张，就是这一思想的体现。

（2）组织结构。新古典组织理论不主张高耸的组织结构，而倾向于扁平的组织结构。根据新古典组织理论的观点，传统的科级组织模式可以分为尖三角形结构（即高耸的组织结构）和扁三角形结构（即扁平组织结构）。前者为集权制度，控制幅度小；后者较易推行分权、分层负责和专业化管理。

（3）部门化。古典组织理论提倡的分工和专业化主要针对个人而言，而新古典理论所倡导的部门化的实质是部门专业化。大学和医院等就是以部门化为基础的组织。

新古典组织理论以古典组织理论为基础，以组织中人的问题为中心，从动态的角度研究人的行为对于组织的影响及人与组织的相互关系。它承认等级制的存在，研究权力关系和权威问题，追求组织效率和工作效率的提高。

(三) 现代组织理论

现代组织理论形成于20世纪中期，侧重于对组织与外部环境平衡的研究。现代组织理论强调组织的动态性和适应性，也注重人的因素和组织的文化，还专注于组织网络化和虚拟化趋势。现代组织理论整体呈现出开放、包容和系统的特点。系统理论、权变理论、群体生态模型、资源依赖理论等不同理论流派，从不同角度和层面揭示了组织的复杂性和多样性，全面深入地探讨了组织的本质、运作规律和未来发展，为我们理解和应对当代组织现象提供了有力的理论支持和实践指导。

三、企业的组织形式

企业的组织形式是指企业生产经营的形态和运作方式。随着市场经济的深入发展，企业的组织形式发生了很大的变化。

1. 企业的法律形式

按照所承担的法律责任和财产组织形式的不同，企业的法律形式主要包括个人独资企业、合伙企业和公司制企业。

2. 企业的管理形式

为实现组织目标，企业必须采用科学的管理形式，以形成一个职位顺序清晰、意见沟通渠道流畅的协调合作体系。按照人与事、人与人在体系中相互关系的密切程度，企业的管理形式一般分为直线制、职能制、直线职能制、事业部制和矩阵制等。

3. 企业的经营形式

企业的经营形式实质上是企业在运作过程中主体与客体相结合的方式。为适应市场经济体制,提高生产经营的运作效率,企业的经营形式大体呈现批发、零售、合作三大类,其下又可分为若干具体形式。

第2节 组织结构和组织设计

一、组织结构

企业的组织结构主要是指企业的组织形式、存在状态和运行机制。它是由组织中纵向的等级关系及其沟通关系、横向的分工协作关系及其沟通关系形成的一种无形的、相对稳定的企业架构。组织形态反映了组织成员之间的分工协作关系,体现了一种分工和协作框架。

企业组织形态主要有以下几种。

1. 直线制

直线制产生于19世纪末,它是在工业化、工厂化生产方式下形成的组织形式。直线制的特点是企业各级行政单位从上到下实行垂直领导,下属部门只接受一个上级的指令,各级主管负责人对所属部门的一切问题负责。直线制的优缺点十分显著。其优点是结构简单、责任明确、命令统一,缺点是对管理者的能力知识要求过高。直线制是最简单的组织架构,一般适用于初创期或人数较少、生产管理比较简单的小规模企业。

2. 职能制

职能制是直线制的升级版。随着企业规模扩大、专业化程度的提高,主管领导难以做到面面俱到,于是就设立专业职能机构,并赋予其相应的管理职责和指挥权力,由此形成了职能制。职能制能够更好地实现专业化和智能化管理,减轻直线领导人的工作负担,避免因精力分散导致的管理乏力等问题。但其往往会导致多头管理,且由于部门之间沟通壁垒高、协调难度大,造成管理混乱,业务部门往往无所适从。职能制一般适用于规模不大、产品品种比较单一的企业。

3. 直线职能制

20世纪初,企业生产规模越来越大,劳动分工越来越细,在这种形势下,直线职能制应运而生,并很快在各行各业推广开来。直线职能制的特点是把企业管理机构和人员分成两类:一类是直线领导机构和人员,按命令统一原则,对各级组织行使指挥和协调的权力;另一类是职能机构和人员,作为直线指挥人员的助手,按专业化原则,对下级部门进行业务指导。在直线职能制下,各级管理机构集中统一指挥,机构人员分工明确、责任清晰,避免了多头领导。但直线职能制存在对外部环境变化反应较慢,部门间缺少横向协调,决策缓慢、缺乏创新等问题。直线职能制适用性广泛,适合于项目规模大、业务范围广、人员分工细的企业。目前,我国的大多数企事业单位采用直线职能制组织结构。

4. 事业部制

事业部制是一种高度集权下的分权管理体制,将企业的业务按产品、服务、客户或地区分为事业部。企业总部授予事业部高度的自主权，事业部可以作为独立核算、自负盈亏的主体进行独立的经营和运作。事业部制的优点在于将不同经营业务的专门化管理与企业总部的集中统一领导结合起来，既可以为企业带来稳定的收益，又充分调动了中层管理人员的积极性。但事业部制也容易造成职能重复、管理费用和成本上升、对企业共有资源和共享市场的不良竞争等问题。

5. 矩阵制

矩阵制最早由威廉·大内在1981出版的《Z理论》一书中提出。矩阵制是一种复杂的组织架构，把按职能划分的部门和按产品划分的部门结合起来组成一个矩阵，即在直线职能制基础上再增加一种横向的领导关系。相对于传统的组织结构，这种组织结构更加注重跨部门和项目的协调与合作。

矩阵制的优势是把职能分工和组织合作结合起来，可以集中力量解决问题，支持多任务同时进行，同时能够更灵活地调配资源，提高资源的利用效率。但这种组织结构比较复杂，任务部门和职能部门相互协调存在难度，同时由于其规模大开支大，不利于控制成本。矩阵制组织结构最适合应用于技术发展迅速、产品种类丰富、创新能力强、管理复杂的企业，如军工企业、航天工业等。

6. 多维制

多维制又称立体制，是由美国道—科宁化学工业公司于1967年首创的组织结构。多维制是系统论在管理组织结构上的具体运用。多维制组织结构是由事业部、智能机构、地区等多种因素组成的一种大企业的管理组织结构模式。这种组织结构主要包括产品利润中心（即按产品划分的事业部）、专业成本中心（即按职能划分的专业参谋机构）、地区利润中心（即按地区划分的管理机构）三个方面的管理系统。在这种组织结构下，事业部经理不能单独作决策，而是由产品事业部经理专业参谋部门和地区部门代表三方共同组成产品事业委员会，对各类产品的产销作出决策。这样就把这些部门较好地结合起来，可以更好地协调产品事业部和地区部门之间的矛盾，有利于集思广益、共同决策。这种组织机构一般适用于跨国公司或规模巨大的跨地区公司。

另外，按照组织的规范化程度、集权程度、灵活性和适应性等标准，组织结构类型也被分为机械制和有机制。机械制组织结构通常高度规范化、集权化，结构较为严谨、稳定，对规则和程序依赖程度高，直线制、职能制和直线职能制更倾向于采用机械制结构。有机制结构则相对更具灵活性、分权化，能够更快速地适应环境变化和创新需求，组织的形态和运作方式较为松散和动态，事业部制、矩阵制、多维制兼具一定的有机式特点，尤其是矩阵制和多维制在灵活性和适应性方面表现更为突出，更接近于有机制结构。

在选择企业组织结构形式时，企业可以根据自身的运行特点、生产性质、规模大小、生产技术水平、专业化程度、产品种类、工艺特点、市场需求、企业管理水平等方面因素的不同，选择一种组织结构，或将几种不同的组织结构结合起来使用。

二、组织设计

组织设计是指管理者将组织内各要素进行合理组合，建立和实施一种特定组织结构的过程。它是以企业组织机构为核心的组织系统的整体设计工作，其实质是对管理人员的工作进行纵向或横向的分工。管理者创造或改变组织机构就是在进行组织设计。

（一）组织设计的基本原则

组织结构的设置必须同企业生产管理现状及发展需要相适应，因此，科学地设置组织机构应当遵循一定的设计原则。这些原则是在长期管理实践中积累起来的经验，既能指导企业进行组织设计，也能评估现有组织结构的合理性。组织设计的基本原则如下。

1. 目标导向原则

组织设计要以企业整体目标为导向，确保各部门及个人的目标与企业整体目标保持一致。这就要求在设计组织机构时必须有利于组织目标的实现，每个部门和个人要明确自己在实现总目标中所承担的任务和责任。

2. 分工协作原则

组织设计时应考虑企业内部各部门之间具有明确的分工，同时各部门和员工之间应密切合作，共同完成任务和实现目标，这也需要组织建立有效的沟通机制和协调机制来促进合作。

3. 权责对等原则

权责对等是指权力和责任应是同时产生、存在和消失的。组织在拥有权利的同时，也应当承担相应的责任，以确保组织的正常运行和有效管理。有权无责会产生权力滥用，有责无权会削弱员工能动性，只有权责对等，各部门和个人才能很好地履行职责。权责对等原则是发挥组织成员能力的必要条件。

4. 有效管理跨度原则

管理层级是指企业的决策、指令贯彻到基层所经过的环节。管理幅度是指管理者能直接指挥的下属人数。一个管理者能够有效地管理和控制的下属数量是有限的。在设计组织结构的时候应考虑这一点，合理安排管理层级和管理幅度，使管理工作的负荷与管理者的能力保持平衡。

5. 稳定性和适应性原则

组织结构应保持相对稳定以利于组织的长期发展，但同时也要具有一定的灵活性以适应外部环境的变化和挑战，这就要求在进行组织调整的时候，权衡好稳定与发展的关系。只有将稳定性和适应性结合，才能使企业的组织结构和客观环境及生产经营条件相适应，顺利实现企业的目标。

6. 精简高效原则

精简高效是组织设计的重要目标之一。在组织设计时，企业应力求精简机构，减少管理层级和冗余岗位，通过优化工作流程、提高工作效率和使用先进技术手段来实现精简高效。

7. 以人为本原则

以人为本是组织设计的核心原则。在组织设计中，企业应充分考虑员工的需求和利益，尊重员工的个性化差异，为员工提供良好的工作环境和发展机会。这样可以激发员工的工作积极性和创造力，增强员工的归属感和忠诚度，促进组织的可持续发展。

（二）组织设计的任务

组织设计的任务主要是通过合理的结构和明确的职责、有效的沟通、科学的人力资源政策、积极的组织文化和优化的运行流程，实现组织目标的最大化。组织设计的任务包括明确组织目标、设计组织结构、明确职能分工、优化组织流程、建立协调机制、制定人力资源政策、塑造组织文化、建立持续改进机制八个方面。

1. 确定组织目标

组织设计需要明确组织的目标和使命，这是组织设计的出发点和归宿。组织的目标应该具体、可衡量，并且与组织的长期战略相一致。

2. 设计组织结构

根据组织目标和业务特点，企业设计适合的组织结构，包括确定组织的部门设置、管理层次、管理幅度、权责关系，以确保组织内部各部门之间的协调和配合。

3. 明确职能分工

通过编制职位说明书等方式，企业为每个部门、岗位明确具体的职责范围，确保职责的清晰明确和可衡量。同时，根据职责的需要，企业赋予各级管理岗位和人员相应的权利，以确保工作的顺利进行。

4. 优化组织流程

分析组织运行中的"瓶颈"和问题，通过优化流程设计、改进管理手段等方式，提高组织的运行效率和有效性。优化流程包括工作流程、决策流程和沟通流程等方面。

5. 建立协调机制

企业应加强不同部门之间的沟通和协作，打破部门壁垒，实现资源的优化配置和共享。企业应建立有效的协调机制以确保各部门之间的顺畅沟通和协作。

6. 制定人力资源政策

企业应根据组织的战略目标和业务需求，制定合理的人力资源政策，包括设计招聘与选拔制度、设计培训与发展计划、设计薪酬与激励制度等，以确保组织能够吸引、保留和激励合适的人才。

7. 塑造组织文化

塑造符合组织战略目标的组织文化，通过价值观、行为规范、仪式等方式，影响员工的行为和态度，增强组织的凝聚力和向心力。

8. 建立持续改进机制

组织设计不是一成不变的，需要随着组织的发展和外部环境的变化不断调整和优化。企业需要建立持续的改进机制，鼓励改进建议和创新想法，推动组织不断向更高水平发展。

(三) 组织设计的依据

组织活动总是在一定的环境中，利用一定的基础条件，并在组织总体战略的指导下进行的。组织设计必须考虑这些影响因素，根据组织规模及所处阶段的不同，设计相应的结构形式。

1. 组织战略

组织战略是组织设计的核心依据，组织结构必须服从组织战略的需要。战略在两个层面上影响组织结构：不同的战略要求实施不同的业务活动，从而影响管理职位的设计；战略重点的改变引发组织工作重点的变化，进而使各部门与职位在组织中的重要程度发生变化。组织结构要依据战略导向进行设计或优化，确保组织结构和战略目标相匹配。

2. 组织环境

包括市场需求、竞争态势、政策法规、技术发展等在内的外部环境因素，以及包括组织文化、员工素质、资源状况等在内的内部环境因素,都会影响组织的运行和发展,进而影响组织设计的选择和实施。

3. 技术特点

不同技术特点对组织设计具有不同的要求。例如,自动化程度高的技术可能要求组织结构更加扁平化,以减少中间层次,提高信息传递效率;而技术复杂性强的领域,则可能需要设置更多的专业部门和岗位,以确保技术工作的专业性和高效性。

4. 组织规模

组织规模是影响组织结构的一个不可忽视的因素。组织规模的大小决定了管理层次和管理幅度的设置,也影响组织结构的复杂性和灵活性。随着组织规模的扩大,管理工作量和管理层次也会相应增加,组织设计需要适应这种变化。

(四)组织设计的关键要素

1. 工作专门化

工作专门化是指把工作活动划分为各个单独的工作任务,个体员工专门从事一项活动中的一部分而不是整项活动,以提高工作效率。组织应根据不同任务合理安排人员,实现对组织人员的有效利用。一般而言,工作专门化会带来生产效率的大幅提升,但分工过度也会产生如疲劳、厌倦、压力、低效率等不利影响。

2. 部门化

将工作岗位组合到一起的方式称为部门化,是为协调共同完成工作而按关键要素决定和划分组织的各个部门的过程。在部门化实践过程中,经常运用的划分标准有职能、产品、地域、过程和顾客五种,这些标准可以帮助组织根据自身特点和需求构建出最适合的部门结构,当然组织也可以开发自己独特的划分标准和形式,如表3-1所示。

表3-1　　　　　　　　　　　　部门化比较

类型	定义	优点	缺点
职能部门化	根据专业化职能组合工作岗位	1. 工作效率高 2. 职能范围内协调性强 3. 专业化水平高	1. 跨职能领域沟通不畅 2. 形成部门本位主义
产品部门化	根据产品线组合工作岗位	1. 提高某类产品或服务的专门化程度,提高协作效率 2. 贴近市场需求	1. 职能部门重复配置 2. 导致部门化倾向
地域部门化	根据地域组合工作岗位	1. 更好地服务特定地区市场 2. 灵敏应对市场变化	1. 管理职责划分困难 2. 职能部门重复配置
过程部门化	根据任务完成过程组合工作岗位	提高工作效率,容易取得经济优势	只适用特定类型任务
顾客部门化	根据服务对象类型组合工作岗位	有针对性地满足和解决客户需求	只有当顾客规模足够大才具备经济性

3. 指挥链

指挥链是指从组织的最高层延伸至最底层,用来界定汇报工作渠道的职权链。它确定了谁向谁报告工作,帮助员工回答"我遇到问题时向谁请示"或者"我对谁负责"之类的问题。要理解指挥链,必须了解职权、职责和统一指挥三个重要概念。

(1) 职权是指管理职务所固有的发布命令和希望命令得到执行的一种权利。指挥链中的管理者被赋予职权,以开展工作,即协调和监管其他人的工作。

(2) 职责是指职务上应当履行任务的义务或期望。当管理者利用他们的职权向员工分配工作时,员工就承担履行这些指派任务的义务。

(3) 统一指挥要求每个下属应当,而且只能向 1 个上级主管直接负责,不能向 2 个或者更多的上司汇报工作。

4. 管理跨度

管理跨度是指管理者能够有效率且有成效地管理员工的数量。确定管理跨度十分重要,因为它在很大程度上决定了组织层级和组织中管理者的数量,这是组织在如何高效运作问题上需要考虑的一个重要方面。

关于管理跨度,传统的观点认为管理者只能有效监管不超过 6 个直接下属。但当前的管理跨度观点认为,管理者能有效管理的员工数量受多种因素影响。确定管理跨度需要考虑以下影响因素:

(1) 计划制订的完善程度。如工作人员对目标任务较为明确,则管理者无须用过多的时间去指导或纠偏,这样管理者的管辖幅度就可以大一些。

(2) 工作任务的复杂程度。如工作任务较为复杂,则管理者的直接管辖幅度不宜过大。

(3) 管理者和下属员工的工作能力。如管理者自身素质强、管理经验丰富,则可适当增大管理跨度。同理,如下属员工训练有素、工作主动性强,则同样可以采用较大的管理跨度。内部协调程度、信息沟通通畅度等因素,都会影响管理者的管理跨度。

5. 集权和分权

组织结构设计还需要关注决策集中在组织的哪个层级这一问题,即集权还是分权。

1) 集权

集权是指决策权主要集中在组织的高层管理者手中,高层对下级拥有绝对的控制权和指挥权。在集权模式下,重要决策通常由少数高层领导作出,基层员工主要负责执行决策。这种模式的优点是便于统一指挥、协调行动,能快速有效地贯彻执行高层的意图和战略;其缺点是可能导致决策过程缺乏广泛参与,高层可能由于信息不全面等原因而作出不够合理的决策,同时可能会抑制基层员工的积极性和创造力。集权通常适用于处于初创阶段或规模较小的组织。

2) 分权

分权是指将组织的决策权、管理权等权力分散到不同的层级或部门。分权可以激发各层级人员的积极性和创造力,让他们能更自主地处理事务,提高决策的及时性和针对性。同时,分权也有利于减轻高层管理者的负担,使管理者能将精力更多地集中在重要战略问题上。然而,分权也可能带来一些挑战,如可能导致决策的不一致性和协调性问题,需要建立有效的沟通和协调机制来加以解决。此外,如分权不当,则可能会出现权力滥用或失控的情况。分权的适用范围通常包括:组织规模较大、业务较为复杂;组织强调创新和灵活性;组织为培养员工能力,通过分权给予他们更多的锻炼机会。

传统的组织通常采用金字塔式的组织结构,权力和职权集中于组织的高层及其附近层级。在组织规模较小的情况下,集权式的决策效果最为显著。但现在的组织日益复杂化,且需要快速应对环境的动态变化,因此,很多管理者认为决策应该由最接近问题的那些个体制定,而不管他们处于组织的哪一层级。

6. 正规化

正规化指的是组织中各项工作的标准化程度以及员工行为受规则和程序约束的程度。

正规化程度较高的组织,通常具有明确而详细的规章制度、工作流程和操作规范,员工的行为和工作方式可以获得清晰的指引。在正规化程度较低的组织中,员工开展自己的工作时一般会拥有更多的自主权。

正规化有助于提高工作效率,保证工作质量的一致性,减少不确定性。然而,过高的正规化可能会在一定程度上限制员工的创新和灵活性,使组织在面对快速变化的环境时反应不够敏捷。因此,在设计组织结构时,需要根据组织的性质、目标、所处环境等因素来合理确定正规化的程度,从而既能保证组织有序运行,又兼顾组织的灵活性和适应性。

(五)组织的纵向结构设计

组织的纵向结构又称层次结构,是指管理层次的构成及管理者所管理的人数,即管理层次和管理幅度的确定。

较多的管理层次会使组织的结构较为复杂,但能实现更精细的控制;较少的管理层次则使组织更灵活、信息传递更迅速。

较宽的管理幅度可减少管理层次,使组织更扁平化,提升效率,但可能会增加管理者的工作负荷;较窄的管理幅度则使管理更细致,但可能导致组织层级增多、成本上升。

在进行纵向结构设计时,需要综合考虑多种因素,如组织规模、业务特点、员工素质、技术条件等。合理的纵向结构设计应能平衡效率与控制的关系,使组织既能高效运作,又能实现有效的管理和协调。同时,随着组织内外部环境的变化,组织还需要适时对纵向结构进行调整和优化,以适应新的发展需求。

(六)组织的横向结构设计

组织的横向结构又称部门结构,由管理部门构成。

1. 设计的内容

部门结构设计主要包括以下几个方面:

(1)部门划分。部门划分是指根据不同的标准,将组织的工作任务分解到各个部门,如按职能划分可分为生产、销售、财务等部门;按产品或服务划分,可针对不同产品线设立部门;按地域划分,可设立不同地区的分部等。

(2)职责权限。要明确各部门的职责和权限,确保分工清晰,避免职责交叉。

(3)协调机制。要建立部门之间的协调机制,促进信息流通和协作,减少部门壁垒。

(4)岗位设置。应根据部门职责确定所需的岗位类型和数量。

在横向结构设计过程中,要注重以下几点:

(1)以实现组织目标为导向,确保结构设计有助于目标达成。

(2)保持一定的灵活性,能适应业务变化和发展。

(3)注重效率,避免机构臃肿和流程繁琐。

(4)要充分考虑员工的能力和特长,合理配置人力资源。

科学合理的横向结构设计,能够优化组织的资源配置,提高组织运行效率和竞争力。

2. 设计的步骤

部门结构设计首先要考虑企业需要多少个职能部门来完成资源的专业安排。企业应以主业务对于职能的需求来决定部门结构设计，并且突出关键职能，具体可以参考下面这些步骤来设计：

（1）确定核心职能。首先，明确企业的主要业务是什么，需要哪些核心职能来支持。比如，如果企业以互联网业务为主营业务，那么研发、市场、运营可能就是企业的核心职能。

（2）定义职能边界。明确每个职能部门的职责范围，确保它们之间的协作能够顺畅进行。同时，也要避免职能重叠，导致资源浪费。

（3）设计流程。为了让各部门之间更好地协作，需要设计一套清晰、高效的流程，如产品开发流程、订单处理流程等。

（4）确定协作机制。在横向结构中，各部门之间的协作至关重要。可以通过制定一些协作机制，如定期会议、跨部门项目等，来促进部门之间的沟通和协作。

（5）建立激励机制。为了激发员工的积极性，需要建立一套合理的激励机制。比如，可以设立跨部门协作奖、优秀员工奖等，来表彰那些在工作中表现出色的员工。

部门结构设计随着企业内外环境的变化需要不断地调整和优化。只要掌握了上面的这些步骤和原则，就能够设计出一个既高效又协作的横向结构。

拓展资料

华为组织设计：以变应变的竞争力之源

华为是一家全球知名的科技公司，其组织设计和管理模式在业界具有一定的影响力。以下是华为组织设计的一些特点：

（1）以客户为中心：华为的组织设计强调以客户为中心，通过建立客户导向的流程和团队，确保公司能够快速响应客户需求并提供优质的产品和服务。

（2）矩阵式结构：华为采用了矩阵式的组织结构，将不同的职能和业务部门交叉组合，以实现资源共享和协同工作。这种组织结构有助于提高决策效率和创新能力。

（3）全球化布局：华为在全球范围内建立了多个研发中心、销售机构和生产基地，形成了全球化的运营网络。这种布局有助于更好地满足不同地区客户的需求，并利用全球资源优势。

（4）持续创新：华为注重技术创新和研发投入，建立了一套完善的研发管理体系。公司鼓励员工勇于创新，并提供相应的激励机制和资源支持。

（5）人才培养：华为重视人才培养和发展，建立了完善的人才管理体系。公司通过内部培训、职业发展规划等方式，提升员工的能力和素质，为公司的发展提供人才支持。

华为的组织设计并非一成不变，而是根据市场环境和业务发展的需要不断进行调整和优化。例如，近年来华为在数字化转型方面进行了一系列的组织变革，以适应新的业务模式和市场需求。总的来说，华为的组织设计是一个不断演进和完善的过程，旨在提高公司的竞争力和适应能力。

第3节 组织变革

一、组织变革概述

21世纪以来,世界经济发展趋向全球化、科技化和信息化,组织越来越需要在动态的环境中保持灵活性和适应性,因此,学者们越来越强调组织变革的及时性和连续性。对于组织变革,学者们有不同的阐述。例如:

(1) 斯蒂芬·罗宾斯认为,组织变革是指在人员、结构或技术等方面的所有改变。

(2) 约翰·科特认为,组织变革是指通过采用新科技,改变重要策略,再造流程,兼并、重整不同部门,试图大幅提升创新能力和促使组织文化改变的过程。

(3) 彼得·德鲁克认为,组织变革就是当组织运行迟缓、部门内部不良问题产生、越来越无法适应经营环境的变化时,企业对组织结构、工作流程、管理制度、沟通方式及企业文化等进行必要的调整和改善,同时改变领导者及员工的观念和行为方式,以促进企业顺利转型的过程。

这些学者的阐述,既揭示了组织变革的内容,同时也说明了组织变革的目的和本质,简单来说,组织变革就是组织为了提高自己的工作效率,增强工作效果,有目的、有计划地对组织中的(如管理理念、组织结构、工作方式、组织文化等)要素进行调整、改进和革新。

二、当代组织变革的类型

当代组织变革主要包括三种类型:结构变革、技术变革和人员变革。结构变革包括结构变量上的任何改变,如报告关系协调机制改变、员工授权改变和工作再设计。技术变革包括对工作流程、使用方法及设备的改进。人员变革涉及个体和群体态度、意识、情绪、认知和行为的改变。

(一) 结构变革

外部环境和组织战略的变化,通常会使组织结构产生变革。结构变革就是组织为了更高效地达成目标,对其内部的职能关系、流程和架构等进行重新设计或调整的过程。

结构变革的主要内容包含职能调整(重新定义各个部门的职能和职责)、关系优化(改善部门间、员工间及上下级间的关系)、流程再造(重新设计组织的业务流程)、架构重组(重新设计组织架构)等几个方面。

结构变革对于组织的发展具有重要意义。首先,结构变革可以优化资源配置,提高组织的效率和效益。通过重新设计职能、关系、流程和架构等,可以确保组织更好地适应外部环境的变化和内部业务的发展需求。其次,结构变革可以增强组织的适应性和竞争力。通过改善内部管理和优化资源配置等方式,可以提高组织的响应速度和执行力,增强组织的竞争力和市场地位。最后,结构变革可以为员工提供更多的发展机会和空间,激发员工的潜力和创造力,实现组织与员工的共同发展。

(二) 技术变革

当前,科学技术发展迅猛,新技术不断涌现,导致市场竞争空前激烈。企业要想在市场竞争中立于有利地位,就必须紧跟时代步伐,不断进行技术变革。技术变革主要包括生产技术变革(采用新设备、新技术、新工艺等)、管理技术变革(采用信息化管理手段等)、服务技术变革(采用智能客服系统、移动互联网系统等)。

(三) 人员变革

人员变革表面来看是人员、岗位、职责等的一系列变化,但从深层次来看是人的意识、态度、行为、认知等的改变。人员变革的主要方式包括人员调整(包括职务、岗位、职责等)、人员培训(包括入职、在职、专业技能培训等)、人员流动(包括内部流动、跨企业流动)、人员招聘和绩效考核等。

人员变革是企业发展过程中不可或缺的一部分。企业需要根据自身的战略需求和市场环境变化,制订合理的人员变革计划,并采取有效的实施策略,确保变革的顺利进行和成功实施。

三、组织变革的驱动力

随着科技、信息等加速发展,市场竞争日益激烈,市场环境迅速变化,这些变化促使组织相应地作出变化。一般认为,组织变革的动因分为内部驱动动因和外部驱动动因。

(1) 组织变革的内部驱动动因是组织目标的选择和修正、组织结构的改变、组织职能的转变、组织成员内在动机与需求的变化等。

(2) 组织变革的外部驱动动因是科学技术的不断进步、外部环境的变动、管理现代化的需要等。

组织结构何时需要变革,主要看以下征兆:

(1) 企业经营业绩下降,如市场占有率下降、产品质量下降、消耗和浪费严重、企业资金周转不灵等。

(2) 企业生产经营缺乏创新,如企业缺乏新的战略和适应性措施,缺乏新的产品和技术更新等。

(3) 组织机构显露疲态,如决策迟缓、指挥不灵、信息交流不畅、机构臃肿、职责重叠、管理幅度过大、管理效率下降等。

(4) 企业员工出现懈怠现象,如员工旷工率、病事假率、管理人员离职率增加等。

四、组织变革阻力的产生与消除

变革的这一特性,使得变革具有不同程度的风险性。组织变革所具有的破坏性和风险性使得组织变革会招致来自组织内外各个方面的阻力。产生组织变革阻力的原因是多方面的,既有内外部因素,又有主客观原因。

从个人层面来看,由于变革会打破现状,破坏已有的均衡,必然会损害一部分人的既得利益,这部分人常常是组织变革的最大抵触者。个人层面的阻力主要来源于员工,他们由于个性、心理和经济利益而对组织变革产生抵触。

从群体层面来看,组织变革阻力中的群体因素主要包括群体规范和群体内聚力等。群体规范具有层次性:边缘规范比较容易改变,而核心规范由于包含着群体的认同,难以发生变化。同样，内聚力很高的群体也往往不容易接受组织变革。

从组织层面来看，由于组织变革会对组织内部各部门、各个群体的利益进行重新分配，那些原本在组织中权力较大、地位较高的部门和群体必然会将变革视为一种威胁，这些部门为了保护部门利益，常常会抵制变革。组织层面上的阻力来自显性和隐性两类因素，它既包括组织结构、规章制度等显性阻力，也包括组织文化、工作氛围、员工的工作习惯等隐性阻力。相对组织内的显性阻力而言，隐性阻力更加隐蔽，企业需要开展大量的工作才能克服。

如何克服对于组织变革的抵制或阻力，是企业变革必须解决的问题。经过大量的研究和实践，管理学界提出了以下解决办法：

（1）参与和投入。研究表明，人们对某事的参与程度越大，就越会承担工作责任，支持工作的进程。因此，当有关人员能够参与有关变革的设计讨论时，其抵制变革的情况就会显著减少。

（2）教育和沟通。加强教育和沟通，是克服组织变革阻力的有效途径。

（3）时间和进程。变革需要时间来完成，管理部门和领导者要掌握好时间、进程，给予员工适应的过程。

（4）群体促进和支持。运用变革的群体动力学，包括创造强烈的群体归属感，设置群体共同目标，培养群体规范，建立关键成员威信，改变成员态度、价值观和行为等，可以较好地推动组织变革。

五、组织变革的过程

组织变革的过程通常被认为会经历三个阶段，它会使组织通过艰难的过渡，从一个不好的状态转向良好状态。学者们都认同这三个阶段的理论实质，但对此有不同的命名，一种说法为苏醒、动员、强化，另一种说法为激活、愿景、促成。目前最常用的是库尔特·勒温（Kurt Lewin）的"解冻—变革—再解冻"模型，其通常被用于理解和指导变革过程。

（一）解冻阶段

在解冻阶段（变革前的准备阶段），组织需要打破现有的平衡状态，准备接受变革。这一阶段的主要任务包括以下内容：

（1）增强变革意识。组织需要向员工传达变革的紧迫性和必要性，让员工意识到变革对于组织未来的重要性。这可以通过内部沟通、培训、研讨会等方式实现。

（2）减少变革阻力。变革往往会带来不确定性和风险，员工可能会产生抵触情绪。因此，组织需要采取措施来减少变革阻力，如提供变革支持、解决员工关心的问题、建立变革小组等。

（3）制订变革计划。在解冻阶段，组织需要制订详细的变革计划，明确变革的目标、范围、时间表、资源需求等。同时，组织还要评估变革可能带来的风险和影响并制定应对措施。

（二）变革阶段

在变革阶段（变革过程中的行为转换阶段），组织需要按照计划实施变革，打破旧的规则、结构和流程，建立新的秩序。这一阶段的主要任务包括：

（1）调整组织结构。根据变革目标，组织可能需要调整其结构，以适应新的市场环境、客户需求或战略目标。这包括合并部门、设立新部门和改变层级关系等。

（2）优化流程。为了提高效率和质量，组织需要优化其业务流程和管理流程。这可以通过引入新技术、改进工作方法、加强团队协作等方式实现。

（3）引入新技术。随着科技的不断发展，新技术为组织变革提供了有力支持。组织需要关注新技术的发展趋势，并将其引入自身的业务和管理。

（4）培训员工。在变革过程中，员工需要适应新的工作环境和要求。因此，组织需要提供必要的培训和支持，帮助员工掌握新技能、了解新制度、适应新文化。

（三）再解冻阶段

在再解冻阶段（变革后的强化阶段），组织需要巩固变革成果，确保新的规则和流程得以持续运行。这一阶段的主要任务包括：

（1）评估变革效果。在变革实施后，组织需要对变革效果进行评估。这可以通过收集数据、分析绩效指标、进行员工调查等方式进行。评估结果将帮助组织了解变革是否成功，以及是否需要进行进一步的调整和改进。

（2）完善制度。根据评估结果，组织需要完善相关制度和规定，以确保新的规则和流程得以持续运行。这包括修订政策、优化流程、加强监控等。

（3）加强沟通。在再解冻阶段，组织需要与员工、客户、合作伙伴等各方保持密切的沟通，以确保他们理解和支持变革。同时，组织还需要关注外部环境的变化，以便在必要时进行进一步的变革。

（4）激励员工。为了保持员工的积极性和创造力，组织需要采取措施来激励员工。组织可以通过提供晋升机会、奖金制度、员工关怀等方式实现。

"解冻—变革—再解冻"模型为组织变革提供了一个清晰、结构化的框架。组织在变革过程中需要关注这三个阶段的任务和要求，以确保变革顺利进行。

六、组织的学习和发展

组织的学习和发展是推动组织变革的重要力量和手段。通过持续学习，组织能够获取新的知识和理念，从而更好地适应内外部环境的变化，顺应变革。同时，组织在变革过程中也需要不断学习以应对各种挑战和问题，促使变革顺利推进和有效实施。在这个过程中，显性知识和隐性知识都发挥着重要作用。

（一）显性知识

显性知识是指那些能够通过语言、文字、图表、公式等明确表达和传递的知识，其具有规范化、系统化、易于传播和共享的特点，包括各种明确表述的规章制度、操作流程、专业理论等。组织通过系统的培训、文档分享等方式，在成员间广泛传播这些显性知识，帮助员工快速掌握必要的技能和知识，提高工作效率和规范性。

（二）隐性知识

隐性知识是指难以用语言、文字等形式清晰表达和传递的知识，其蕴含在员工的经验、直觉、技巧、诀窍之中。这些知识是在长期的实践、感悟和潜移默化中形成的，具有高度个体化和情境依赖的特点。这部分知识难以直接表述，却具有极大的价值。组织需要创造各种交流互动的平台和机会,如师徒制、项目团队合作、经验分享会等,让员工能够相互传递和学习隐性知识。挖掘和共享隐性知识能够激发创新思维,提升组织的灵活性和应变能力。

为了促进组织的学习和发展,要建立鼓励学习的氛围,提供丰富的学习资源和学习机会,让显性知识与隐性知识不断融合、转化和增值,从而推动组织朝着更高的目标迈进。

拓展资料

苏宁易购的变革之路

苏宁易购的前身是苏宁电器,成立于1990年。它从一家空调专卖店起步,逐渐发展成为中国领先的商业零售企业。苏宁易购在发展过程中经历了多次组织变革,以下是其中几次重要变革:

(1)"批发—零售"的组织变革(1993—1999年)。苏宁电器在创立初期是一家空调批发商,但随着市场环境的变化和竞争的加剧,苏宁电器决定从批发商转型为零售商。这一变革涉及总部设立相关零售管理部门、改变各地办事处的职能和工作重心,以及建立零售人才培养体系等方面。通过这次变革,苏宁电器逐渐建立起了自己的零售网络和品牌。

(2)"分店—连锁"的组织变革(2000—2008年)。为了进一步扩大市场份额和提高运营效率,苏宁电器开始实施连锁经营战略。这一变革涉及建立标准化的门店运营模式、加强供应链管理、优化物流配送等方面。通过这次变革,苏宁电器实现了快速扩张,并成为中国最大的家电连锁企业之一。

(3)"单渠道—全渠道"的组织变革(2009年至今)。随着互联网技术的发展和电子商务的兴起,苏宁电器开始向线上线下融合的全渠道零售模式转型。这一变革涉及建立线上平台、整合线上线下资源、优化用户体验等方面。通过这次变革,苏宁易购实现了线上线下的协同发展,并成为中国领先的全渠道零售商之一。

苏宁易购的组织变革是一个不断适应市场变化和企业发展需求的过程。通过这些变革,苏宁易购不断优化组织架构和运营模式,提高了企业的竞争力和市场适应能力。

七、当代组织变革问题和新兴组织形式

社会经济发展、市场环境转变对企业发展提出了新要求,而劳动力因素、文化因素等使得当代组织变革面临许多新的情况和问题。

(一)当代组织变革问题

在变革管理的实施过程中,企业往往会面临一系列的问题和挑战。企业面临的较为常见的问题包括以下几种:

(1)惯性阻力。惯性阻力源于员工对既有工作流程、习惯和组织结构的依赖和认同。当企业试图引入新的变革时,员工可能由于害怕未知、担心自身权益受损或对新事物缺乏信任而产生抵触情绪。这种惯性阻力可能表现为员工消极怠工、拒绝合作,甚至直接阻碍变革的实施。

(2)信息孤岛。信息孤岛指的是在企业内部,不同部门或层级之间信息流通不畅,导致变革信息无法及时、准确地传达给所有相关人员。这种信息的隔离和分散不仅会降低变革

的效率,还可能引发误解和冲突。此外,信息孤岛还可能阻碍企业内部的协作和创新,影响变革的整体效果。

(3) 变革疲劳。变革疲劳是指在长期、持续的变革过程中,员工由于心理压力过大、工作负担加重等原因而产生的疲惫感。这种变革疲劳不仅会影响员工的工作效率和创造力,还可能对整个企业的氛围产生负面影响。

(4) 盲目性变革。盲目性变革是指企业在没有充分分析和评估自身实际情况和市场环境的情况下,盲目跟风或随意进行变革。这种变革往往缺乏明确的目标和计划,可能导致资源浪费、效率低下,甚至使企业陷入更深的困境。

当代变革管理除以上经常被提及的这些经典问题外,还有以下一些新的挑战和问题逐渐浮现:

(1) 快速变化带来的不确定性。在这个日新月异的时代,技术的快速发展、市场的快速变化,都使得企业面临着前所未有的不确定性。企业变革的步伐必须跟上这种快速变化,但这也给企业带来了更大的压力和挑战。如何在这种不确定性中找到变革的方向和策略,是当代变革管理面临的一个重要问题。

(2) 多元化和包容性的挑战。随着社会的进步和全球化的发展,企业的员工队伍越来越多元化。在变革过程中,如何平衡不同群体的利益和需求,确保变革的公平性和包容性,是一个需要重点关注的问题。

(3) 数字化和智能化的冲击。随着数字化和智能化技术的不断发展,企业的运营和管理方式正在发生深刻的变化。变革管理需要紧跟这种趋势,利用新技术推动企业的转型升级。但是,如何有效整合和应用这些新技术,规避新技术带来的风险,也是当代变革管理需要关注的问题。

(4) 领导力和人才的问题。变革的成功离不开优秀的领导力和人才支持。但是,在快速变化的时代,如何培养和选拔具备变革意识和能力的领导者和人才,如何构建一种能够支持变革的组织文化,也是当代变革管理需要思考和解决的问题。

(二) 新兴组织形式

当前,随着全球化和技术革新的快速发展,组织形式也在经历着前所未有的变革,新兴的组织形式开始出现。

1. 网络化组织

网络化组织是一种由多个独立个体或组织通过信息技术和网络平台相互连接、协作和共享资源的组织形式。这种组织形式打破了传统组织的边界,使得组织能够迅速扩大规模、整合资源,并与全球范围内的合作伙伴建立紧密的联系。网络化组织具有高度的灵活性和适应性,能够迅速响应市场变化和客户需求。

2. 平台化组织

平台化组织是以平台为核心,通过提供开放、共享的资源和服务,吸引和整合外部资源,共同创造价值的组织形式。平台化组织强调以用户为中心,通过提供个性化、定制化的服务来满足用户需求。这种组织形式有助于实现资源的优化配置和高效利用,促进创新和合作,形成开放、包容、共赢的生态系统。

3. 虚拟组织

虚拟组织是指利用信息技术和网络平台,将不同地域、不同文化背景的人员或组织聚集在一起,共同完成任务或实现目标的组织形式。虚拟组织突破了地域和时间的限制,使得组织能够充分利用全球范围内的资源和人才。这种组织形式具有高度的灵活性和可扩展性,能够迅速适应市场变化和客户需求。

4. 自组织

自组织是一种基于员工自主性和自我驱动力的组织形式。在这种组织形式中,员工拥有更多的自主权和决策权,能够根据自己的能力和兴趣选择任务和项目。自组织鼓励员工之间的协作和共享,形成自我驱动、自我管理的团队。这种组织形式有助于提高员工的积极性和创造力,增强组织的竞争力和适应能力。

5. 阿米巴

阿米巴经营模式是一种"平台＋个体"的特殊组织形式。它将组织划分成一个个小的团体(即"阿米巴"),通过独立核算制加以运作,并在组织内部培养具备经营者意识的领导,以实现全员参与型经营。这种组织形式使得每个阿米巴都能够独立运作,根据市场变化快速调整策略,从而提高整个组织的灵活性和竞争力。阿米巴经营模式打破了传统的层级结构,强调全员参与经营,让每一位员工都成为主角。同时,阿米巴经营模式还注重保持企业信息的透明度,让员工能够清晰地了解企业的运营状况和财务情况。

6. 战略联盟

战略联盟是一种开放的、松散的、动态的、公司间一体化的组织形式。具体来说,战略联盟是两家或多家公司之间,基于共同的战略目标,通过协议、股权参与或合资等方式,建立的一种长期、稳定的合作关系。这种关系旨在实现资源共享、优势互补、风险共担和利益共享,从而增强参与企业的竞争力和市场地位。在战略联盟中,各成员企业保持着相对的独立性和自主性,但它们之间又紧密联系。这种组织形式的优点在于,它可以让企业快速获取新技术、新产品、新市场和新渠道,降低研发成本和市场风险,同时提高生产效率和服务质量。

这些新兴的组织形式在适应快速变化的市场环境、提高组织效率和创新能力方面具有显著优势。然而,这些组织形式也面临着一些挑战,如如何确保组织的稳定性和可控性、如何建立有效的沟通和协作机制等。

练 习 题

一、单项选择题

1. 下列关于组织的描述中,正确的是( )。
    A. 组织是有明确目标、结构和秩序的人群集合体
    B. 组织就是一群人的简单集合
    C. 组织只强调人的数量,不关注其他方面
    D. 组织没有特定的结构和规则也可以运行

2. 在组织设计中,以人为本原则强调( )。
    A. 充分考虑员工的发展与需求,并与组织目标相结合
    B. 以员工的个人意愿为基础来设计组织架构
    C. 重视组织目标,不用考虑员工的感受
    D. 组织架构的设计与员工无关

3. 矩阵式组织的主要缺点是( )。
    A. 分权不充分   B. 多头领导
    C. 组织稳定性差   D. 对项目经理要求高

4. 下列各项中,管理跨度与其变化呈反比的是( )。
    A. 组织员工人数   B. 员工素质高低
    C. 工作难度大小   D. 工作的标准化程度大小

5. 在指挥链原则中,统一指挥与阶梯原理两者之间的关系是( )。
    A. 相反   B. 互补
    C. 更加详尽、完整   D. 没有任何关系

6. 当组织管理工作简单、技术也较简单时,组织结构设计宜采用( )。
    A. 直线型组织   B. 职能型组织
    C. 直线职能型组织   D. 事业部组织

7. 当组织开展活动需要更多地利用专业知识和技术方能顺利进行时,宜选择( )。
    A. 直线型组织   B. 职能型组织
    C. 直线职能型组织   D. 事业部组织

8. 下列各项中,不属于组织变革动因的是( )。
    A. 市场变化   B. 员工素质变化
    C. 上级领导变化   D. 组织战略调整

9. 某总经理把产品销售的责任委派给一位负责市场经营的副总经理,由其负责所有地区的经销办事处,但同时总经理又要求各地区经销办事处的经理们直接向总会计师汇报每天的销售数字,而总会计师也可以直接向各经销办事处经理们下指令。总经理的这种做法违反了( )原则。
    A. 权责对等   B. 命令统一   C. 集权化   D. 职务提高、职能分散

10. 改变员工原有的观念和态度是组织在( )的中心任务。
    A. 解冻期间   B. 变革阶段   C. 再冻结阶段   D. 以上都是

二、判断题
1. 正式组织与非正式组织之间的最大区别是组织成立是否经有关方面的批准。　（　）
2. 所有的所谓职权,都只能授予部门主管人员。　（　）
3. 统一指挥原则是组织设计时需要遵循的原则。　（　）
4. 集权与分权原则也是组织设计时需要体现的原则。　（　）
5. 所谓统一指挥原则是指在组织结构设计时必须是全部员工只服从一人指挥。　（　）
6. 当组织成员数量为一定时,管理跨度越大则必然意味着管理层次越少。　（　）
7. 随着组织规模的扩大,组织结构设计也会从直线型转换为职能型结构。　（　）
8. 所谓显性知识,即大家都能随时学到的知识。　（　）
9. 从隐性知识具有高度个性化的定义看,组织不存在隐性知识。　（　）
10. 组织变革过程通常被认为要经历解冻、变革、再解冻三个阶段。　（　）

三、简答题
1. 简述在设计组织结构时需要考虑的因素。
2. 请简要阐述组织变革"解冻—变革—再解冻"过程的主要内容及意义。
3. 简述组织结构的类型及主要特点。

四、论述题
  试论述科技因素对组织结构的影响。

第 4 章 企业文化管理

Chapter 4

思政园地

◎ 学习目标

- 理解企业文化的概念、基本要素和特征,掌握企业文化的结构和功能,了解企业文化如何反映企业的核心价值观、愿景、使命和经营哲学。
- 理解企业文化建设的主体、基本原则和基本步骤,掌握如何根据企业自身特点和市场环境,构建并推广企业文化。
- 掌握企业形象的概念和构成要素,熟悉企业形象的塑造方法,并学会制定与实施企业形象战略。
- 了解中西方企业文化的发展历程及各自特点。

◎ 知识导图

企业文化管理
- 企业文化概述
  - 企业文化的概念
  - 企业文化的内容
  - 企业文化的基本要素
  - 企业文化的结构
  - 企业文化的特征
  - 企业文化的功能
- 企业文化建设
  - 企业文化建设的主体
  - 企业文化建设的基本原则
  - 企业文化建设的基本步骤
- 企业形象
  - 企业形象的概念
  - 企业形象的构成要素
  - 企业形象的塑造
  - 企业形象战略
- 各国的企业文化
  - 美国企业文化
  - 日本企业文化
  - 我国企业文化

第1节　企业文化概述

企业文化或称组织文化,这个词最早出现在20世纪七八十年代。第二次世界大战战败国日本在美国的扶持下,以本国传统文化为基础,汲取西方先进的科学管理理念,曾成为世界第二大经济体。日本经济的迅猛崛起,引起了管理学界的关注和重视,他们经过研究,认识到日本企业的成功与其企业文化息息相关。1979年,美国学者沃尔格出版了《日本名列第一》一书,开启了企业文化研究的先例。其后,美国著名管理学者威廉·大内的《Z理论》、斯坦福大学教授帕斯卡尔和哈佛大学教授哈索斯合著的《日本企业管理艺术》、管理咨询顾问汤姆·彼德斯和小罗伯特·沃特曼合著的《追求卓越》及管理咨询公司顾问艾伦·肯尼迪和特伦·斯迪尔合著的《企业文化》这4本书籍的出版标志着企业文化理论的诞生。

随着市场竞争日益激烈,人们越来越认识到企业文化是企业持续成长的关键。没有文化的企业如同一盘散沙,经不起市场风浪的冲击,因此企业文化建设越来越受到重视。

一、企业文化的概念

企业文化是指企业内部形成的一种共同的价值观、行为准则和组织氛围。它是企业内部员工共同认同的价值观念和行为规范的集合,集中体现了一家企业经营管理的核心主张和价值观,以及由此产生的组织行为。

企业文化是一个复杂的概念,可以从以下不同的角度去理解和定义:

(1)从组织层面看,企业文化是组织成员共同遵循的行为准则和价值体系。它反映了组织的价值取向、发展理念和行为方式,是组织成员凝聚力和向心力的重要来源。

(2)从管理层面看,企业文化是一种重要的管理工具。它可以提高员工的能动性和工作效率,增强企业的竞争力和凝聚力。

(3)从文化层面看,企业文化是企业独特性的体现。它反映了企业的历史渊源、文化背景和发展历程,是企业不同于其他竞争对手的独特竞争力。

二、企业文化的内容

企业文化的内容一般包括外显文化和内隐文化两个部分,两者构成了企业文化的有机整体,并在企业的日常运营和长远发展中发挥着极其重要的作用。

(一)外显文化

外显文化又称企业文化的外在表现形式,是企业文化的物质载体、表现形式和传播方式。它主要涵盖以下几个方面:

(1)物质文化,包括企业的厂容厂貌、机器设备、产品(含服务)、文化设施等。人们可以通过这些物质实体直接感知到企业的文化氛围和形象。

(2)制度文化,涉及企业的规章制度、组织机构、礼仪习俗等。这些制度化的文化形态和特质规范了企业的日常运营和员工的行为。

(3)视觉呈现,最直接体现在企业的国家特性、民族特性、名称、外观建筑特色、内外容貌、产品标识、产品样式、颜色及包装、工作服装等方面。这些都是企业形象的直观展示,人们对企业的第一印象往往取决于这些外显因素。

(4) 社会活动,是企业积极参与的社会活动,以及内部组织的业余文化活动。这些活动不仅增强了企业的社会影响力,也促进了员工之间的交流和团队精神的培育。

(二) 内隐文化

内隐文化则是企业文化的内层结构,它体现了企业的核心价值观和经营理念。内隐文化主要包括以下内容:

(1) 价值观念,即企业全体员工在协调、造就外界环境,应对社会变化,处理企业相互关系中形成的共同认知。它涵盖了企业的使命、愿景、核心价值观等方面。

(2) 群体意识,体现了员工的创造精神、开拓精神、工作态度等,以及在意识形态方面的竞争意识、改革意识、危机意识等。这些意识共同构成了企业的精神面貌和行动力。

(3) 员工素质,是企业文化的直接体现。一个有着高素质员工队伍的企业,必然有着积极向上的企业文化。

三、企业文化的基本要素

企业文化是一个完整的体系,一般而言,由核心价值观、企业愿景、企业使命、企业精神、企业形象、企业制度等要素构成。

(1) 核心价值观。核心价值观是企业文化的核心,是企业内部成员共同信守的基本信念。它代表了企业的基本信仰和追求,为企业提供了行为准则和决策依据。

(2) 企业愿景。企业愿景是企业对未来发展的期望和设想,是企业追求的长期目标。它明确了企业的发展方向,并激励员工为实现长期目标而努力。

(3) 企业使命。企业使命是企业存在的根本理由和价值所在,它回答了"我们为什么存在"的问题。企业使命明确了企业对社会、对客户、对员工所承担的责任和义务。

(4) 企业精神。企业精神是企业在长期发展过程中形成的独特精神风貌,是员工在工作中展现出的精神状态和风貌。它体现了企业的核心价值观和愿景,并激励员工为实现企业目标而努力奋斗。

(5) 企业形象。企业形象是企业在社会公众心目中的总体印象和评价,是企业文化的外在表现。企业形象通过企业的标志、口号、行为等方面来展现,影响着公众对企业的认知和评价。

(6) 企业制度。企业制度是企业文化的重要组成部分,是企业内部管理的规范和准则。它包括企业的组织结构、管理制度、激励机制等方面,为企业文化的落地执行提供了保障。

以上这些要素共同构成了企业文化的完整体系,它们相互关联、相互影响,共同塑造了一家企业的独特魅力和核心竞争力。

四、企业文化的结构

企业文化的结构是指企业文化系统内各要素之间的时空顺序、主次地位和结合方式,即企业文化的构成、形式、层次、内容、类型等的比例关系和位置关系。一般来说,企业文化的结构可以分为四层,即物质层、行为层、制度层和精神层,其结构如图4-1所示。

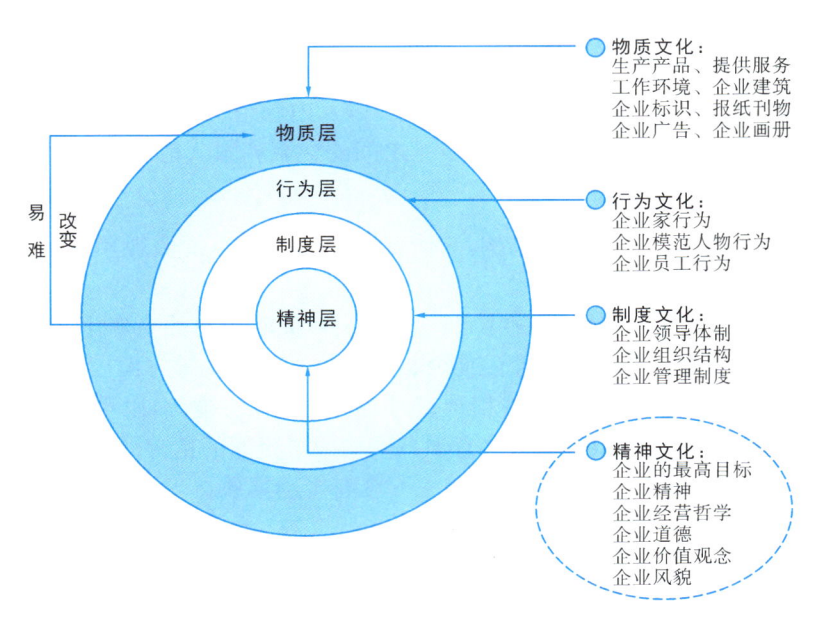

图 4-1　企业文化的结构图

　　企业文化的最外层是企业文化的表层，又称企业的物质层或物质文化，它是企业职工创造的产品和各种物质设施等构成的物质文化，是一种以物质形态为主要研究对象的表层企业文化。企业生产的产品、企业提供的服务、企业创造的生产环境、企业建筑、企业广告、企业产品包装与设计等都是企业物质文化的主要内容。

　　企业文化的第二层是企业文化的浅层，又称企业的行为层或行为文化，它是企业员工在生产经营、学习娱乐中产生的，包括企业经营、教育宣传、人际关系活动、文娱体育活动等。行为文化是企业经营作风、精神面貌、人际关系的动态体现，也是企业精神、企业价值观的折射，主要分为企业家的行为、企业模范人物行为和企业员工行为。

　　企业文化的第三层是企业文化的中层，又称企业的制度层或制度文化，主要包括企业领导体制、企业组织机构和企业管理制度三个方面。企业领导体制的产生、发展和变化，是企业生产发展的必然结果，也是文化进步的产物。企业组织机构是企业文化的载体，包括正式组织机构和非正式组织。企业管理制度是企业在进行生产经营管理时所制定的、起规范保证作用的各项规定或条例。企业的制度文化是人与物、人与企业经营制度结合的产物，是一种约束企业和员工行为的规范性文化。

　　企业文化的第四层是企业文化的核心，又称企业的精神层或精神文化，是指企业在生产经营实践过程中形成的、为全体员工所认可并遵守的精神成果和文化观念。精神层是企业文化的核心和灵魂，它主要包括以下几个方面的内容：

　　（1）企业的最高目标。这是企业全体员工的共同追求，是全体员工共同价值观的集中表现，同时又是企业文化建设的出发点和归宿。企业有了明确而崇高的目标，就可以激发广大员工的积极性、主动性、创造性，增强其成就感，还可以防止出现短期行为。

　　（2）企业精神。企业精神是现代意识与企业个性相结合形成的一种意识，是企业全体员工共同遵守或拥有的基本信念、意志品质和思想境界。它是对企业现有的观念意识、传统习惯、行为形式中的积极因素进行总结、提炼及倡导的结果。企业精神是企业文化的源泉，为企业提供了前进的动力和源泉。

（3）企业经营哲学。企业经营哲学是企业在生产经营过程中形成的独特经营思想和方法论。它指导着企业的决策和行为，影响着企业的战略方向和发展道路。经营哲学是企业文化的核心组成部分，对于塑造企业形象、提升企业竞争力具有重要意义。

（4）企业道德。企业道德是企业在生产经营过程中遵循的道德规范和准则。它涵盖了企业与员工、客户、社会之间的道德关系，要求企业诚实守信、公正公平、尊重他人、关注社会等。企业道德是企业文化的重要组成部分，对于提高企业的社会声誉和公信力具有重要作用。

（5）企业价值观念。企业价值观念是企业对于价值的认知和评价。它包括了企业的核心价值观、基本价值观等，反映了企业的基本信仰和追求。企业价值观念是企业文化的重要组成部分，对于指导企业的行为和决策、塑造企业形象具有重要作用。

（6）企业风貌。企业风貌是企业在长期生产经营实践中形成的一种独特的精神风貌和氛围。它包括了企业的形象、品牌、口碑等，反映了企业的文化内涵和精神状态。企业风貌是企业文化的重要体现，对于提升企业的社会声誉和竞争力具有重要作用。

五、企业文化的特征

不同企业的企业文化各有千秋，但透过众多的差异仍能归纳出企业文化的一些共同点。这些共同点组成了企业文化的特征。

（一）独特性

每家企业都有其独特的发展历程、业务特点和管理风格，这些都会深深地烙印在企业文化中。因此，每家企业的文化都是独一无二的，无法被其他企业完全复制。这种独特性使得企业文化成为企业的重要资产，有助于企业在市场中形成独特的竞争优势。

（二）稳定性

一旦企业文化形成，它就会在员工心中产生"心理定势"，成为企业所有成员共同遵循的原则。这种稳定性有助于确保企业在面对外部环境的变化时，能够保持内部的稳定和一致性，从而确保企业的持续运营和发展。

（三）可塑性

虽然企业文化具有稳定性，但它并不是一成不变的。随着企业的发展和外部环境的变化，企业文化也需要不断地进行调整和优化。这种可塑性使得企业文化能够保持与企业的战略目标和发展需求相契合，确保企业在不断变化的市场环境中能够保持领先地位。

（四）实践性

企业文化不仅仅是一种理念或口号，更是一种实践行为。它体现在企业的日常运营和管理中，影响着员工的思维方式和行为习惯。因此，企业文化需要通过具体的实践活动来体现和强化，确保它能够在企业中真正落地生根。

（五）人本性

企业文化是由企业内部全体成员共同创造出来的，它紧紧围绕着人们如何共处、如何实现自我、如何处置个人利益与集体利益、如何统一个人目标和企业目标而建立。因此，企业文化具有强烈的人本特征，强调员工的参与和互动，注重员工的成长和发展。

以上这些特征共同构成了企业文化的核心要素，为企业的持续发展和成功提供了重要的支撑。

六、企业文化的功能

企业文化不仅是企业的灵魂和核心竞争力，更在多个方面对企业和员工产生了积极的影响。作为组织内部的核心价值和行为准则，它具有凝聚、导向、激励、约束、协调和辐射等多重功能，对于企业的运营、管理和长期发展具有重要意义。

（一）凝聚功能

企业文化是企业内部成员共同的价值观和行为准则的体现，它能够将员工紧密地团结在一起，形成强大的凝聚力。通过共同的企业文化，员工能够形成共同的愿景和使命，明确企业的发展方向和目标，从而在工作中保持高度的协调性和一致性。这种凝聚力有助于增强企业的稳定性和抗风险能力，确保企业在面对外部环境变化时能够保持内部的稳定和一致。

（二）导向功能

企业文化具有明确的导向作用，能够引导员工的行为和思维。它告诉员工什么是对的、什么是错的，什么是企业所倡导的，什么是企业所反对的。这种导向功能主要从以下三个方面发挥作用：

（1）通过价值观发挥导向功能。企业文化的核心是价值观，企业文化的第一任务是影响和引导所有成员的价值观，让企业成员自觉自愿地与企业保持一致。

（2）通过目标发挥导向功能。在特定的企业文化下，企业会形成特定的目标。员工认同企业的文化就会认同与文化相一致的目标。当企业目标与个人目标相一致时，员工就会有强烈的动机去完成任务。

（3）通过行为规范发挥导向作用。行为规范是组织文化的重要组成，它详细地引导员工如何行动。行为规范可以帮助员工理解组织文化，更能让员工从行动上实现组织文化。

（三）激励功能

良好的企业文化能够激发员工的积极性和工作热情，增强员工的归属感和荣誉感。通过企业文化的熏陶和感染，员工能够感受到企业的温暖和关怀，从而更加珍惜自己的工作机会。同时，企业文化还能够为员工提供明确的晋升通道和激励机制，让员工在工作中看到自己的成长和进步，从而更加努力地工作，为企业的发展贡献自己的力量。

（四）约束功能

企业文化具有内在的约束作用，能够规范员工的行为和言论。通过企业文化的教育和引导，员工能够明确自己的职责和义务，遵守企业的规章制度和道德规范，从而在工作中保持良好的职业素养和道德品质。这种约束作用有助于维护企业的形象和声誉，增强企业的公信力和社会影响力。

（五）协调功能

文化是润滑剂，可以缓和各种人类社会中的矛盾。同样，企业文化在企业合作与协同中扮演着重要角色，其不但可以协调企业内部关系，还能协调企业与外界的关系，从而为企业的发展创造和谐的环境。在一个开放、包容、信任的企业文化氛围中,员工会更加乐于分享知识、资源和经验,从而促进团队内部的有效协作。

(六) 辐射功能

企业文化不仅对企业内部员工产生影响,还能够对外部社会产生辐射作用。通过企业的产品和服务,企业文化能够传递企业的价值观和品牌形象,增强消费者对企业的认同感和信任感。同时,企业文化还能够通过企业的社会活动和公益事业,传播正能量和社会责任感,为社会的进步和发展贡献企业自己的力量。

第2节 企业文化建设

一、企业文化建设的主体

企业文化建设是指企业文化相关理念的形成、塑造和传播等过程。这是一项系统工程,其主体涵盖了多个层面和参与者。

(一) 企业领导者

企业领导者是企业文化的核心主体,也是企业文化的领导力量。他们通过制定和传达企业的愿景、使命和价值观,引领全体员工形成共同的文化认同。企业领导者不仅要以身作则,践行企业文化,还要通过激励、引导和示范作用,推动企业文化在组织内部的深入发展。成功的企业领导者所倡导的价值观、制定的行为规范,能最大程度地激励全体员工,使企业具有独特性。比如,惠普的企业文化中有五个核心价值观:①相信、尊重个人,尊重员工;②追求最高的成就,追求最好;③做事情一定要非常正直,不可以欺骗用户,也不可以欺骗员工,不能做不道德的事;④公司的成功是靠大家的力量来完成的,并不是靠某个人的力量来完成的;⑤相信不断的创新,做事情要有一定的灵活性。惠普的企业文化被称为"惠普之道",不但是惠普员工的内心精神支柱,激励员工为公司目标奋斗,还成为惠普进行对外形象宣传的一块金字招牌。

(二) 中层管理者

中层管理者在企业文化建设中起着承上启下的作用,扮演着执行者、传承者和推动者的多重角色。首先,中层管理者是企业文化的执行者。他们处于高层管理者与基层员工之间,是连接两者的桥梁。高层管理者制定的企业文化战略和理念需要通过中层管理者来具体执行和实施。中层管理者需要将企业文化的理念融入日常的管理工作,确保各项制度和规定都符合企业文化的核心价值观。其次,中层管理者是企业文化的传承者。他们通过自身的言行举止,向基层员工传递企业文化的核心价值观和理念。中层管理者的行为举止往往成为基层员工学习和模仿的榜样,他们的言行举止是否符合企业文化的要求,直接影响着企业文化的传承效果。最后,中层管理者是企业文化的推动者。他们不仅要执行和传承企业文化,还要积极推动企业文化的创新和发展。中层管理者需要关注企业的内外部环境变化,及时调整和完善企业文化战略和理念,以适应新的形势和挑战。同时,他们还需要通过培训、交流等方式,提升基层员工对企业文化的认知度和认同感,激发员工的创造力和创新精神,共同推动企业文化的创新和发展。

因此,中层管理者的作用不仅在于确保企业文化的落地实施,更在于推动企业文化的创新和发展,为企业的可持续发展提供有力的文化支撑。

(三) 基层员工

基层员工是企业文化的基本主体,是企业文化的实践者和传承者。企业文化反映了企业员工的人生观、世界观和价值观。企业文化建设实际上是企业员工在实践中不断创造、不断改进、不断创新的过程。企业文化只有依靠员工的实践执行才会具有生命力。因此,基层员工对于企业文化的认知和态度直接关系到企业文化建设的成效。只有充分发挥基层员工的作用,才能确保企业文化的落地实施和有效传承,为企业的长远发展提供有力的文化支撑。

二、企业文化建设的基本原则

企业文化建设的基本原则,是企业在进行文化塑造与传播时应当遵循的核心理念和准则。这些原则共同构成了企业文化建设的基础和核心,为企业文化的有效推进和长期发展提供了有力的保障。

(一) 人本化原则

人本化原则强调企业文化建设应以人为本,尊重、理解、关心并塑造每一位员工。这一原则要求企业注重员工的全面发展和个人价值的实现,通过提供培训、发展机会和良好的工作环境,激发员工的工作积极性和创造力。同时,企业还需要正确处理员工发展与企业发展的关系,确保员工与企业实现共同成长。

(二) 明确性原则

企业文化建设需要明确企业的核心价值观、愿景和使命,确保员工对企业文化的理解和认同。这些核心理念应简洁明了、易于传播,能够成为员工日常工作的指导原则。明确性原则有助于增强企业的凝聚力和向心力,使员工在工作中能够形成共同的价值观和行为准则。

(三) 实践性原则

企业文化建设应注重实践,将企业的理念、价值观和行为准则转化为具体的行动和实践。实践性原则要求企业不仅要提出理念,更要通过制度、流程和行为规范等方式,确保这些理念在员工日常工作中得到贯彻落实。同时,企业还需通过实践不断检验和完善企业文化,确保企业文化与时俱进,符合企业发展的需要。

(四) 创新性原则

企业文化建设应鼓励创新,不断推动企业文化的更新和发展。创新性原则要求企业关注外部环境的变化和内部员工的需求,及时调整和完善企业文化的内容与形式。同时,企业还应鼓励员工提出创新性的建议,通过创新性的活动和项目,激发员工的创造力和想象力,推动企业文化不断进步。

(五) 系统性原则

企业文化建设应系统规划、全面推进。系统性原则要求企业从整体上把握企业文化建设的各个方面和环节,确保各个部分之间的协调性和一致性。同时,企业还需注重企业文化与企业战略、管理制度和生产经营等方面的融合和衔接,确保企业文化能够为企业的发展提供有力的支撑和保障。

(六)可持续性原则

企业文化建设应具有可持续性,能够长期、稳定地发挥作用。可持续性原则要求企业在文化建设过程中注重长期效益和可持续发展,避免短期行为和功利主义。同时,企业还需关注社会责任和环境保护等方面的问题,通过企业文化建设来推动企业的可持续发展和社会进步。

三、企业文化建设的基本步骤

(一)调研分析

没有调查,就没有发言权。企业文化不是一个人的活动,而是一个群体的活动。只有在调研活动中分析总结出群体的共同核心价值观和行为习惯,才能发现最源头、最核心、最基本的因素。

首先,应对企业的发展历程进行调查分析,这主要是指对企业的物质文化发展史和精神发展史进行调查分析,从发展历程中发掘有价值的文化财富,作为企业文化建设的参考点。其次,应对企业的发展战略进行调研分析。再次,对企业所在的行业背景及所处地域特征进行调研分析。最后,对企业发展环境进行调研分析,这里的环境主要是指企业发展所处的政治、经济、文化及社会环境。

(二)规划设计

进行企业文化调查分析之后,要提出和确定企业使命、核心价值观、企业形象和经营理念,这是企业文化设计的主要内容。企业文化规划设计需要坚持以下几个原则:

(1)实事求是的原则。企业文化的规划设计要以企业的客观实际情况为基础,不可凭空想象。对于文化理念的提炼和设计要符合企业的能力和资源现状,目标和要求不能过低,也不能过高或不切实际。同时,在规划过程中要广泛征求员工的意见和建议,了解他们对企业的真实看法和期望,以确保员工能够真正参与企业文化建设,使企业文化真正落地。

(2)全面与重点的原则。全面意味着在规划设计时要考虑到企业文化的各个方面,包括企业的价值观、使命、愿景、行为规范、管理制度和企业形象等,要确保企业文化体系是完整和系统的,涵盖企业运营和发展的各个层面和环节。同时,在企业文化建设过程中要做到有重点。企业应全面考虑企业文化的各个方面,包括精神文化、物质文化和制度文化等;并明确企业文化建设中的关键领域和核心内容,如企业的核心价值观,及在特定时期对企业发展至关重要的文化要素。全面与重点的结合,能够让企业文化建设既具有广度,又具有深度。

(3)计划性与灵活性原则。计划性体现为对企业文化建设要有明确的目标、步骤、时间安排和资源分配等方面的规划。要制定详细的方案和路线图,确保各项工作能够按照既定的计划有序推进。灵活性则强调要能够根据企业内外部环境的变化及时调整和优化规划。因为企业所处的市场、行业等可能会发生动态变化,员工的需求和认知也可能改变。在这种情况下,不能死板地遵循原有计划,而要具备应变能力,适时对文化建设的策略、内容等进行调整,以更好地适应新的形势。总之,计划性确保了文化建设的有序性和可控性,而灵活性保证了文化建设能够与时俱进、保持活力,两者相辅相成、不可偏废。

(三)研讨论证

实践是检验真理的唯一标准。再高明的策划都必须落地,否则策划就只是一句口号或是一纸空文。企业应主要从两个方面对企业文化进行论证:理论论证和实践论证。理论论证主要以座谈会的方式进行,通过深入研讨和交流明确企业文化建设的理论框架,提炼和确立企业文化的核心价值,制定企业文化的愿景和使命。实践论证要结合企业的具体情况来开展,确保企业文化建设方案能够进行落地并发挥实效,其主要内容包括制订实施计划,开展试点工作并收集反馈,调整方案并进行全面推广和深化。试点工作可以采取区域试点或局部试点等方式。

(四)宣传推广

论证好的企业文化建设方案需要进行宣传推广,主要包括对内宣传与对外宣传,其中对内宣传是重点。无论是对内宣传,还是对外宣传,都应尽可能利用一切可以利用的方式进行宣传,如对内可采用讲座、演讲比赛、宣传栏、企业内刊、户外拓展等方式进行宣传,对外可利用各种媒体,尤其是近些年来发展迅速的网络媒体进行宣传。

(五)评估调整

企业文化建设是一个长期的过程,需要根据企业发展需要不断进行评估和调整。企业需要定期或不定期地对企业文化建设成效进行评估,了解员工对企业文化的认同程度、企业文化的践行情况等,并根据评估中发现的问题和不足进行调整。这种调整在某种程度上也是一种变革,通过变革可促使企业核心价值观形成和企业行为规范落实。

第3节 企业形象

企业形象是企业精神文化的外在表现形式。在市场经济条件下,企业之间的竞争已不再是单纯的产品、技术、质量或人才的竞争,而是企业形象的竞争。尤其是在信息传播日益发达的当今世界,良好的企业形象成为一种重要的竞争力。

一、企业形象的概念

所谓形象,按《现代汉语词典》的解释是能引起人的思想或感情活动的具体形状或姿态,也就是说,形象本身既是主观的,又是客观的。其主观性源于人的思想和感情活动是主观的,是人对事物的具体形状或姿态的印象、认识、反映及评价;其客观性在于形象是事物本身具有的具体形状或姿态,是事物的客观存在,是不以人的主观评价为转移的。

企业形象是指企业的产品、服务、人员素质、经营作风和公共关系等在社会公众中留下的总体印象,本质上就是社会公众对企业的一切活动及其表现的印象和评价。它包含两方面的内容:第一,企业形象的主体是企业,包括企业内部生产经营管理和外部营销服务及社会活动在内的所有活动及其表现。第二,企业形象的接受者是社会公众,它是社会公众对企业的总体印象和评价。社会公众包括一般公众和机构公众,其中一般公众包括企业内部员工、企业所在地居民、企业产品(服务)消费者及潜在消费者、企业相关媒体接受者等,机构公众包括与企业活动相关的政府机构、融资机构、媒体机构、社会团体及与企业营销活动紧密联系的其他的企业组织,如销售商、供应商等。

大量的研究和实践证明,树立良好的企业形象,对创建企业品牌,增强企业核心竞争能力,提高企业经营水平和经济效益等方面都具有极其重要的作用。良好的企业形象也有利于增强企业的向心力和凝聚力,从而为企业吸引更多的高素质人才。

二、企业形象的构成要素

企业形象的构成要素比较广泛,一般可概括为有形要素、无形要素和企业员工三大类。企业的有形要素主要包括企业的产品、技术、内外环境、产品包装、广告宣传等。无形要素主要包括企业经营理念、企业精神、企业信誉、规则制度等。企业员工包括员工的文化素质和技术水平、职业操守、精神面貌等。上述诸要素共同构成了企业的整体形象,其中比较重要的因素包括以下几个方面。

(一) 产品形象

产品形象是企业形象的核心,是消费者对企业最直接、最具体的感知。产品形象包括产品的质量、性能、价格、设计、外形、名称、商标和包装等多个方面。一个企业的产品质量高、性能优越、价格合理、设计新颖、外形美观、商标知名度高、包装精美,都能为企业树立良好的产品形象,提升消费者对企业的信任和满意度。

(二) 服务形象

服务形象是通过企业及其员工在产品售前、售后和技术服务过程中所表现出来的服务态度、服务质量、服务方式等而使消费者和社会公众逐步形成的客观评价。企业服务方式越完善、服务质量越高、服务态度越好,社会公众对企业的亲切感、信任感就会越强,从而使得企业在公众心中的整体形象不断提升。

(三) 环境形象

环境形象是企业所处的自然环境和人文环境的综合体现。一个企业的环境形象如果表现为环境整洁、绿化良好、设施完善,就能为企业树立良好的环境形象,提升企业的社会责任感和环保意识。同时,企业还需要关注其与社区、政府等外部环境的关系,构建和谐的外部环境形象。

(四) 文化形象

文化形象是企业文化的外在表现,是企业精神文化的核心。文化形象包括企业的历史传统、价值观念、企业精神、群体风格、职业道德、言行规范、公司礼仪等方面。一个企业的文化形象如果表现为积极向上、开放包容、追求卓越,就能为企业树立良好的文化形象,提升企业的文化软实力。

(五) 社会形象

社会形象是企业对社会公益事业和公共关系的关注与投入的体现。一个企业的社会形象如果表现为积极承担社会责任、热心公益事业、关注弱势群体等,就能为企业树立良好的社会形象,提升企业的社会声誉和品牌价值。

(六) 职工形象

职工形象是企业形象的重要组成部分，是企业精神文化的直接体现。职工形象包括职工的服务态度、职业道德、进取精神及装束、仪表等。一个企业的职工如果具备热情周到的服务态度、高尚的职业道德、积极进取的精神状态及整洁得体的装束和仪表，就能为企业树立良好的职工形象，增强企业的凝聚力和向心力。

(七) 企业家形象

企业家形象是企业形象的重要组成部分。企业家作为企业的核心人物，其言行举止、决策行为以及个人特质都会直接影响到企业的整体形象。社会公众对一个企业的认识往往是从企业家个人开始的，一个成功的企业家形象能够为企业带来积极的品牌效应，提升企业的社会声誉和公众形象。因此，企业家应该时刻注重自身形象的塑造和提升。

企业形象是企业的一项重要的无形资产。企业的人力、物力、财力处于同等地位，被称为企业的形象力或第四种资源。企业应该高度重视企业形象的塑造和维护，通过加强企业文化建设、提高产品质量和服务水平、积极参与社会公益事业等方式，不断提升企业的社会声誉和公众形象，使其成为企业发展的重要支撑和保障。

拓展资料

任正非：以个人形象成就华为的企业形象

任正非是华为的创始人之一，他以其低调、勤勉和接地气的形象而受到广泛尊敬。尽管华为已经成为全球知名的通信技术公司，但任正非仍然保持着朴素的生活方式，经常被看到乘坐公共交通工具或独自出行。他的这种低调和勤勉的作风，为华为树立了务实、稳健的企业形象。

任正非还展现了坚韧和果断的领导风格。在美国政府对华为实施制裁和打压的情况下，任正非带领华为保持了镇定，并通过加大研发投入、推动技术创新等措施来应对挑战。他的领导能力和决策智慧为华为赢得了尊重和信任，也让华为在全球市场上树立了强大的企业形象。此外，他非常注重企业文化的建设和传承。华为的企业文化强调合作、创新和奋斗精神，这种文化价值观在任正非的言行中得到了体现。他鼓励员工勇于拼搏、追求卓越，为华为的发展贡献力量。任正非的领导风格和企业文化理念，为华为树立了积极向上、团结奋进的企业形象。

在华为最困难的时刻，任正非通过自己的形象和领导风格，为华为树立了良好的企业形象，赢得了社会公众的肯定。他的低调、勤勉、坚韧和果断，以及对企业文化的重视，都成为华为成功的重要因素。可以说，华为在全球范围内的声誉和影响力，很大程度上得益于任正非所塑造的企业家形象。

三、企业形象的塑造

(一) 塑造企业形象的目的

塑造企业形象的目的在于提升企业的品牌认知度、信任度、社会声誉和影响力，吸引更多的投资者、合作伙伴和员工，增强企业的凝聚力和竞争力，为企业的发展创造更加有利的环境和条件。这具体表现在以下几个方面：

（1）增强品牌认知度与信任度。积极的形象可使企业提升认知度。良好形象还能让消费者感知到企业的专业、可靠与诚信，从而建立对企业的信任，这对消费者作出购买决策至关重要，可以帮助企业稳固客户群体与市场份额。高认知度和信任度可借助口碑传播，从而扩大企业的影响力，使企业在竞争中更具优势。

（2）吸引潜在投资者和合作伙伴。一家具有优秀形象的企业展现出其强大的实力、稳健的运营和良好的发展前景，可让潜在投资者看到可靠的投资回报潜力，激发他们对企业的投资意愿。同时，良好的企业形象也会让潜在合作伙伴相信能与企业建立稳定且互利的合作关系，共同开拓市场、实现共赢。良好的企业形象如同一块磁石，吸引着各方优质资源向企业汇聚，为企业的持续成长和扩张提供有力支持，使企业在市场竞争中更具活力和竞争力。

（3）增强员工的归属感和凝聚力。当企业拥有良好形象时，员工会因身为其中一员而感到自豪，从而增强对企业的归属感。这能使员工更认同企业的价值观和目标，从而使员工紧密地团结在一起，为共同的事业努力奋斗。归属感和凝聚力的提升，有助于激发员工的工作热情和创造力，减少人员流失，让员工以更积极的态度为企业贡献力量，进而推动企业不断发展进步，实现企业与员工的共同成长和相互成就。

（4）提升社会声誉和影响力。通过履行社会责任、参与公益活动等方式，企业能够塑造出积极、正面的社会形象，提升社会声誉和影响力。具有良好形象的企业会在社会各界获得高度认可，赢得良好口碑。企业社会声誉和影响力的提升不仅能让公众对企业形成积极的认知和评价，还能扩大企业在社会层面的影响力。高声誉和强影响力有利于企业树立典范形象，能为企业带来更多机遇。

（5）有效应对市场变化和竞争压力。在不断变化的市场环境中，塑造企业形象能够帮助企业更好地应对竞争压力和市场变化。一个鲜明且积极的企业形象能使企业在动态的市场环境中更具适应性和灵活性。当市场发生变化时，良好的形象能助力企业迅速调整策略并被市场接受。在激烈的竞争中，独特的企业形象可作为有力的竞争武器，让企业脱颖而出，与竞争对手形成差异化。它能增强企业的抗压能力，使企业在面对各种挑战时保持定力，更好地整合资源、发挥优势，从而在变幻莫测的市场和残酷的竞争环境下实现稳健发展。

（二）塑造企业形象的方法

企业要在市场竞争中领先同行，就必须与众不同，在社会公众面前塑造令人信服的企业形象。塑造企业形象是一个系统而复杂的过程，需要企业在多个方面进行深入思考和全面规划，具体如下。

1. 传递企业核心价值观和愿景

塑造企业形象的首要任务是向公众传递企业的核心价值观和愿景。企业应深入剖析自身的文化基因和发展目标，提炼出独特而具有吸引力的核心价值观，并通过各种渠道向员工、客户和公众传达。同时，企业应制定明确的愿景规划，描绘出未来的发展蓝图，让员工和社会公众对企业充满期待和信心。

2. 强化品牌管理和宣传

品牌是企业形象的重要载体，因此，强化品牌管理和宣传是塑造企业形象的关键。企业应注重品牌形象的塑造和维护，通过制定统一的品牌形象标准、加强品牌传播和宣传、提升产品和服务质量等方式，提高品牌知名度和美誉度。

3. 提升产品和服务质量

产品和服务质量是企业形象的重要体现。企业应注重提升产品和服务质量，以满足客户需求和期望。通过不断改进生产工艺、优化产品设计、加强质量控制和售后服务等方式，企业可以提高产品的性能和品质，为客户提供更加优质的产品和服务。同时，企业还应关注市场动态和客户需求变化，不断创新产品和服务，保持竞争优势。

4. 履行社会责任和参与公益活动

履行社会责任和参与公益活动是塑造企业形象的重要途径。企业应积极履行社会责任，关注环境保护、社会公益和员工福利等方面的问题，通过实际行动回馈社会和员工。同时，企业还应积极参与各种公益活动，如捐款捐物、志愿服务等，展示企业的公益心和责任感，提升社会声誉和影响力。

5. 建立危机管理机制

在塑造企业形象的过程中，企业不可避免地会遇到各种危机和挑战。因此，建立危机管理机制是保障企业形象稳定的重要措施。一方面，企业应制定完善的危机应对预案和处置流程，明确责任分工和协作机制，及时发现和应对各种危机事件；另一方面，企业还应加强危机预警和监测工作，及时了解市场动态和竞争对手情况，为应对危机作好准备。

四、企业形象战略

企业形象战略（CIS）是企业为了全面提升其整体形象和经营管理水平，通过一系列有计划、有组织的活动来塑造和传播企业独特形象的一种战略。这种战略旨在通过内部激励和外部感召，创建优秀的企业文化，提高企业凝聚力，增强产品竞争力，并强化企业对环境的适应能力。

具体来说，企业形象战略包括以下几个主要方面：

（1）视觉识别（VI）。这是企业形象战略中最为直观和显性的部分，即通过设计独特的企业标志、标准字、标准色、象征图形、宣传语等，以及统一的办公环境、员工制服、产品包装等，传达企业的理念和价值观，塑造企业的视觉形象。

（2）行为识别（BI）。行为识别是企业理念的行为表现，主要体现在企业员工在企业内外的各种行为及企业的各种生产经营行为上，即通过规范员工的行为举止、服务标准、沟通方式等，以及企业的营销活动、公益活动、社会责任行为等，展现企业的价值观和品牌形象。

（3）理念识别（MI）。理念识别是企业形象战略的核心，包括企业的愿景、使命、价值观、经营哲学、企业精神等。这些理念不仅指导着企业的内部管理和员工行为，也影响着企业的外部形象和品牌传播。

在实施企业形象战略时，企业需要深入了解目标市场和消费者的需求和偏好，通过市场研究和竞争分析，确定品牌定位和传播策略。同时，企业还需要制订具体的实施计划，包括设计品牌标识、制订传播计划、开展公关活动等，以确保企业形象战略的有效实施。

此外，企业还需要注意以下几点来保障企业形象战略的成功：

（1）一致性。企业应确保在各个方面的表现都与既定的形象战略相契合。从产品设计到服务流程，从员工言行到对外宣传，企业都应遵循统一的标准和风格。只有这样，企业才能在消费者心中形成稳定、清晰的印象，避免形象的混乱和冲突，让企业形象深入人心、不断强化。

(2) 创新性。在竞争激烈的市场中,企业必须不断推陈出新。企业需要不断创新和改进企业形象战略,以适应市场和消费者的变化。企业要善于结合时代特点和技术发展,对形象战略进行创新调整。比如,企业可采用新颖的传播方式、推出独特的营销活动等,使企业形象始终保持新鲜感和吸引力,能与时俱进地适应消费者不断变化的需求和喜好,从而在市场中保持领先地位。

(3) 可持续性。企业形象战略的实施是一个长期的过程。企业要将可持续发展理念融入其中,关注社会、环境等长远利益。企业应持续投入资源进行维护和提升,注重与各利益相关方的长期合作与互动。长期的坚持和积累可以让企业形象成为企业的核心竞争力之一,为企业的长久发展奠定坚实基础。

目前,企业界和管理学界都认识到企业形象战略是企业提升整体形象和经营管理水平的重要战略之一。实施形象战略需要企业全面考虑和规划,以确保其成功实施和长期有效。

第4节　各国的企业文化

企业文化作为管理学概念的正式提出不过是40多年前的事情,而高度重视企业文化是在最近二三十年。现代企业的企业家不仅要了解各国的企业发展情况,还要了解各国的企业文化建设情况,这对于建设本企业优秀企业文化,搞好企业经营管理,提高企业效益具有重大的现实意义。下面对美国、日本和我国的企业文化进行说明。

一、美国企业文化

美国的企业文化是与美国的历史、经济、社会及科技发展紧密相连的。美国的建国历史虽然只有200多年,但资本主义制度的发展速度很快,这使得美国成为世界上管理科学最发达的国家。科学管理、行为科学和比较管理等管理理论都是在美国产生的,这些理论对世界管理理论产生了极大的影响。同时,这些理论也对美国企业文化的产生和发展起到了重要的指导作用。

(一) 美国企业文化的发展历程

(1) 工业革命与企业文化的萌芽。随着工业革命的兴起,美国制造业迅速发展,企业规模逐渐扩大。在这一时期,企业开始注重管理效率和员工纪律,形成各自的企业文化。

(2) 泰勒科学管理理论的推广。20世纪初,泰勒提出了科学管理理论,强调通过科学的方法来提高生产效率。这一理论在美国企业中得到了广泛应用,推动了企业文化的进一步发展。

(3) 企业文化理论的建立与完善。随着企业管理实践的不断深入,美国学者开始研究企业文化,并逐渐形成了完整的企业文化理论体系。其中,彼得斯和沃特曼的《追求卓越》一书,被誉为企业文化理论的经典之作。

(4) 日本企业文化的影响与反思。20世纪70年代,日本企业的迅速崛起引起了美国学者的关注。他们开始研究日本企业的成功经验,并从中汲取了企业文化建设的灵感。在这一时期，美国企业开始注重员工的参与和团队合作，以及企业的社会责任。

(二) 美国企业文化的特点

（1）强调个性自由与勇于创新。美国企业文化倡导个性自由和创新精神，鼓励员工提出新的想法和解决方案。这种文化氛围有助于激发员工的创造力和积极性，推动企业的创新和发展。

（2）信奉功利主义。美国企业文化注重实效和利益，强调企业的经济效益和市场竞争力。企业往往以利润最大化为目标，追求高效、快速和灵活的经营方式。

（3）崇尚英雄的企业家精神。在美国企业文化中，企业家被视为企业的灵魂和领袖。他们具有远见卓识，具备敢于冒险、勇于创新的精神，能够带领企业克服困难、实现目标。这种企业家精神成为美国企业文化的重要组成部分。

（4）注重社会责任与可持续发展。近年来，随着社会对环保、社会责任等问题的关注度不断提高，美国企业也开始注重自身的社会责任和可持续发展。他们积极参与公益活动，推动环保事业，关注员工福利等，以提升企业的社会形象和品牌价值。

二、日本企业文化

日本企业文化的形成与发展，深受其独特的地理、历史、社会和经济背景的影响。从古代的家族制度、武士道精神，到现代的工业化进程和全球化浪潮，日本企业文化在这些因素的交织中逐渐成型。日本的社会文化深受中国儒家文化的熏陶，又受西方文化的深刻影响，因此，日本的企业文化吸收了中西方文化精华，并以"企业使命""组织风土""社训""社风"等多种形式表现出来。日本企业文化已成为世界公认的比较优秀的企业文化。

(一) 日本企业文化的发展

（1）古代至江户时代。日本企业文化的萌芽可以追溯到古代的家族制度和武士道精神。家族制度强调家族成员之间的忠诚和服从，这种精神在日本企业中演化为员工对企业的忠诚和献身。武士道精神则强调勇气、荣誉和忠诚，这些价值观在日本企业文化中得到了充分体现。

（2）明治维新至第二次世界大战前。明治维新后，日本开始了快速的工业化进程。在这一时期，日本企业开始引入西方的管理理念和技术，同时结合本国的传统文化，逐渐形成了独特的企业文化。在这一时期，日本企业开始注重员工的教育和培训，强调员工的技能和素质的提升。

（3）第二次世界大战后至今。第二次世界大战后，日本经济经历了快速的复苏和增长。在这一过程中，日本企业文化也得到了进一步的发展和完善。日本企业开始更加注重员工的福利和权益，推行终身雇佣制和年功序列制，以增强员工的归属感和忠诚度。同时，日本企业还注重团队合作和集体精神，强调员工之间的协作和配合，以实现企业的共同目标。

(二) 日本企业文化的特点

日本企业文化主要有以下特点：

（1）忠诚与献身精神。日本企业文化中最为突出的特点是忠诚与献身精神。员工对企业有着深厚的忠诚感，愿意为企业付出一切努力。这种忠诚精神不仅体现在对企业的忠诚上，还体现在对上司和同事的忠诚上。

（2）团队合作与集体精神。日本企业文化非常重视团队合作和集体精神。员工之间、部门之间以及企业之间都保持着一种紧密的合作关系，共同为实现企业的目标而努力。这种团队合作和集体精神是日本企业能够在全球市场上保持竞争力的关键因素之一。

（3）精细管理与持续改进的精神。日本企业文化中注重精细管理和持续改进。企业追求生产过程的精细化和产品质量的完美化，通过持续改进和创新来提高企业的竞争力和市场占有率。这种精细管理和持续改进的精神也体现在日本企业的日常工作中，如5S管理、精益生产等。

（4）尊重传统与注重礼仪。日本企业尊重历史和文化传统，注重传承和发扬本国的优秀文化。同时，日本企业也注重礼仪和礼节，强调员工之间的尊重和谦让，以营造和谐的工作氛围。

三、我国企业文化

我国现代意义上的企业出现较晚，因此我国企业文化的发展历史也较短，主要包括改革开放初期的起步阶段（1978—1992年）、市场经济体制确立后的发展阶段（1993—2002年）、成熟阶段（2003—2012年）、本土化阶段（2013年至今）。在这个过程中，企业文化逐渐从单一的生产经营导向，转变为以人为本、创新驱动、追求卓越的综合导向。

总体而言，我国企业文化的发展大致可以分为以下几个阶段。

（一）我国企业文化的发展历程

1. 起步阶段

在这个阶段，随着我国改革开放的启动，企业逐渐从计划经济体制向市场经济体制转型。此时，企业文化的发展主要集中在企业经济利益的追求和生产效率的提升上。该阶段企业文化尚未形成完整的体系，更多的是关注企业的物质生产和经济效益。一些国有企业通过借鉴和学习外资企业的管理方式，开始尝试在企业内部建立一种更为人性化、科学化的管理方式，这就是企业文化的雏形。

2. 发展阶段

随着我国市场经济体制的不断完善，企业文化也逐渐进入了发展阶段。在这个阶段，企业开始重视员工的价值观培养，提倡自我管理和团队建设，同时也开始关注员工的个人发展和企业文化建设。一些企业开始引入西方先进的管理理念和企业文化理论，结合企业自身特点，形成具有特色的企业文化。例如，方太集团通过将中式理念与西方方法融合，形成了强调仁爱、诚信、责任等儒家价值观，并结合西方管理模式形成独特企业文化；海尔集团推行"人单合一"的企业文化，让员工与用户融为一体，共同创造价值。

3. 成熟阶段

进入21世纪后，我国企业文化进入了成熟阶段。在这个阶段，企业文化建设被纳入企业战略，与经营战略同步进行规划。企业开始注重以人为本，关注员工的全面发展和企业社会责任的履行。企业文化的内涵和外延都得到了极大的丰富和拓展，形成了各具特色的企业文化体系。例如，华为公司提出了"以客户为中心，以奋斗者为本"的企业文化。

4. 本土化阶段

近年来，随着中国经济实力的增强和国际地位的提升，我国企业文化的发展进入了本土化阶段。这一阶段标志着企业开始深入挖掘中国优秀传统文化的精髓，并将其与现代企业管理理念相结合，以构建独具中国特色的企业文化。

在本土化阶段，企业不再简单模仿西方企业文化模式，而是从自身发展实际出发，深入挖掘本土文化资源，注重文化的创新与传承。通过汲取中国传统文化的智慧，如儒家思想的"仁爱"和"诚信"等价值观，以及道家思想的"无为而治"等管理哲学，企业将这些文化元素融入企业文化建设，形成了具有中国特色的企业文化体系。

同时，企业在本土化阶段也更加注重社会责任和环境保护。企业认识到，作为社会的一分子，企业不仅要追求经济效益，还要积极履行社会责任，推动企业与社会的和谐发展。因此，企业开始关注环境保护、公益慈善等领域，通过实际行动回馈社会，为社会的可持续发展贡献力量。

(二) 我国企业文化的主要特点

我国企业文化呈现出以下几个主要特点：

(1) 注重和谐与包容。中国传统文化中强调"和为贵"，这种和谐理念在企业文化中得到了充分体现。我国企业不仅致力于打造员工间的和谐关系，强调团队间的相互协作与尊重，追求团队整体的和谐统一；更将和谐理念延伸至社会层面，积极履行社会责任，与社会各界和谐共生，共同发展。这种以和谐为核心的企业文化，不仅提升了企业的凝聚力和向心力，更为企业的可持续发展注入了源源不断的动力。

(2) 强调以人为本。在市场经济的大潮中，人才如同璀璨的星辰，成为企业最宝贵的资源。我国的企业文化逐渐深化"以人为本"的理念，将员工的个人成长和职业发展放在了至关重要的位置。企业强调员工的主体地位，倾听员工的声音，尊重员工的意见，为员工提供广阔的发展空间和良好的职业平台。同时，企业也积极提倡员工参与企业管理和决策，让员工成为企业发展的重要力量。这种浓厚的民主氛围，不仅激发了员工的工作热情和创新精神，更为企业的长期发展奠定了坚实的基础。

(3) 注重创新驱动。在全球化的浪潮中，创新已成为企业持续发展的核心竞争力。我国的企业文化，正逐渐从模仿和跟随的传统模式中解脱出来，向着自主创新的新时代迈进。企业鼓励员工们勇于挑战传统，积极提出新想法和新创意，为企业的创新发展贡献智慧和力量。为了支持创新实践，企业提供了丰富的资源和平台，让员工们能够在实践中不断尝试、探索和创新。这种浓厚的创新氛围，不仅激发了员工的创造潜能，更为企业带来了源源不断的发展动力。在这样的企业文化中，每一个员工都是创新的源泉，共同推动着企业不断向前发展。

(4) 追求卓越品质。我国一些企业的某些产品一度是假冒伪劣的代名词，但随着市场经济的不断发展，企业意识到产品和服务的质量才是企业生存和发展的基石。因此，我国企业开始将追求卓越品质作为企业的核心价值观之一。为了确保产品和服务的质量，企业不断完善质量管理体系，强化质量控制和检测，从源头上保障产品的质量。同时，我国企业也不断提升员工的品质意识和技能水平，确保每一个生产环节都达到最高标准。正是这种对卓越品质的执着追求，让我国企业的产品和服务在全球市场上赢得了客户的广泛信任和赞誉，在激烈的市场竞争中处于有利地位。

(5) 具有鲜明的中国特色。我国企业文化具有浓厚的家国情怀。这种情怀体现为企业对国家和民族的深厚感情，以及对国家发展和民族振兴的强烈责任感。企业不仅追求经济效益，更关注对社会的贡献，努力使自身成为推动国家发展的中坚力量。这种企业文化既具有时代性，又具有民族性，体现了中国企业的独特魅力和优势。

练 习 题

一、单项选择题

1. 企业文化的核心概念是( )。
   A. 企业的生产规模　　　　　　　B. 企业的品牌形象
   C. 企业的价值观、信仰和习惯　　D. 企业的市场环境
2. 企业文化的基本要素不包括( )。
   A. 企业哲学　　B. 产品质量　　C. 企业道　　D. 企业精神
3. 下列关于企业文化的结构特征的说法中,错误的是( )。
   A. 独特性　　B. 不变性　　C. 稳定性　　D. 连续性
4. 企业文化的主要功能不包括( )。
   A. 凝聚功能　　　　　　　　　　B. 激励功能
   C. 替代制度管理功能　　　　　　D. 创新发展功能
5. 企业文化建设的主体是( )。
   A. 企业高管　　　　　　　　　　B. 全体员工
   C. 企业文化部门　　　　　　　　D. 外部咨询机构
6. 企业文化建设应遵循的基本原则不包括( )。
   A. 以人为本　　　　　　　　　　B. 追求短期利益
   C. 突出特色　　　　　　　　　　D. 持续发展
7. 企业文化建设的基本步骤中,第一步通常是( )。
   A. 制定企业文化战略　　　　　　B. 企业文化评估
   C. 企业文化传播　　　　　　　　D. 企业文化实施
8. 企业形象的核心是( )。
   A. 产品质量　　B. 企业文化　　C. 品牌知名度　　D. 广告宣传
9. 下列各项中,不属于企业文化建设过程中可能面临的挑战的是( )。
   A. 员工抵触　　　　　　　　　　B. 市场需求变化
   C. 文化冲突　　　　　　　　　　D. 企业盈利下滑
10. 企业文化的结构通常分为( )。
    A. 战略层和战术层　　　　　　　B. 物质层和精神层
    C. 管理层和执行层　　　　　　　D. 内部层和外部层

二、判断题

1. 企业文化是企业在长期经营过程中形成的独特的价值观、信仰和习惯。( )
2. 企业文化的基本要素只包括企业精神和企业哲学两个方面。( )
3. 企业文化具有稳定性和连续性,不会随着时间和环境的变化而改变。( )
4. 企业文化的主要功能是替代制度管理,实现员工的自我管理。( )
5. 企业文化建设的主体主要是企业的高管和领导层。( )
6. 企业文化建设应遵循以人为本、持续发展和突出特色的基本原则。( )
7. 企业文化建设的基本步骤中,最重要的是企业文化的传播和实施。( )

8. 企业形象的核心是企业文化,它反映了企业的价值观和精神面貌。　　　　(　)
9. 在企业文化建设过程中,员工抵触和文化冲突是企业经常面对的问题,但其可以通过有效沟通和管理来克服。　　　　(　)
10. 企业文化的结构通常分为物质层和精神层,其中物质层是企业文化的基础和外在表现。
　　　　(　)

三、简答题

1. 简述企业文化结构的主要内容及其在企业中的作用。
2. 简述企业形象战略的主要内容。
3. 简述企业文化的功能。

四、论述题

试论述企业形象战略的重要性及其实施策略。

第 5 章 人力资源管理

Chapter 5

思政园地

◎ 学习目标

➢ 全面掌握人力资源管理的含义和特征，能够结合实际案例分析并运用相关理论和方法。
➢ 系统学习并熟练掌握工作分析的各种方法和工具，能够独立开展全面、准确的工作分析，在此基础上进行工作设计，以优化工作流程和岗位设置。
➢ 理解掌握人员招聘和录用的原则、测评方式，能够运用多种招聘渠道和技巧，选拔出符合企业需求的高质量人才。
➢ 深入学习绩效考核方法，能运用绩效考核对员工绩效进行评估与反馈。

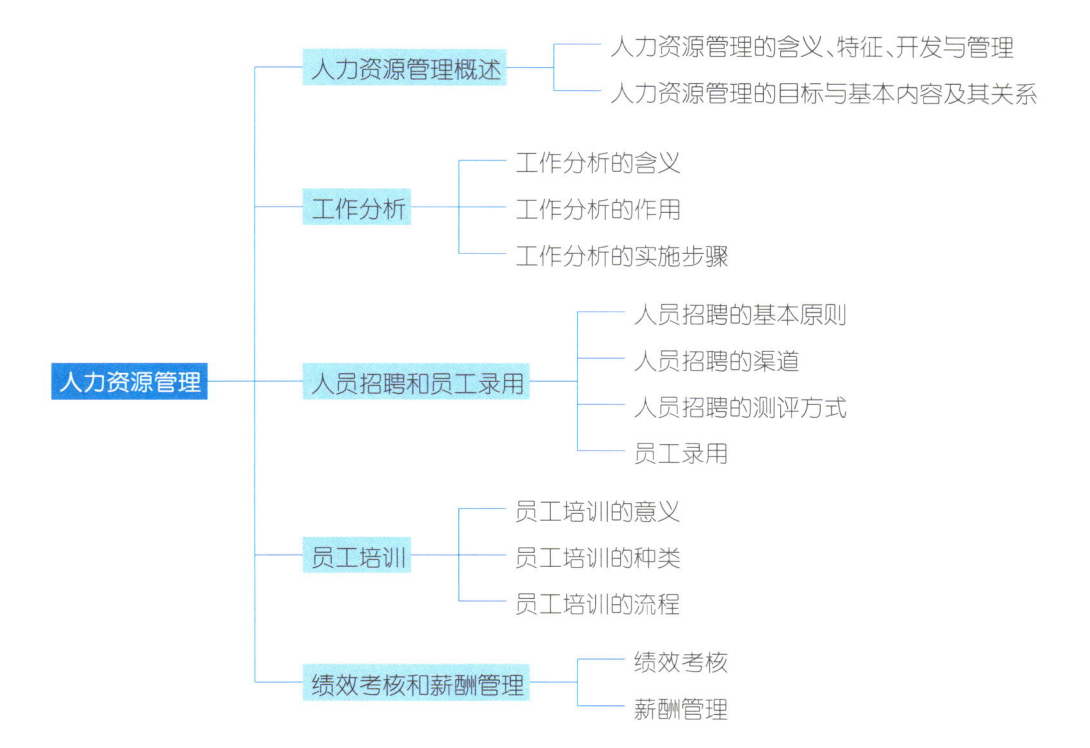

◎ 知识导图

- 人力资源管理
  - 人力资源管理概述
    - 人力资源管理的含义、特征、开发与管理
    - 人力资源管理的目标与基本内容及其关系
  - 工作分析
    - 工作分析的含义
    - 工作分析的作用
    - 工作分析的实施步骤
  - 人员招聘和员工录用
    - 人员招聘的基本原则
    - 人员招聘的渠道
    - 人员招聘的测评方式
    - 员工录用
  - 员工培训
    - 员工培训的意义
    - 员工培训的种类
    - 员工培训的流程
  - 绩效考核和薪酬管理
    - 绩效考核
    - 薪酬管理

第1节 人力资源管理概述

一、人力资源管理的含义、特征、开发与管理

人力资源是企业内部最重要的生产要素,被认为是企业的第一资源。尽管目前随着科技发展,智能化、无人化应用日益广泛,但企业的大部分工作依然需要人来完成。因此,人力资源管理在企业管理中处于举足轻重的地位。

(一) 人力资源的含义

人力资源这一概念最早由彼得·德鲁克于1954年在《管理的实践》一书中提出。

人力资源又称劳动力资源或劳动力,是指一定区域范围内能够推动整个经济和社会发展具有劳动能力的人口总和。

经济学把为了创造物质财富而投入生产活动的一切要素统称为资源,包括人力资源、物力资源、财力资源、信息资源和时间资源等。其中,人力资源是一切资源中最宝贵的资源,是第一资源。通常,人力资源包括数量和质量两个方面:数量是指具有劳动能力的人口数量,质量是指经济活动人口具有的文化知识和劳动技能水平。人力资源最基本的要素是体力和智力,从现实应用状态来看,体力和智力包括体质、智力、知识和技能四个方面。

从企业的角度来看,人力资源是指一定时期内组织中的人所拥有的能够被企业所用,且对价值创造起贡献作用的教育、能力、技能、经验和体力等的总和。由此可见,人力资源是企业的重要资产,对企业的生存发展至关重要。

(二) 人力资源的特征

与其他资源相比,人力资源具有以下特征。

1. 生物性

人力资源的载体是人,而人是一种具有生命的生物存在,必然有一系列基本的生物需求。这些需求对于人力资源的使用、维持和发展至关重要。

2. 能动性

人力资源与其他资源最显著的区别在于其能动性。人具有思想、情感和意识,能够主动地进行思维活动,并具备自我学习和适应环境变化的能力。这种能动性使得人力资源能够主动、积极、创造性地开展工作,为企业创造更大的价值。

3. 社会性

人力资源是社会财富创造过程中最重要的要素,其形成、配置、开发和使用都具有社会性。人的成长和发展离不开社会环境的影响,同时人力资源的配置和使用也受到社会制度的制约。此外,人力资源的社会性还体现为人与人之间的相互依存和合作,这种社会性使得人力资源能够形成强大的凝聚力和向心力,从而推动企业的发展。

4. 时效性

人力资源具有时效性,其开发和利用必须及时、有效。由于人的生命周期有限,人力资

源的形成和使用也具有一定的时间限制。企业需要及时发现、培养和利用人才,以充分利用人力资源,为企业的长期发展提供有力保障。

5. 可再生性

与物质资源相比,人力资源具有可再生性。物质资源在使用过程中会逐渐消耗和减少,而人力资源则可以通过教育培训、知识更新等方式实现再生和增值。这种可再生性使得人力资源具有持续发展的能力,为企业提供了源源不断的人才支持。

(三) 人力资源的开发与管理

人力资源的开发与管理是企业管理中的重要组成部分。有效的人力资源开发与管理能够提升企业的竞争力,激发员工的积极性和创造力,促使企业持续发展。

人力资源开发是指通过各种方式和手段,有计划、有目的地提升组织内人力资源的质量,挖掘其潜在能力,以更好地实现组织目标和满足个人发展需求。其主要方法包括教育培训、工作轮换和导师带教等。

人力资源管理是指对组织中的人力资源进行有效获取、合理配置、充分开发和科学管理的一系列活动。企业通过招聘、甄选、培训、报酬等管理形式对组织内外相关人力资源进行有效运用,从而满足组织当前及未来发展的需要,保证组织目标实现与成员发展的最大化。其主要内容包括人力资源规划、招聘与选拔、绩效管理、薪酬福利管理、员工关系管理等。

人力资源开发与人力资源管理在人力资源经济活动中是密切联系的。人力资源开发强调对人力资源的发掘、培养和提高,通过提升员工的能力为人力资源管理提供有力的人才保障。而人力资源管理工作,如招聘、选拔、培训、绩效管理等,则为人力资源开发提供了具体的实施途径和动力。通过这些实践活动,员工的能力被不断发掘出来,从而推动人力资源开发不断深入。两者的具体任务虽有不同,但目标是一致的,无论是人力资源开发还是人力资源管理,其最终目标都是要提高员工绩效、实现组织目标。

二、人力资源管理的目标与基本内容及其关系

(一) 人力资源管理的目标

人力资源管理的目标,简而言之,就是确保组织能够高效利用人力资源,以实现其战略目标。人力资源管理既要考虑组织目标的实现,又要考虑员工个人的发展,强调在实现组织目标的同时实现个人的全面发展。

人力资源管理既要确保人力资源战略与组织的整体战略相匹配,为组织目标的实现提供有力的人力资源支持,又要通过优化人力资源配置,提高员工的工作效率和绩效,进而提升组织的整体绩效。要达成这些目标,就需要从以下三个方面开展工作:

(1) 最大限度地保障组织对人力资源的需求。这不仅意味着要满足组织在特定阶段对于不同技能和经验层次人才的需求,更要在长期内确保人力资源的稳定和高效利用。

(2) 最大限度地挖掘组织内外的人力资源。组织既要对现有内部员工进行深度开发和利用,又要对外部人才资源进行广泛的探索和积极引入,为组织长期发展提供有力支持。

(3) 最大限度地发挥组织成员的主观能动性。组织应通过营造积极向上的组织氛围、提供适当的支持和资源、建立激励机制等方式,激发员工主动性和创造力,使员工的潜能得到最大限度的发挥,从而进一步增强组织的竞争力。

（二）人力资源管理的基本内容

人力资源管理是在经济学与人本思想的指导下，通过一系列管理形式，如招聘、甄选、培训、报酬等，对组织内外的人力资源进行有效运用。这不仅仅是为了满足组织当前的需要，更是为了保证组织能够持续发展，实现长远目标。

人力资源管理的基本内容主要包括以下几个方面。

1. 人力资源规划

这是人力资源管理的起点，主要任务是运用科学的方法预测组织在未来的人力资源需求，并据此制定相应的人力资源获取、利用、保持和开发策略。具体来说，人力资源规划的目标和主要任务如下：

（1）确保组织在适当的岗位上获得适当的人选，并使组织和个人长期获益。

（2）保障人力资源的供给并与需求达到平衡，实现人力资源的最佳配备，最大限度地开发人力资源潜力。

（3）科学分析组织的人力资源需求，制定具体的政策和措施以满足这些要求。通过制定人力资源规划，保证人力资源管理活动与组织的战略方向和目标一致，保证人力资源管理活动的各个环节协调一致、有序实施。

2. 工作分析与工作设计

工作分析与工作设计是指通过对组织中的各个特定岗位进行考察和分析，收集相关信息，进而对各个职务的设置目的、性质、任务、职责、权力和隶属关系，工作内容，工作条件，工作环境及任职资格等进行系统分析研究，作出明确的规定，并编写职位描述和职位说明书。工作分析与工作设计统一于这一过程中，是整个人力资源管理系统构建的基础和根本。

3. 招聘与选拔

根据人力资源规划，组织需要招聘合适的人才来填补职位空缺。同时，组织还要根据员工的能力和特点，将他们配置到最合适的岗位上，实现人岗匹配。选拔过程中要确保公平、公正、公开，挑选出与岗位最匹配、最具潜力的人才，为组织注入新的活力。

4. 培训与开发

员工进入组织后，需要接受各种培训，以提高他们的技能和素质。此外，组织还需要关注员工的职业发展，与员工共同探讨职业成长计划，使员工个人职业目标与组织目标有机结合在一起，为员工提供晋升机会和发展空间。

5. 绩效管理

绩效管理指的是通过对员工的工作表现和成果进行系统评估、反馈和改进，以实现组织目标和提升员工绩效的管理过程。它通过对员工的工作绩效进行评估，明确员工的优点和不足，并据此制订绩效改进计划，以提高员工的工作效率和工作质量。绩效管理是人力资源管理的核心环节之一，其目的在于通过提高员工的工作绩效，提升组织整体绩效，同时也实现员工个人的成长和发展，增强员工对组织的认同感和忠诚度。

6. 薪酬福利管理

薪酬福利是员工最为关心的问题之一。合理的薪酬福利制度能够激发员工的工作积极性，提高员工的满意度和忠诚度。因此，组织需要根据员工的贡献和市场需求，制定具有竞争力的薪酬福利政策。薪酬管理的关键在于：①薪酬体系设计，确定合理的薪酬结构,包括基本工资、绩效工资、津贴补贴、奖金等;②外部竞争力,确保组织薪酬水平在市场上具有一定的吸引力,以吸引和留住优秀人才;③内部公平性,保证组织内不同岗位、不同级别员工之间的薪酬公平合理;④激励作用,通过薪酬激励员工提高工作绩效和达成组织目标。

7. 劳动关系管理

劳动关系管理主要关注员工与组织之间的关系。组织需要建立和谐的劳动关系,维护员工的合法权益,解决劳动纠纷,为员工提供一个良好的工作环境。

除此之外,人力资源管理还包括员工流动管理、员工安全与健康管理、人力资源信息系统管理等。这些都是为了保证组织能够持续、稳定地发展,实现组织的长期目标。

(三) 人力资源管理活动间的关系

1. 工作分析与工作设计是基础

在人力资源管理系统中,工作分析与工作设计是一个平台,其他各项职能的实施基本上都是以此为基础展开的。工作分析与工作设计不仅是人力资源管理流程的开端,更是确保组织高效运作实现战略目标的关键环节。工作分析的主要成果显示就是职位说明书,其主要内容与人力资源管理的各个环节都有重要关联。例如,预测组织内部的人力资源供给时要用到各职位可调动和晋升的信息,这些信息基本来源于职位说明书。又如,计划招聘时发布的招聘信息及录用甄选标准等都是根据职位说明书中的任职资格要求编写的。再如,薪酬管理、绩效管理、教育培训等评判标准也都是以职位说明书中的工作职责来确定的。

2. 绩效管理是核心

绩效管理在整个系统中居于核心地位,其他技能或多或少都与它有关。

(1) 绩效管理为招聘与选拔提供了明确的标准。同时,绩效管理也可以作为评估招聘效果的重要工具,通过对比新员工的绩效表现与预期目标,可了解招聘活动的成效,为后续的招聘活动提供参考。

(2) 绩效管理与培训开发密切相关。通过定期的绩效评估,组织可以了解员工在技能、知识等方面的不足,从而制订出个性化的培训计划和发展方案,帮助员工提升能力,实现个人和组织的共同发展。

(3) 绩效管理与薪酬管理紧密相连。绩效是决定员工薪酬的重要因素之一。通过设定合理的绩效目标和评估体系,组织可以根据员工的绩效表现来确定薪酬水平,实现薪酬与绩效的挂钩。这不仅能够激励员工更努力地工作,还能够确保薪酬的公平性和合理性,提高员工的满意度和忠诚度。

3. 各个环节相互依托、紧密联系

人力资源管理的各项内容存在着密切的关系:

(1) 录用甄选要在招聘的基础上进行。

(2) 招聘计划主要依据人力资源规划而制订。

(3) 培训开发受到甄选结果的影响,如果甄选效果不佳,新聘用员工无法满足职位要求,则培训任务就要加重;反之,则会减轻。

(4) 培训开发与员工薪酬福利等同样相关,员工能力素质提高就能获得更高的岗位和薪酬,因此,从员工成长角度来讲,培训越来越成为员工福利的重要组成部分。

第2节 工作分析

对企业而言,组织结构的确立及各职位的职责和关系的划分是最基础的工作,这也是做好人力资源管理工作的重要前提。工作分析就是要对某一特定工作的职责、工作条件等相关信息进行收集分析,从而明确规定企业各个职位的工作特点及职位对应的员工需要具备的能力条件。如果没有做好这项工作,则后续的人力资源工作就毫无意义。

一、工作分析的含义

工作分析又称职位分析、职务分析或岗位分析,就是指采用科学的方法和手段对组织中某个特定职务的设置目的、任务或职责、权力和隶属关系、工作条件和环境、任职资格等相关信息进行收集与分析的过程。工作分析就像给职位"画像",它详细记录了职位的方方面面。

工作分析是人力资源管理工作的基础,其分析质量对其他人力资源管理工作影响巨大。科学严谨的工作分析可以帮助企业更好地了解员工,制订合理的招聘、培训、绩效考核等计划。工作分析的结果一般体现为职位说明书,合格的职位说明书应当具备准确性、完备性、普遍性、适用性、预见性、逻辑性、简约性、统一性等特征。

二、工作分析的作用

在人力资源管理实践中,工作分析扮演着至关重要的角色。工作分析作为人力资源管理的基础工具,对于优化组织结构和提高管理效率具有显著效果。

(一)明确岗位职责和权限

工作分析详细描绘每个职位的工作职责、任务、权限等,使得员工能够清晰地了解自己在组织中的角色和定位。这不仅有助于员工更好地履行自己的职责,还能够促进组织内部各部门之间的协作与沟通,确保组织目标的顺利实现。

(二)招聘和选拔合适的人才

通过工作分析,组织能够明确所需人才的类型、数量、技能和素质要求,从而为招聘和选拔提供明确的依据。这有助于组织吸引到符合职位要求的人才,并将合适的人才安排到合适的岗位。

(三)有利于员工的培训和发展

工作分析揭示了职位所需的知识、技能和能力要求,为员工的培训和发展提供了明确的指导。组织可以根据分析结果,制订针对性的培训计划和发展路径,帮助员工提升个人能力和职业竞争力,从而推动组织的持续发展。

(四)增强绩效考核的准确性

工作分析明确了职位的工作标准和绩效要求,为绩效考核提供了客观、公正的标准。组织可以根据这些标准对员工的工作绩效进行评估和反馈,帮助员工了解自己的优点和不足,明确改进方向,提高工作绩效。

(五) 优化组织结构和人力资源配置

通过工作分析,组织可以了解各部门和各职位之间的职责划分和协作关系,发现可能存在的职责重叠或缺失等问题。这有助于组织优化组织结构,提高管理效率。同时,工作分析还能够为人力资源配置提供依据,确保组织在人才使用上更加合理和高效。

(六) 有助于制定公平、合理、有效的薪酬制度

工作分析揭示了职位的相对价值和贡献度,为薪酬管理提供了依据。组织可以根据分析结果,制定合理的薪酬政策和标准,确保薪酬的公平性和激励性。这有助于激发员工的工作积极性和创造力,提高组织的整体绩效。

三、工作分析的实施步骤

进行工作分析需要明确清晰且合理的实施步骤,以确保工作的有效性和准确性。具体来说,工作分析通常由以下几个步骤构成。

(一) 筹建工作分析小组

筹建工作分析小组是开展工作分析的业务保障和组织保障。工作分析小组的成员必须对人力资源相关知识及部门岗位等有全面的认识。选择合适的工作分析小组成员是做好分析工作的重要前提和保证,小组成员一般包括高层管理者、组织内外部的岗位分析专家、人力资源部门工作人员和部门主管等。工作分析小组必须做好前期准备工作,对小组成员进行相关培训。

(二) 确定工作分析的目标和范围

需要明确工作分析的目标,即希望通过工作分析达到什么样的效果。同时,应确定工作分析的范围,包括明确哪些职位或部门将参与此次工作分析。这有助于明确工作分析的重点和方向。

(三) 选择适当的工作分析方法

根据工作分析的目标和范围,选择适当的工作分析方法。常用的工作分析方法包括观察法、访谈法、问卷调查法、实践法、典型事例法、工作日志法等。不同的方法具有不同的特点和适用范围,应根据实际情况进行选择。

(1) 观察法。观察法是工作分析人员在不影响被观察人员正常工作的条件下,通过观察把工作各部分的内容、方法、程序记录下来,并把取得的职务信息整理为适合使用的结果的方法。观察法的优点是能获得直观、真实的一手工作信息,对于一些主要依靠身体活动来完成的工作(如流水线作业等)尤其适用。但它也有局限性,如对于一些脑力劳动、隐蔽性活动难以进行准确观察,且其可能受到观察周期和范围的限制。

(2) 访谈法。访谈法是指通过与特定工作岗位的任职者、上级主管、同事等进行面对面谈话,或通过电话等形式进行交流沟通,获取关于工作内容、职责、工作环境、工作要求等方面信息的方法。在实施访谈时,通常需要提前准备好详细的访谈提纲,明确访谈的重点和关键问题。在访谈过程中,访谈者要营造轻松、开放的氛围,鼓励被访谈者充分表达自己的观点和经验。访谈者需要认真倾听、记录,必要时进行追问和澄清。访谈法的优点在于能

够深入了解工作的细节和实际情况,获取较为全面和准确的信息,但它也存在一些局限性,如可能受到被访谈者主观因素的影响,访谈的时间和成本相对较高等。

(3) 问卷调查法。问卷调查法是让有关人员以书面形式回答有关职务问题调查的方法。通常问卷的内容是由工作分析人员编制的。问卷调查法对设计问卷的要求较高,如提问要准确、问卷表格要精练、语言要通俗易懂、问题不能模棱两可等,同时问卷前面要有指导语。问卷调查法的优点在于可以大规模收集信息,效率较高,而且能给被调查者足够的时间思考和回答。但它也存在一些不足,如可能存在填写不认真或理解偏差导致信息不准确等问题,且问卷对于一些复杂问题可能难以全面深入地反映。

(4) 实践法。实践法是工作分析法中较为独特的一种方法。工作分析人员要亲自参与到被分析的工作中去,通过实际执行该工作来深入了解工作的具体内容、操作流程、难点与要点等。具体实施时,工作分析人员要全身心投入工作,按照正常的工作要求和标准进行操作。在实践过程中,工作分析人员应仔细体会和感受工作中的各种细节,包括体力消耗、心理压力、工作节奏等。其对工作中遇到的问题、与其他岗位的关联等也会形成直接而深刻的认识。实践法的优点在于工作分析人员能够获得最直接、最真实的工作体验和一手信息,其对于一些复杂且难以通过其他方法准确把握的工作尤其适用,但它需要花费较多的时间和精力,而且对工作分析人员的能力和适应性有一定的要求。

(5) 典型事例法。这种方法是通过收集和研究特定岗位上的典型事例来分析工作,具体而言,就是找出那些能够代表工作中关键行为、成功案例或具有挑战性情况的具体事例。实施时,先要广泛收集相关事例,可以通过访谈、查阅资料、观察等途径获取,再对这些典型事例进行深入剖析,包括事件的背景、具体行为、产生的结果等。通过分析这些事例,可以清晰地了解工作中实际面临的情境、所需的技能和能力,以及可能出现的问题等。这种分析法的优点在于能够生动形象地展现工作的实际情况,让分析结果更具说服力和参考价值。其局限性在于事例的选取可能存在一定的主观性,而且事例可能难以涵盖工作的所有方面。

(6) 工作日志法。这种方法是让员工按时间顺序记录自己的工作内容及工作过程。如果员工的记录很系统很详细,那么这种方法很可能获得或观察到其他方法触及不到的一些细节性问题。

(四) 收集相关信息

通过所选的工作分析方法,收集与职位相关的各种信息。这些信息可能包括职位的职责、任务、权限、工作环境、所需的知识和技能、工作关系等。收集信息时应确保信息的准确性和完整性。

(五) 整理和分析信息

将收集到的信息进行整理和分析,提炼出职位的关键要素,包括职位的名称、职责、权限、工作关系、所需的知识和技能等。在整理和分析过程中,应注意保持信息的客观性和准确性。

(六) 编写工作说明书

根据整理和分析的结果,编写工作说明书。工作说明书是工作分析的重要成果之一,它详细描述了职位的职责、要求和工作关系。工作说明书应简洁明了、易于理解,并应包含必要的信息以便后续使用。一份合格的工作说明书通常包括以下内容。

1. 职位基本信息

职位基本信息主要是让人们能清晰地知道该职位在组织中的位置和层级关系,具体包括以下内容:

(1) 职位名称。工作说明书应明确标明职位的正式名称。

(2) 职位代码。为了内部管理的需要,工作说明书应为每个职位设定唯一代码。

(3) 所属部门。工作说明书应明确该职位所属的部门或组织单位。

2. 职位概要

职位概要应简要描述该职位的主要职责和工作目标,使人们对该职位的核心任务有一个总体的了解。

3. 工作职责

工作职责应详细列举该职位的主要工作职责和任务,包括日常工作和特定项目任务,以及需要承担的责任和权力。这些职责应当与职位的主要工作目标相一致,确保职位的工作能够聚焦于组织的核心业务。

4. 工作权限

工作权限应描述职位在执行工作任务时所拥有的权限范围,包括决策权、审批权等建议权。这些权限应当与职位的职责相匹配,确保职位能够在规定的范围内有效地开展工作。

5. 工作条件

工作条件应描述该职位工作时间、工作地点、工作环境等相关条件,具体如下:

(1) 工作时间,描述职位的工作时间安排,如全职、兼职、轮班等。

(2) 工作地点,描述职位的具体工作地点。

(3) 工作环境,描述职位所处的物理环境,如办公室、工厂、现场等,以及可能面临的工作环境条件,如噪声、温度等。

(4) 工作设备,描述职位所需使用的工具、设备或软件等。

6. 能力要求

能力要求应明确详细地规定担任该职位所需具备的知识、技能、素养等方面的基本要求和条件,具体如下:

(1) 学历背景,即应聘者应具备的学历水平及专业背景。

(2) 工作经验,即对应聘者的工作经验要求,如行业经验和职位经验等。

(3) 技能和知识,即应聘者应具备的技能和知识,如技术能力、沟通能力、团队协作能力等。

(4) 个人素质,即对应聘者的个人素质要求,如责任心、主动性、创新能力等。

7. 行为标准

行为标准描述员工在职位上应当遵守的行为规范和职业道德标准,包括遵守公司规章制度、保护公司机密、尊重他人等方面的要求。这些标准应当能够引导员工在职位上表现出良好的职业行为和道德风范。

8. 绩效标准

绩效标准应明确职位工作的绩效标准和评估方法,以便对员工的工作绩效进行客观、公正的评估。这些标准包括工作质量、工作效率、客户满意度等。

9. 职业发展路径

职业发展路径描述该职位的职业发展方向和晋升机会，包括可能的晋升职位、晋升条件和职业发展建议等。这有助于员工了解自己在组织中的职业发展方向和晋升机会。

（七）审核和修改工作说明书

将编写好的工作说明书提交给相关部门或人员进行审核和修改。审核和修改的目的是确保工作说明书的准确性和适用性。在审核和修改过程中，应充分听取各方面的意见和建议，并进行必要的调整。

（八）发布和应用工作说明书

经过审核和修改后，企业正式发布工作说明书并将其应用于实际工作中。工作说明书的应用范围可能包括招聘、选拔、培训、绩效考核、薪酬管理等方面。在应用过程中，企业应不断收集反馈并进行必要的修订和完善。

（九）评估和监控工作分析的效果

最后，企业对工作分析的效果进行评估和监控。这可以通过比较工作分析前后的数据、收集员工和管理者的反馈等方式进行。评估和监控的结果可以为后续的工作分析提供改进建议和方向。

第3节 人员招聘和员工录用

在中国共产党第二十次全国人民代表大会上，习近平总书记提出，"必须坚持科技是第一生产力、人才是第一资源、创新是第一动力"。国家之所以将人才建设放在如此重要的地位，就是因为人才决定了整个国家的发展前途。同样，企业员工的质量会影响一家企业的生存和发展。对企业而言，人才的招聘与录用同样非常重要。

一、人员招聘的基本原则

招聘是组织为了实现其发展目标，根据人力资源规划和工作分析的要求，寻找、吸引那些有能力又有兴趣到本组织任职的人员，并从中选出适宜人员予以录用的过程。它是企业获得合格人才的主要渠道。

招聘不仅是为了填补岗位的空缺，更是为了寻找和吸引那些与组织文化、价值观和发展战略相契合的人才。因此，在招聘过程中，需要遵循以下一些原则。

（一）公平公正原则

这是招聘的基础。组织对所有应聘者都应一视同仁，不应因种族、性别、年龄、宗教、国籍、婚姻状况、身体状况、政治观点或任何其他与工作无关的个人特征而歧视应聘者。

（二）能力导向原则

招聘应主要基于应聘者的能力、技能、知识和经验，而不是基于其背景或身份。组织应该评估应聘者是否具备完成特定岗位所需的必要工作能力。

(三) 透明度原则

招聘过程应该公开透明,所有相关信息(如职位描述、招聘流程、选拔标准等)都应向公众公开。这有助于提升组织的公信力,吸引更多的优秀应聘者。

(四) 多样性和包容性原则

组织应该积极寻求多样性和包容性,从不同背景、不同文化的应聘者中选拔人才。这有助于组织构建更加多元化、包容性更强的团队,提高组织的创新能力和竞争力。

(五) 双向选择原则

招聘是一个双向选择的过程,组织在选择应聘者的同时,应聘者也在选择组织。组织应该尊重应聘者的选择权,同时,也应该根据自身的发展需要和岗位要求来选拔人才。

(六) 效率优先原则

在招聘过程中,组织应尽可能提高效率,减少不必要的环节和时间成本。同时,组织也应该确保招聘流程的严谨性和规范性,确保选拔出的人才符合组织的期望和要求。

(七) 合法合规原则

人员招聘必须符合国家的有关法律法规和政策。在招聘过程中,组织应该遵循相关的劳动法律法规,确保招聘过程的合法性和合规性。

二、人员招聘的渠道

人员招聘是组织获取优秀人力资源的关键环节,而招聘渠道和方式的选择直接影响招聘的效果和效率。一般企业都是通过内部和外部两个渠道来招聘员工。

(一) 内部招聘

内部招聘是组织首先考虑的招聘渠道之一,其优势在于能够激发员工积极性、降低招聘成本并快速填补岗位空缺。具体方式如下:

(1) 内部晋升。通过评估员工在现有岗位上的工作表现、能力和潜力,组织选拔适合的员工晋升到更高层级的岗位。

(2) 岗位轮换。组织将员工从当前岗位调整到组织内部的其他岗位,以丰富其工作经验、提高其综合能力,并为其职业发展提供更多可能性。

(3) 内部推荐。组织鼓励员工推荐符合组织要求的外部人才,通过内部员工的介绍和推荐,提高招聘的精准度和效率。

内部招聘在人力资源管理中具有明显的优点:

首先,内部招聘能够有效激励员工,提高士气,因为它为员工提供了职业发展和晋升的机会。

其次,这种招聘方式能显著降低招聘成本,减少了广告费和中介费等成本,并减少了新员工培训和适应期的投入。

最后,由于内部员工已熟悉公司文化和业务流程,他们能够更快地融入新岗位,提高了招聘效率。最后,内部招聘有助于增强组织凝聚力,传递组织重视内部人才、鼓励员工发展的价值观。

然而,内部招聘也存在一些不可忽视的缺点。长期依赖内部招聘可能导致组织思维固化,员工之间可能形成固定的思维和工作模式,难以适应外部环境变化。同时,内部招聘可能会导致组织忽视外部市场的优秀人才,限制新思维和新方法的引入。此外,内部招聘还可能引发员工之间的竞争和不满,影响团队合作。在某些情况下,内部招聘还可能涉及利益冲突,影响组织的公信力和稳定性。

(二) 外部招聘

外部招聘是组织获取人才的重要途径,其招聘渠道比较多样化。外部招聘方式一般有以下几种途径:

(1) 招聘网站和社交媒体。这是当今最常见的外部招聘方式。组织可以通过各大招聘网站(如智联招聘、前程无忧等)或社交媒体平台(如 LinkedIn、微博等)发布招聘信息,吸引符合条件的求职者投递简历。招聘网站专业性强,社交媒体用户广泛,两者的信息覆盖面大,容易被求职者搜索浏览到,信息传递也相对便捷,这样就大大提高了招聘的时效性和有效性。

(2) 校园招聘。组织可以通过参加校园招聘会、发布校园招聘信息等方式,吸引优秀的高校毕业生加入。校园招聘能针对特定的学校专业学历层次进行招聘,有助于企业更精确地找到具备企业所需技能的候选人。校园招聘的对象主要是即将毕业的学生,他们通常具有较高的学习能力和适应能力,能够快速适应企业文化和工作环境,具有较强的可塑性。

(3) 专门的职业介绍机构,如人才交流中心、猎头公司等。人才交流中心掌握的人才资源信息比较丰富;猎头公司则专注于为组织寻找高端人才,他们拥有丰富的行业资源和专业的人才筛选能力,能够帮助组织快速找到合适的人选。

(4) 广告招聘。组织可以在报纸、杂志、电视、广播等媒体上发布招聘广告,吸引广大求职者关注。

外部招聘的优点是,招聘新鲜血液能够为企业带来新的思想和活力,有利于企业拓宽视野。同时,外部招聘面向的受众范围广,招聘方式灵活,可以为企业招聘到更优秀的人才。此外,当企业需要招聘专业技术人才和管理人才时,外部招聘通常比内部招聘更快。

外部招聘的缺点在于,广告费用、招聘会费用、面试成本等会导致外部招聘成本较高。此外,其还存在招聘周期长、招聘质量不稳定、新员工需要适应企业文化等问题。

由于内外部招聘方式各有优缺点,所以组织需要权衡各种方式的优缺点,根据自身需求选择合适的方式。一般来说,大多数企业都实行内外并举的招聘方式。如果一家企业的外部环境与竞争情况变化非常迅速,它在开发利用内部人力资源的同时,就必须侧重于利用外部人力资源。通常而言,内部选拔的重点对象是管理人才,而外部选拔的重点对象是技术人才。

(三) 其他招聘方式

除了以上提到的招聘渠道和方式,还有一些其他方式可供选择,如大型招聘会、定向招聘(针对如退伍军人、残疾人等特定群体,体现组织的公益性和社会责任感)等。

三、人员招聘的测评方式

人员招聘的测评旨在全面、准确地评估员工的各项能力和潜力,以确保企业人力资源的优化配置和合理利用。以下是几种常用的人员招聘的测评方法。

(一) 笔试

笔试是通过让应聘者在试卷上用笔答试题的方式,测试其基础知识、专业知识、管理知识、相关知识,以及综合分析能力、文字表达能力等素质及能力的测评方法。这种方法可以在短时间内对应聘者进行大规模的初步筛选,具有成本较低、效率较高的特点。同时,笔试的结果也具有较高的客观性和公正性。

(二) 面试

面试是通过考官与应聘者双方面对面的交谈与观察,了解应聘者的基本素质与综合能力的测评方式。面试的种类有很多,如结构化面试、非结构化面试、压力面试等。面试可以深入了解应聘者的思维方式、口头表达能力、人际交往能力等,有助于企业更全面地评估应聘者的综合素质。比较常用的面试主要有三类,即开放式面试、半结构式面试和结构式面试。

(1) 开放式面试是一种相对自由、灵活的面试方式,主考官在面试过程中可以根据应聘者的回答和表现,自由调整问题的深度和广度,以深入了解应聘者的能力、经验和潜力。

(2) 半结构式面试是介于结构化面试和开放性面试之间的一种面试方式,它既有固定的面试问题和评分标准,也允许主考官根据应聘者的回答和表现进行一定程度的灵活调整。

(3) 结构式面试是一种高度标准化的面试方式,它遵循预定的程序和步骤,采用统一的评分标准和评分方法,对应聘者进行全方位的评估。

三种招聘方式的应用场景有所不同：在需要初步筛选应聘者和招聘某些需要高度标准化评估的职位人员时,结构式面试是一种非常合适的面试方式。半结构式面试应用比较广泛,它适用于大多数职位的招聘,可以在保证公正性和客观性的同时,实现个性化的面试评估,提高招聘效率和质量。目前,开放式面试的方式被许多企业认可,如压力面试、情景面试、行为面试、无领导小组讨论等面试也被大量应用。这类面试方式通常用于企业选拔具有某些特质的人才,如招聘高级职位或需要特殊技能和经验的职位等。

(三) 心理测验

心理测验是通过一系列的科学方法测量被评者的智力水平和个性方面差异的测评方式。心理测验的种类很多,如智力测验、能力倾向测验、人格测验等。心理测验可以帮助企业了解应聘者的潜在能力和性格特征,为企业提供更全面的评估依据。

(四) 评价中心技术

评价中心技术是把受评人置于一系列模拟的工作情景中,由专业考评人员对其各项能力进行考察或预测,了解其是否胜任该岗位要求的测评方式。该方式的核心技术是情景模拟测验,主要包括文件筐测验、无领导小组讨论、管理游戏、角色扮演等。评价中心技术具有综合性强、预测准确等特点,可以帮助企业更准确地评估应聘者的潜力和适应性。

(五) 360 度反馈

360 度反馈是一种从多个角度获取关于员工绩效反馈信息的测评方式,包括员工的上级、同事、下级和客户等。这种方式可以全面了解员工的优点和不足,为员工提供个性化的反馈和发展建议。同时,360 度反馈也有助于促进员工之间的沟通和协作,提高团队的整体绩效。

四、员工录用

应聘者经过初选、笔试、心理测试、面试等环节的选拔之后,就进入录用环节。录用环节包括录用决策、签订劳动合同、员工试用及正式录用等。

(一)录用决策

决策者根据选拔评价过程中产生的信息进行综合评价与分析,确定每一个候选人的素质、能力和特点,根据预先设计的员工录用标准进行挑选,选择出最合适的员工予以录用。

(二)签订劳动合同

劳动合同是劳动者与用人单位确立劳动关系,明确双方权利和义务的协议。用人单位与劳动者建立劳动关系,必须按国家劳动法规定签订劳动合同。劳动合同依法订立即具有法律约束力,当事双方必须履行劳动合同所规定的义务。

(三)员工试用

试用是对新员工能力和素质的进一步考核。员工试用就是一个双方互相了解的过程,即让公司和新员工都能更清楚地认识彼此。在试用期间,公司应当通过培训、参观、指导等方式使新员工了解企业基本情况、部门和工作岗位情况及企业规章制度等,帮助新员工更好地适应工作。

对于试用期,我国《中华人民共和国劳动法》有明确规定。一般来说,如果劳动合同期限是3个月以上但不满1年的,试用期就不能超过1个月;如果劳动合同期限是1年以上但不满3年的,试用期就不能超过2个月;而3年以上固定期限和无固定期限的劳动合同,试用期最长也不能超过6个月。企业应该严格按《中华人民共和国劳动法》的规定安排新员工的试用期。

(四)正式录用

当新员工试用期满后,如果其工作表现和能力符合正式录用的条件,企业就可以将其转为正式员工。人力资源部门应完成以下主要工作:员工试用期的考核鉴定;根据考核情况进行正式录用决策;与员工签订劳动合同;给员工提供相应的待遇等。

第4节 员工培训

一、员工培训的意义

人是生产力诸因素中最重要的因素。一个企业能否发展壮大,归根结底取决于员工素质的高低。员工素质的提高,一方面来自员工个人在工作中不断钻研探索和积累经验,另一方面来自企业开展的有组织、有计划的教育培训。

员工培训作为组织发展和人力资源管理的重要环节,旨在通过系统性、计划性的教育和训练活动,提升员工的知识、技能,为公司的发展作出更大的贡献。发达国家的优秀企业毫无例外地重视人员培训。统计数据显示,发达国家企业的员工培训投资大多占到工资总额的10%～15%。对282家企业的调查结果显示,我国员工培训经费仅占到工资总额的2.2%,远远低于发达国家。不过,目前我国大部分企业也逐步认识到员工培训的重要意义。员工培训主要具有以下意义:

(1) 提高员工工作能力。员工培训是提高员工工作能力的关键途径。通过培训,员工能够不断更新知识,掌握新的技能,提升工作效率和创新能力,为公司带来更高的经济效益。

(2) 增强团队协作。员工培训有助于增强员工的团队协作能力和凝聚力。在培训过程中,员工之间能够加深了解,增强相互之间的信任和合作,形成更加紧密的工作关系,从而提升团队整体绩效。

(3) 提升综合素质。员工培训有助于提升员工的职业素养。通过培训,员工能够更加明确自己的职业责任和使命,树立良好的职业形象。

(4) 调动员工积极性。员工培训是公司对员工的一种投资,能够增强员工的归属感和忠诚度。同时,员工自身也有充实提升自己的要求。国内外大量事实表明,安排员工参加培训、去其他岗位挂职、到先进公司学习,以及脱产深造进修等,都是满足员工提升自我能力需求的途径。经过培训的员工不仅提高了素质能力,也改善了工作态度,提高了工作积极性。

二、员工培训的种类

员工培训的种类繁多,每种培训方式都有其独特的目标和效果,以适应不同的培训需求和员工发展阶段。以下是几种常见的员工培训种类。

1. 新员工入职培训

新员工入职培训是员工进入企业后接受的第一项培训,旨在帮助员工快速了解企业的基本情况、文化理念、规章制度和工作环境,以便尽快适应新岗位。该培训通常包括企业介绍、企业文化、职业行为规范和工作流程等内容。

2. 岗位技能培训

岗位技能培训是针对员工具体工作岗位所需的技能进行的培训,涉及行业知识、专业知识、操作技能等方面,旨在提高员工的专业技能水平和工作效率。

3. 管理能力培训

管理能力培训是针对具备一定管理职责的员工进行的培训,旨在提高员工的管理能力和领导水平。培训内容可能包括团队管理、项目管理、沟通技巧、决策能力等方面,以帮助员工更好地进行管理,提升团队绩效。

4. 职业素养培训

职业素养培训是针对员工职业素养和职业道德进行的培训,旨在提高员工的综合素质和职业道德水平。培训内容可能包括职业道德、职业心态、职业形象、职业礼仪等方面,以帮助员工树立正确的职业观念,提高职业修养。

5. 在线培训

随着科技的发展,在线培训逐渐成为员工培训的一种重要方式。在线培训具有灵活、便捷、成本低等优点,员工可以随时随地通过网络平台进行学习。培训内容可以涵盖各种知识和技能,满足员工个性化的学习需求。

6. 外部培训

外部培训是指企业组织员工参加由外部机构或专家提供的培训课程。这种培训方式能够引入外部的专业知识和经验，为员工提供更广阔的视野和学习机会。外部培训可能涉及行业前沿知识、新技术、新理念等方面，有助于员工保持竞争力并为企业带来新的发展动力。

在线培训和外部培训更多的是指培训方式。随着科技发展，员工培训的方式越来越丰富，每种培训方式都有其独特的优势和适用范围。企业应根据员工的需求和企业的实际情况选择合适的培训内容和培训方式，以提高员工的综合素质和工作能力，推动企业的持续发展。

三、员工培训的流程

为确保培训活动的顺利进行，并达到预期的培训效果，培训要系统化、结构化开展。通常员工培训流程包括以下五步。

1. 培训需求分析

培训流程的第一步是进行培训需求分析。这一步的目的是明确培训的目标和期望结果，确定员工在知识、技能、态度等方面存在的差距，以及企业或部门对员工的培训需求。应通过问卷调查、访谈、绩效评估等方式收集数据，对员工的培训需求进行全面分析。

2. 制订培训计划

在明确培训需求后，接下来是制订培训计划。培训计划应包含培训目标、培训内容、培训方式、培训时间、培训地点、培训预算等方面的信息。培训计划应具有可操作性和针对性，确保培训活动的顺利进行，并达到预期的培训效果。

3. 设计培训课程

根据培训计划来设计培训课程是培训流程中的关键步骤。培训课程应围绕培训目标展开，内容应具有实用性和针对性，能够解决员工在知识、技能、态度等方面存在的问题。同时，课程的设计应注重互动性和趣味性，以激发员工的学习兴趣和积极性。

4. 实施培训活动

在培训课程设计完成后，员工培训便进入实施培训活动的阶段。这一阶段需要按照培训计划进行，确保培训活动的顺利进行。在实施过程中，企业应注意培训方式的选择和运用，以及培训过程中的互动和反馈。同时，企业还需要对培训进度进行监控和调整，确保培训活动的顺利进行。

5. 培训效果评估

培训效果评估是培训流程中的重要环节。通过评估，企业可以了解员工对培训内容的掌握情况，以及培训活动是否达到预期的效果。评估方法可以包括问卷调查、考试、绩效评估等方式。根据评估结果，企业可以对培训活动进行总结和反思，提出改进意见和建议，为之后的培训活动提供参考。

另外，在培训活动结束后，企业应对员工进行后续的跟进和指导，帮助他们将所学知识应用到实际工作中。同时，企业还需要对培训成果进行追踪和反馈，了解员工在实际工作中的表现和成长情况。对于培训效果不理想的员工，企业可以进行有针对性的辅导和支持，帮助他们提升能力和素质。

第 5 节　绩效考核和薪酬管理

一、绩效考核

绩效考核是企业人力资源管理的核心职能之一，在企业管理中扮演着重要的角色。它不仅能够帮助企业明确目标导向、促进员工个人发展，同时，绩效评估结果可以为衡量企业人力资源使用效率提供依据，还能够提升企业的整体绩效和市场竞争力。因此，企业应该重视绩效考核工作，建立科学、公正、有效的绩效考核体系，为企业的发展提供有力支持。

（一）绩效考核的概念

绩效考核作为一种科学的管理工具，旨在全面、客观、公正地评估员工在特定时期内的工作表现、能力和成果。它通过对员工工作绩效的系统衡量和比对，以达成个人、部门和组织的业绩目标为基准，对员工进行定量和定性的评价。

（二）绩效考核的程序

绩效考核成功与否，在很大程度上取决于考核系统的设计、考核方法及考核实施过程的科学性、严密性。完整的绩效考核过程一般包括设定绩效目标和标准、制订绩效考核计划、收集绩效数据和信息、进行绩效评估和评分、进行绩效反馈和面谈、制订绩效改进计划，以及使用绩效考核结果等步骤。

1. 设定绩效目标和标准

绩效考核的首要步骤是明确绩效目标和标准。企业应根据战略目标和业务计划，结合各部门和岗位的职责，设定具体的绩效指标和评价标准。这些目标和标准应具体、可衡量、可达成，并与员工的个人职业发展和企业整体目标相一致。

2. 制订绩效考核计划

在设定绩效目标和标准之后，需要制订绩效考核计划。该计划应明确考核的时间周期、考核的方式和方法、考核的参与人员以及考核的流程和步骤。同时，还需要制定考核结果的反馈和申诉机制，确保评估过程的公正性和透明度。

3. 收集绩效数据和信息

在实施绩效考核之前，需要收集员工的绩效数据和信息。这些数据和信息应包括员工的工作成果、工作表现、工作态度、团队合作和创新能力等方面的情况。企业可以通过员工自评、同事互评、上级评价等多种方式收集数据和信息，确保评估的全面性和客观性。

4. 进行绩效评估和评分

在收集到足够的绩效数据和信息后，企业可以开始进行绩效评估和评分。评估人员应根据设定的绩效目标和标准，对员工的工作表现进行客观、公正的评价，并给出相应的评分。评分结果应体现员工在各项绩效指标上的表现情况，并与绩效目标和标准进行对比分析。

5. 进行绩效反馈和面谈

绩效评估完成后，企业应及时向员工反馈评估结果。在反馈过程中，企业应与员工进行面对面的沟通,让员工了解自己在工作中的优点和不足,以及需要改进和提升的方面。同时,企业还应听取员工的意见和建议,共同探讨解决问题的方案和方法。

6. 制订绩效改进计划

针对员工在绩效考核中暴露出的不足和问题,企业应制订具体的绩效改进计划。该计划应明确改进的目标、措施、时间表和责任人,并跟踪改进计划的实施情况,确保改进效果的达成。

7. 使用绩效考核结果

使用绩效考核结果是绩效考核程序的最后一步。企业应将考核结果作为员工晋升、加薪、奖金等激励措施的依据,激发员工的工作积极性和创造力。同时,企业还应将考核结果作为优化人员配置、提高运营效率、增强竞争力的参考依据,为企业的发展提供有力支持。

(三) 绩效考核的方法

绩效考核的方法是企业用于评估员工工作表现的一系列工具和策略,旨在确保评估的公正性、准确性和有效性。以下是企业常用的几种绩效考核方法。

1. 目标管理法

目标管理法(MBO)是一种基于员工与企业共同制定的目标进行绩效考核的方法。企业与员工先一起设定明确、可衡量的绩效目标,并将这些目标分解为具体的行动计划和时间表。在考核期间,员工按照既定的目标进行工作,而企业则根据员工达成目标的程度来评估其绩效。这种方法强调员工的自我管理和自我驱动,有助于提升员工的工作积极性和自主性。

2. 360度反馈法

360度反馈法是一种从多个角度收集员工绩效信息进行绩效考核的方法。除传统的上级评价外,还应收集同事、下属以及客户等外部利益相关者的评价。通过广泛收集不同角度的反馈,企业可以更全面地了解员工在工作中的表现、优点和不足,从而更准确地评估员工的绩效。这种方法有助于促进员工之间的合作和沟通,提升团队的整体效能。

3. 关键绩效指标法

关键绩效指标法(KPI)是一种基于关键成功因素进行绩效考核的方法。企业根据业务战略和目标,确定关键绩效指标,这些指标通常与企业的核心竞争力、市场地位和客户需求密切相关。在考核期间,企业根据员工在关键绩效指标上的表现进行评分,从而评估员工的绩效。这种方法有助于企业聚焦核心业务,确保员工的工作与企业的战略目标保持一致。

4. 行为锚定等级评价法

行为锚定等级评价法(BARS)是一种基于员工行为表现进行绩效考核的方法。企业首先设定一系列与员工绩效相关的行为标准,并为每个标准设定不同的等级。在考核期间,评估人员根据员工在各项行为标准上的表现进行评分,并将评分结果与设定的等级进行对应。这种方法有助于企业明确员工在工作中应展现的行为和态度,从而引导员工形成良好的工作习惯。

5. 平衡计分卡法

平衡计分卡法(BSC)是一种综合性的绩效考核方法。它从财务、客户、内部运营和学习与成长四个维度来评估企业的绩效。在员工绩效考核中,企业可以根据这四个维度设定相应的绩效指标,并根据员工在这些指标上的表现进行评分。这种方法有助于企业从多个角度全面评估员工的绩效,从而更准确地反映员工的工作贡献和价值。

二、薪酬管理

薪酬管理是企业整体人力资源管理体系中的重要组成部分。薪酬管理是一个动态的管理过程,旨在实现薪酬管理目标,这些目标通常基于人力资源战略设立,而人力资源战略又服从于企业发展战略。通过合理的薪酬管理,企业可以吸引和留住人才,保障员工的合法权益,降低企业成本,从而增强企业的竞争力。

(一)薪酬概述

薪酬是指员工因向所在的组织提供劳务而获得的各种形式的酬劳。薪酬不仅包括员工因完成工作而得到的货币报酬,即工资或奖金等形式的直接收入,而且包括员工得到的间接收入,如福利、企业为员工上缴的社会保险金等。薪酬作为员工在组织中投入劳动的报酬,必须是组织支付给员工的劳动所得,这种劳动包括脑力劳动和体力劳动。从广义上讲,薪酬包括工资、奖金、休假等外部回报,也包括参与决策、承担更大的责任等内部回报。

一般而言,我们常说的薪酬是指经济性薪酬,包括直接薪酬和间接薪酬两种形式。直接薪酬是员工薪酬的主体组成部分,包括员工的基本工资、奖金、津贴、加班费等以现金或现金等价物支付的报酬;而间接薪酬则主要包括福利,是为员工提供的各种保险待遇、非工作日工资、额外的津贴和其他服务,如单身公寓、免费工作餐等。

1. 直接薪酬

直接薪酬包括以下内容:

(1)基本工资。基本工资是薪酬结构中的固定部分,通常根据员工的职位、工作经验、学历等因素确定,是员工收入的主要来源。

(2)奖金与津贴。奖金是企业根据员工的工作绩效或组织的整体业绩而支付的额外报酬,具有激励作用;津贴则是企业为了补偿员工在特殊工作环境或特殊工作条件下所付出的额外劳动而支付的报酬。

(3)股权。对于高层管理人员或关键岗位员工,企业可能会采用股权激励的方式,如员工持股计划、股票期权等,以激发员工的长期工作热情和忠诚度。

2. 间接薪酬

间接薪酬是指企业为员工提供的,除直接薪酬外的一切物质待遇。由于经营状况不同,企业会根据具体情况选择不同的间接薪酬方式,比较常见的有医疗保险、失业保险、养老保险、住房津贴、交通费等。

除物质报酬外,企业还可能提供非物质激励,如职业发展机会、培训学习、荣誉称号等,以满足员工的精神需求,提升员工的自我价值和成就感。

(二)薪酬管理的主要内容

薪酬管理作为人力资源管理体系的核心组成部分,其主要内容涵盖了多个方面,以确保企业薪酬策略的有效实施和员工的合理激励。

1. 薪酬体系设计

薪酬体系设计是薪酬管理的基石,它涉及确定薪酬结构、薪酬水平和薪酬支付方式等。

企业需要根据自身的战略目标、业务特点、市场环境和员工需求,设计合理的薪酬体系,以激励员工积极工作,并为企业的发展贡献力量。

2. 薪酬水平确定

薪酬水平是指企业支付的薪酬在市场上的相对位置,它直接影响企业的竞争力和员工的满意度。薪酬水平的确定需要考虑多个因素,如企业规模、行业水平、员工能力和职位价值等。企业需要定期进行市场薪酬调查,了解行业薪酬水平,确保自身薪酬水平的合理性和竞争力。

3. 薪酬结构设计

薪酬结构是指薪酬的组成部分及其比例关系,它反映了企业对不同职位、不同能力的员工的价值认同。薪酬结构的设计需要平衡固定薪酬和浮动薪酬的比例,确保员工既有稳定的收入,又有足够的激励去提升工作绩效。同时,薪酬结构的设计还需要考虑不同职位之间的薪酬差异,确保内部公平性。

4. 薪酬调整与支付

薪酬调整是指根据员工的绩效、能力、市场薪酬水平等因素,对员工薪酬水平进行定期或不定期的调整。薪酬调整旨在激励员工提升工作绩效,同时也体现了企业对员工能力和贡献的认可。薪酬支付则是按照薪酬体系和薪酬水平,按时足额地支付员工薪酬,保障员工的合法权益。

5. 薪酬激励与福利管理

薪酬激励是薪酬管理的重要手段之一,它通过设定激励性的薪酬政策,如奖金、提成、股票期权等,激发员工的工作热情和积极性。福利管理则是企业为员工提供的一种额外薪酬形式,包括社会保险、住房公积金、带薪休假、节日福利等。福利能够增强员工的归属感和忠诚度,提高员工的满意度。

6. 薪酬沟通与反馈

薪酬沟通与反馈是薪酬管理的重要环节。企业需要与员工进行充分的薪酬沟通,解释薪酬体系的设计原则、薪酬水平的确定依据和薪酬激励的政策等,以增强员工对薪酬管理的理解和认同。同时,企业还需要建立有效的薪酬反馈机制,及时了解员工对薪酬管理的意见和建议,不断完善和优化薪酬管理体系。

拓展资料

蒙牛集团:以薪酬激励促发展

成立于1999年的蒙牛集团,总部位于内蒙古呼和浩特。经过20多年的发展,蒙牛集团已成为全球乳业七强之一,2021年营业收入达881.42亿元。蒙牛集团在人力资源管理和员工薪酬激励方面有其成功之处,该公司非常看重员工体验。

蒙牛集团的薪酬管理主要通过全面薪酬体系和年终薪酬回顾来实现。在全面薪酬体系方面,蒙牛集团注重内部员工引导,强化薪酬体现,同时注重激励产品交付,通过多样化、多层次的激励措施提高员工福利感知度。具体来说,蒙牛集团会根据企业各业务模块发展阶段和业务属性,有针对性地制定绩效考核体系,注重激励的及时性和长期性,并以产品交付思维进行员工关怀,在员工全职场周期的各个场景中打造相应的产品,满足员工的实际需求。在年终薪酬回顾方面,蒙牛集团通过对内考核员工岗位匹配度和薪酬匹配度,对外分析同行业薪酬数据,为下阶段调薪提供参考。尽管目前蒙牛集团采用人工核算方式进行年终薪酬回顾,但未来其希望开发简单的自动化流程,提高工作效率和准确性。

通过这些薪酬管理措施,蒙牛集团成功吸引了优秀人才的加入,激发了员工的工作积极性,为企业的发展奠定了良好的基础。

(三) 薪酬成本的控制
1. 人工成本分析指标体系

人工成本分析指标体系主要分三类:一是人工成本总量指标;二是人工成本结构性指标;三是人工成本效益指标。

1) 人工成本总量指标

人工成本总量指标反映的是企业人工成本的总量水平。

不同企业的职工人数不同,因此常用人均人工成本来反映企业人工成本水平的高低。该指标可以反映企业聘用一名职工大致需要多少人工成本支出,企业在劳动力市场上对于人才的吸引力有多大等。

人均人工成本能够反映企业职工的工资和保险福利水平,也就能作为企业向劳动力市场提供的劳动力价格信号。企业要提高职工的劳动积极性,吸引高素质的劳动者到企业来,就需要建立人均人工成本指标,以便企业对人工成本水平进行更全面的分析和控制。

2) 人工成本结构性指标

人工成本结构性指标是指人工成本各组成项目占人工成本总额的比例,它可以反映人工成本投入构成的情况与合理性。其中,工资占人工成本的比重是结构性指标中的主要项目。

3) 人工成本效益指标

人工成本效益指标又称人工成本分析比率型指标,是人工成本分析的核心指标,是进行企业人工成本分析控制常用的指标,是一组能够将人工成本与经济效益联系起来的相对数。

人工成本效益指标包括劳动分配率、人事费用率、人工成本利润率、人工成本占总成本比重。其中,劳动分配率、人事费用率为主要指标。

(1) 劳动分配率,是指人工成本总量与增加值的比率,表示在一定时期内新创造的价值中用于支付人工成本的比例。它反映分配关系和人工成本要素的投入产出关系。

(2) 人事费用率,是指人工成本总量与销售(营业)收入的比率,表示在一定时期内企业生产和销售的总价值中用于支付人工成本的比例。同时,它也表示企业职工人均收入与劳动生产率的比例关系、生产与分配的关系、人工成本要素的投入产出关系。它的倒数表明每投入一个单位人工成本能够实现的销售收入。

(3) 人工成本利润率,是指人工成本总额与利润总额的比率。它反映了企业人工成本投入的获利水平。

(4) 人工成本占总成本的比重,反映活劳动(活劳动是指物质资料生产过程中劳动者的脑力和体力的消耗过程)对物化劳动(物化劳动是指凝结在劳动对象中、体现为劳动产品的人类劳动)的吸附程度。这一比值越低,反映活劳动所推动的物化劳动越大;反之,活劳动所推动的物化劳动越小。其计算公式为:人工成本占总成本的比重=人工成本总额÷总成本×100%。该指标用于衡量企业人工成本高低和确定人工费用定额。各行业要素密集程度不同,分为资本密集型、技术密集型、劳动密集型,不同行业人工成本占总成本的比重可能存在很大差异。

2. 薪酬成本控制其他指标

（1）薪酬成本率。薪酬成本率是指薪酬成本占企业总成本的比例。通过监控薪酬成本率的变化,企业可以了解薪酬成本在总成本中的占比情况,从而评估薪酬成本控制的效果。

（2）人均薪酬水平。人均薪酬水平反映了企业员工的平均薪酬水平。通过比较不同部门、不同职位的人均薪酬水平,企业可以了解薪酬分配的合理性和公平性,从而调整薪酬策略。

（3）薪酬满意度。薪酬满意度反映了员工对薪酬的满意程度。通过调查员工的薪酬满意度,企业可以了解员工对薪酬的期望和看法,从而制定更符合员工需求的薪酬策略。

（4）薪酬与绩效的关联度。薪酬与绩效的关联度反映了薪酬激励的有效性。通过评估薪酬与绩效的关联度,企业可以了解薪酬激励措施是否有效,是否需要调整薪酬激励策略。

（5）薪酬成本变动趋势。薪酬成本变动趋势反映了薪酬成本随时间变化的趋势。通过监控薪酬成本变动趋势,企业可以预测未来薪酬成本的变化情况,从而提前制定应对措施。

练 习 题

一、单项选择题

1. 人力资源的形成、开发、使用都受到时间方面的限制,这反映了人力资源的( )。
   A. 不可剥夺性　　B. 时代性　　　C. 时效性　　　D. 再生性
2. 完整的工作分析人员组成为( )。
   A. 工作分析专家、主管和任职者　　B. 主管人员和职员
   C. 工作分析专家和在岗人员　　　　D. 主管领导和任职者
3. 一个完整的职位说明书所包含的主要内容是( )。
   A. 绩效指标和薪酬等级　　　　　　B. 工作描述和工作规范
   C. 绩效指标和工作规范　　　　　　D. 工作描述和薪酬等级
4. 组织制定人力资源规划的依据是( )。
   A. 社会的经济状况和政治局势　　　B. 社会的就业观念和失业人数
   C. 企业的地理位置和自然环境　　　D. 组织的战略目标和外部环境
5. 能够直接获得大量应聘者的相关资料,既节省招募费用,也缩短招募周期的招募方法是( )。
   A. 校园招募　　B. 人才交流会　　C. 广告招聘　　D. 职业介绍机构
6. 绩效管理的重心在于( )。
   A. 绩效考核　　B. 绩效比较　　　C. 绩效提升　　D. 绩效衡量
7. 培训中最普遍、最常见的方法是( )。
   A. 讲授法　　　B. 研讨法　　　　C. 案例分析法　D. 角色扮演法
8. 工作日志法又称工作写实法,是指任职者先按( )详细记录自己的工作内容与工作过程,再经过归纳、分析,达到工作分析的目的的一种方法。
   A. 大小顺序　　B. 难易顺序　　　C. 工作顺序　　D. 时间顺序
9. 下列有关薪酬的认识中,不正确的是( )。
   A. 薪酬是员工激励的重要手段
   B. 企业薪酬水平越高,员工工作的积极性越高
   C. 企业的薪酬管理政策要符合国家有关法律法规
   D. 有效的薪酬管理可以吸引和留住优秀的员工
10. 内部招聘的优点是( )。
    A. 使组织内对成员的培训投资取得回报
    B. 有较广泛的人才来源
    C. 避免组织内部那些没有提升到的人的积极性受挫,避免组织内部成员间的不团结
    D. 可以节省对主管人员的培训费用

二、判断题

1. 人力资源管理的目标是实现组织和个人的共同发展。　　　　　　　　　　( )
2. 绩效管理的目的是评估员工的工作表现。　　　　　　　　　　　　　　　( )
3. 培训与开发是提高员工绩效的重要手段。　　　　　　　　　　　　　　　( )

4. 薪酬管理的主要目的是控制成本。（　　）
5. 员工关系管理只关注员工的福利待遇。（　　）
6. 人力资源规划是人力资源管理的重要环节。（　　）
7. 招聘与选拔的主要任务是找到最合适的人才。（　　）
8. 职业生涯规划是员工个人的事情，与组织无关。（　　）
9. 人力资源管理只关注组织内部的人力资源。（　　）
10. 人力资源管理是一项独立的管理活动，与其他管理职能无关。（　　）

三、简答题
1. 简述人力资源的概念。
2. 简述工作分析的原则。
3. 简述人力资源规划应解决的基本问题。

四、论述题
试述人力资源成本的构成。

第 6 章 生 产 管 理

Chapter 6

思政园地

◎ 学习目标

- 理解并掌握生产管理的基本概念。
- 熟悉生产计划与生产控制的类型，能够制订合理的生产计划并有效执行。
- 理解先进生产管理理念对生产管理的影响，并探讨如何在实际生产中应用。

◎ 知识导图

生产管理
- 生产管理概述
  - 生产概述
  - 生产系统与生产子系统
  - 生产管理的概念、目标、要素和相关理念
- 生产计划和生产控制
  - 生产计划
  - 生产控制
- 生产过程
  - 生产过程的分类
  - 常见的生产组织方式及其特点
  - 组织生产过程的要求
  - 生产过程的空间组织和时间组织
- 生产管理的新特征和新理念
  - 生产管理的新特征
  - 生产管理的新理念

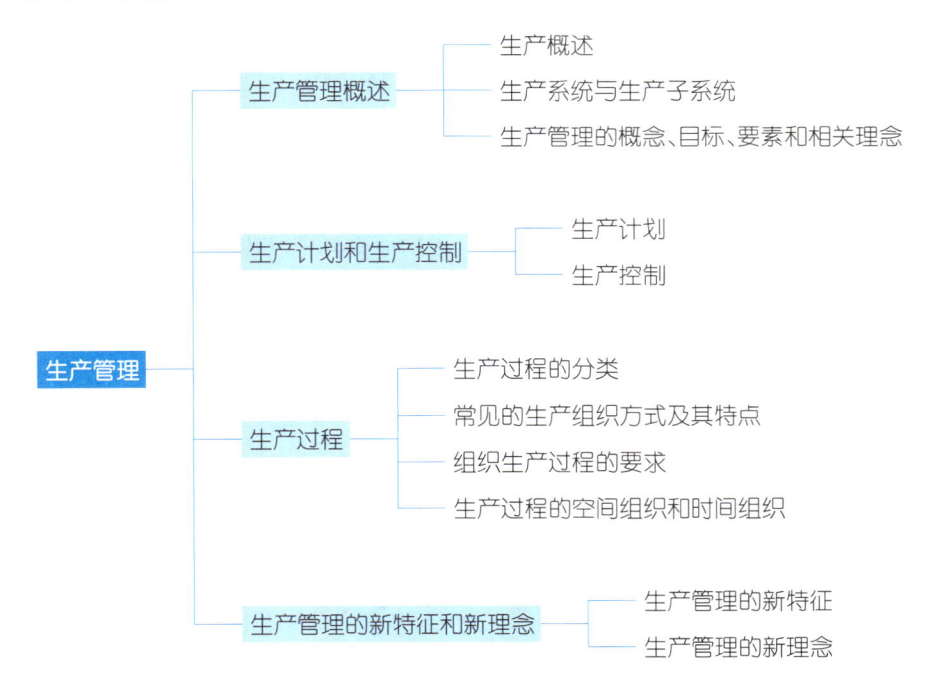

第1节　生产管理概述

生产管理是企业生产系统的设置和运行的各项管理工作的总称,即计划、组织、协调、控制生产活动的综合管理活动。它是企业最基本的活动之一,在企业运营中占据着重要的地位,不仅是企业实现生产目标的关键环节,更是企业提升竞争力和实现可持续发展的基础。在制造企业中,生产管理实质上就是管理人员运用一系列的措施与方法,保证生产车间生产的正常进行,使整个工厂处于稳定运行的状态。

一、生产概述

(一)生产的概念

从广义上来说,生产是人类从事创造社会财富的活动和过程。这不仅仅包括物质财富的创造,还包括精神财富的创造,甚至人自身的繁衍。

狭义的生产通常指的是创造物质财富的活动和过程。比如,农民在田地里辛勤耕耘,工人们在工厂里制造各种产品,这些都是狭义上的生产活动。这些活动通过利用劳动、土地、资本等生产要素,将原材料转化为商品或服务,满足人们的需求。

此外,在经济学中,生产也被定义为将投入转化为产出的活动,或者是将生产要素进行组合以制造产品的活动。

(二)生产的目的和要素

总的来说,生产就是为了满足人们的需要,推动社会的发展。通过生产各种生活必需品,如食物、衣物、住房等,满足人们的物质需求;通过生产更多样化、更高品质的产品和服务,提升人们的生活品质和幸福感。开展生产就要有生产要素,这些要素主要包括以下几个方面:

(1)劳动力,即进行生产活动的人,他们提供必要的劳动技能和劳动力,是生产活动的基础。

(2)劳动资料,包括生产工具、生产设备和生产场所等,这些资料是劳动者进行生产活动的物质手段。

(3)劳动对象,即被加工的物质资料,是生产过程中的原材料或半成品,其通过劳动者的加工和改造,变成人们所需要的产品。

除以上三个基本要素外,生产活动还需要考虑其他因素,如资金、技术、信息、管理等。这些因素在现代生产活动中扮演着越来越重要的角色,对生产效率和质量产生着深远的影响。

(三)生产的类型

生产类型主要根据生产工艺技术过程的连续程度、生产产品的重复程度、生产工业特点、产品定位策略,以及产量策略等多种因素进行划分。从生产管理的角度来讲,生产一般可分为制造型生产和服务型生产。

1. 制造型生产

制造型生产是通过物理作用和(或)化学作用将有形输入转化为有形输出的过程。

（1）按生产工业特点划分，制造型生产可分为连续型生产和离散型生产。连续型生产的物料均匀、连续地按一定工业顺序运动，而离散型生产的产品是由离散型的零部件装配而成的，两者的区别如表6-1所示。

表6-1 连续型生产和离散型生产

生产类型	生产特点	生产管理重点	典型产品
连续型生产	产品工艺加工过程相似，按工艺布置生产设备，车间、工段按工艺阶段划分	保证原材料、动力的连续、不断供应；加强维修保养；实施监控；保证生产安全	化工、炼油、冶金等
离散型生产	零件加工彼此独立，通过部件装配和总装形成产品，协作关系复杂；管理难度大	控制零部件的生产速度，保证生产的成套性	汽车、家电等

（2）按产品定位策略划分，制造型生产可以分为备货型生产和订货型生产。备货型生产是指根据市场需求有计划地进行产品开发和生产，如家用汽车、电冰箱等；订货型生产则是根据客户订单要求进行生产，如定制家具、定制服装等。备货型生产和订货型生产的对比如表6-2所示。

表6-2 备货型生产和订货型生产

生产类型	生产特点	生产流程	计划	库存	设备	人员
备货型生产	量大、标准、容易预测	稳定、标准、均衡	优化的标准计划	连续生产和市场的纽带	专用高效设备	专业化
订货型生产	量小、多变、难预测	不稳定、不标准、不均衡	近细远粗	不设成品仓库	通用设备	多种操作技能

（3）按产量策略划分，制造型生产可分为大量生产、成批生产和单件生产。

大量生产，即不断地重复生产品种一样的产品，如汽车生产流水线。

成批生产，即按批次进行生产，产品有一定的相似性，如电子产品、玩具等。

单件生产，即根据客户订单要求的特定规格和数量进行生产，如艺术品、特殊设备等。

大量生产、成批生产和单件生产的对比如表6-3所示。

表6-3 大量生产、成批生产和单件生产

生产类型	生产特点	应用场景	典型产品
大量生产	产品标准化、自动化程度高、生产效率高、成本低	适用于生产需求量大、规格统一、技术成熟、市场稳定的产品	汽车、家电、日用品等
成批生产	产品具有一定的相似性，但规格型号可能不完全相同，生产周期较长，成本相对较高	适用于生产需求较大、规格型号较多、市场需求变化较快的产品	电子产品、机械设备等
单件生产	品种繁多、数量少、规格复杂、生产周期长、成本高	适用于生产需求量较小、规格型号多、技术要求高的产品	重型机械、特殊设备、艺术品等

总的来说，制造型生产具有产品有形、大规模投资、劳动力需求大、生产过程复杂、柔性和与供应链紧密关联等特点。这些特点使得制造型生产在国民经济中占据着重要的地位。

2. 服务型生产

服务型生产又称非制造性生产，即生产者向消费者提供劳务，而不是制造有形产品。不制造有形产品不等于不提供有形产品。服务型生产的分类可以从多个角度进行。

1) 按是否提供有形产品划分

（1）纯劳务生产。这种服务型生产不提供任何有形产品。例如，咨询、法庭辩护、指导和讲课等服务，主要依赖于专业知识和技能的提供。

（2）一般劳务生产。与纯劳务生产不同，一般劳务生产会提供有形产品。例如，批发、零售、邮政、运输和图书馆书刊借阅等服务。提供的服务可能会涉及有形产品的流转。

2) 按顾客是否参与划分

（1）顾客参与的服务生产。这类服务需要顾客的参与才能完成。例如，理发、保健、旅游、客运、学校、娱乐中心等服务生产，没有顾客的参与，服务就无法进行。

（2）顾客不参与的服务生产。与前者相反，这类服务可以在没有顾客直接参与的情况下完成。例如，修理、洗衣、邮政、货运等。

3) 按劳动密集程度和与顾客接触程度划分

（1）大量资本密集服务，主要依赖于大量的资本投入，如金融服务、电信服务等。

（2）专业资本密集服务，需要高度专业知识和技术资本的服务，如法律咨询、医疗服务等。

（3）大量劳务密集服务，主要依赖于大量的人力资源，如餐饮业、零售业等。

（4）专业劳务密集服务，需要高度专业技能和劳务的服务，如设计、软件开发等。

4) 按服务性质划分

（1）生产性服务，是指与生产活动直接相关的服务，如物流、供应链管理、研发等。

（2）消费性服务，是指主要满足消费者个人或家庭需求的服务，如餐饮、旅游、娱乐等。

以上分类并不是绝对的，不同的服务型生产可能同时具备多个特征。由于服务具有无形性、生产与消费的同时性、顾客的参与性等特点，所以服务型生产的管理相对复杂，具有较大的挑战性。企业需要建立有效的服务流程，提高员工的服务意识和服务技能，加强与顾客的沟通和互动等，确保服务质量和顾客满意度。

二、生产系统与生产子系统

生产系统是指将生产要素投入、转换和产出（产品或服务）集成一体的活动。也就是说生产是一个整体，各个环节不能相互分离，但构成生产系统的各个环节仍然具备自身的特征。一个完整的生产系统包含投入、转换、产出及计划与控制等子系统。这些子系统之间相互关联、相互依存、共同协作。其具体关联影响的生产系统模型如图 6-1 所示。

生产系统可以被形容成一部将投入转换为预期产出的超级大机器，而各子系统是这个机器中的某一部分，它专注于某个特定的环节或功能。其中，生产转换子系统是生产系统的核心组成部分，扮演着将投入转换为预期产出的关键角色。具体来说，生产转换子系统是一个集合了企业人力、物力和财力的系统，它通过一系列有序的流程和操作，将原材料、能源、劳动力等生产要素转化为具有实际价值的产品和服务。所有企业至少有一个生产转换系统，只不过转换的形式不同，如表 6-4 所示。

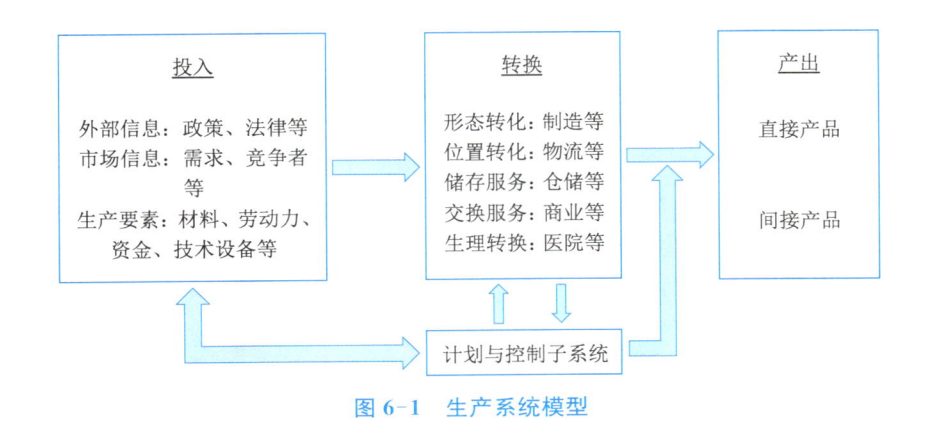

```
┌─────────────────────────┐      ┌─────────────────────────┐      ┌─────────────┐
│          投入            │      │          转换            │      │     产出     │
│ 外部信息：政策、法律等    │─────▶│ 形态转化：制造等          │─────▶│  直接产品    │
│ 市场信息：需求、竞争者   │      │ 位置转化：物流等          │      │             │
│        等                │      │ 储存服务：仓储等          │      │             │
│ 生产要素：材料、劳动力、 │      │ 交换服务：商业等          │      │  间接产品    │
│        资金、技术设备等  │      │ 生理转换：医院等          │      │             │
└─────────────────────────┘      └─────────────────────────┘      └─────────────┘
            ▲                              ▲
            └──────────────┬───────────────┘
                   ┌───────────────────┐
                   │  计划与控制子系统  │
                   └───────────────────┘
```

图 6-1　生产系统模型

表 6-4　　　　　　　　　　　不同企业生产转换系统比较

企业	主要投入	生产转换系统	产出
汽车	原材料、零部件、设备、人员、能源等	精加工和装配作业将投入转换成汽车（形态）	汽车
物流	载货汽车、燃料、载运货物、司机等	包装和运输货物到目的地（位置）	发送的物品
百货	顾客、柜台、商品、售货员等	吸引顾客、出售产品（交换）	出售的商品
会计师事务所	人员、信息、计算机、建筑物、办公用品等	整理资料、提供服务（信息）	审计报表、计税服务
餐厅	顾客、食材、厨师等	烹调食物和提供食物（生理和心理）	美味的食物和满意的顾客
医院	病人、医生、护士、药物、医疗设备等	诊断和治疗	康复的病人

在以上不同类型的转换中，属于实物形体形态转换的企业可归为制造业，而其他转换类型的企业则可归为服务业。通常人们习惯于把产出实物产品的制造过程称为生产，而将提供服务的服务型企业的生产转换过程称为运作。制造业与服务业的主要区别在于：从产出的产品来看，制造业产品是有形的，服务业产品是无形的；从投入来看，制造业投入的主体是物料，服务业投入的主体是人力；从转换过程来看，制造业属于资本密集型生产过程，而服务业通常属于劳动密集型生产过程。

在生产过程中，生产转换子系统不仅需要确保转换的效率和效果，还需要关注转换过程中的成本控制、质量控制，以及生产安全等方面的问题。同时，生产转换子系统还需要与生产系统中的其他子系统，如计划与控制子系统等紧密配合，以确保整个生产过程的顺畅进行。

三、生产管理的概念、目标、要素和相关理念

对于企业来说，生产管理就像人体里的心脏一样重要。它控制着企业的运作节奏，确保生产过程的顺利进行。没有好的生产管理，企业的生产系统就会失序乃至崩坏，生产效率和产品质量都会大打折扣。

(一)生产管理的概念

生产管理又称生产控制,是对企业生产系统的设置和运行的各项管理工作的总称。用通俗的语言来说,生产管理就是怎么组织、怎么计划、怎么控制整个生产过程,其不但要确保产品能按时、按质、按量地生产出来,并且还要让成本控制在合理范围内。

生产管理涉及多个方面,包括生产计划的制订、生产资源的调配、生产过程的组织与控制、生产质量的监督与管理、生产成本的控制与优化等。生产管理旨在通过科学的管理方法和手段,实现生产过程的优化,提高生产效率,降低生产成本,提升产品质量,以满足市场需求和客户需求。

在生产管理过程中,企业需要充分考虑市场需求、原材料供应、生产设备、人力资源等多方面的因素,制订合理的生产计划和生产组织方案。同时,企业还需要建立完善的生产控制系统和质量管理体系,确保生产过程的稳定性和产品质量的可靠性。

(二)生产管理的目标

在竞争激烈的市场环境中,企业需要不断调整和优化生产管理策略,以适应市场变化和客户需求。明确的生产管理目标可以帮助企业更好地识别市场机会和挑战,制定有针对性的应对措施,确保企业的可持续发展。在不同的组织或行业里,生产管理目标可能存在差异,但总体而言,其可以分为以下几个方面:

(1)实现高效生产。生产管理的首要目标是确保生产过程的高效性。这包括通过优化生产流程、提高设备利用率、减少生产浪费、加强员工技能培训等手段,实现生产的快速、准确和高效,进而提升企业的整体生产效率。

(2)保证产品质量。产品质量是企业的生命线,也是生产管理的核心目标之一。生产管理需要通过建立完善的质量管理体系,加强原材料检验、生产过程监控、产品检验等环节,确保产品符合质量标准,满足客户需求。

(3)控制生产成本。成本控制是企业生产经营中的重要环节,也是生产管理的重要目标之一。生产管理需要通过精细化的管理手段,合理控制原材料采购、生产设备维护、人力资源配置等方面的成本,提高经济效益。

(4)满足市场需求。市场是企业生产的最终目标,也是生产管理的出发点和落脚点。生产管理需要密切关注市场动态,了解客户需求,灵活调整生产计划,以满足市场的变化和需求。同时,生产管理还需要通过技术创新、产品升级等手段,不断提升产品的竞争力,赢得市场份额。

(5)优化资源配置。优化资源配置是生产管理的重要目标之一。生产管理需要通过合理的生产计划和生产组织,充分利用企业内部的资源,避免资源浪费和重复投资。同时,生产管理还需要关注外部资源的获取和利用,如合作伙伴、供应商等,以实现资源的优化配置和共享。

(三)生产管理的要素

生产管理是企业管理重要组成部分,它涉及企业的生产流程、生产效率、生产成本等方面。在生产管理中,有五大要素是至关重要的,它们分别是生产计划、生产控制、生产组织、生产技术和生产人员。

1. 生产计划

生产计划是生产管理的第一步,是根据市场需求和企业资源情况,制订出生产计划,确定生产目标和生产任务。生产计划的制订需要考虑市场需求、生产能力、原材料供应、人力资源等多方面因素,以确保生产计划的可行性和有效性。生产计划的制订需要与销售计划、采购计划等其他计划相互协调,以达到整体协调和优化的效果。

2. 生产控制

生产控制是生产管理的核心环节,是对生产过程进行监控和调控,以确保生产计划的顺利实施。生产控制需要对生产过程中的各个环节进行监控和管理,包括原材料采购、生产进度、生产质量、设备维护等方面。通过生产控制,企业可以及时发现和解决生产过程中的问题,提高生产效率和产品质量。

3. 生产组织

生产组织是对生产过程中的人力、物力、财力等资源进行组织和调配,以确保生产计划的顺利实施。生产组织需要考虑生产过程中的各个环节,包括生产车间的布局、设备的配置、人员的分配等方面。通过合理的生产组织,企业可以提高生产效率和产品质量,降低生产成本。

4. 生产技术

生产技术是指生产过程中所使用的技术和工艺,包括生产设备、生产工艺、生产流程等方面。生产技术的选择和应用直接影响生产效率和产品质量。因此,企业需要不断地进行技术创新和改进,以提高生产技术水平和竞争力。

5. 生产人员

生产人员是生产过程中最重要的资源,他们的素质和能力直接影响生产效率和产品质量。因此,企业需要注重生产人员的培训和管理,提高他们的技能和素质,以适应市场需求和企业发展的需要。

生产管理的五大要素是相互关联、相互作用的,只有在这五个方面都得到合理的管理和协调,才能实现生产目标。因此,企业需要注重生产管理的全过程,不断进行改进和创新,以提高生产效率和产品质量,增强企业的竞争力。

(四) 生产管理的相关理念

1. 物料需求计划

物料需求计划(material requirement planning,MRP)是一种工业制造企业中的物资计划管理模式,它根据产品结构各层次物品的从属和数量关系,以每个物品为计划对象,以完工时期为时间基准倒排计划,按提前期长短区别各个物品下达计划时间的先后顺序。MRP基于产品生成进度计划、制造数据和库存状况,通过计算机计算物料的需求量和需求时间,从而确定材料的加工进度和订货日程。

物料需求计划的目标是控制企业的库存水平,确定产品的生产优先顺序,满足交货期的要求,使生产运行的效率达到最高。

2. 制造资源计划

制造资源计划(manufacturing resource planning,MRPⅡ)继承并发展了物料需求计划(MRP)和闭环MRP的核心思想,形成了一个全面、集成的生产管理系统。它以企业的基本经营目标为导向,以生产计划为主线,对企业制造的各种资源进行统一的计划和控制。

制造资源计划中的资源包括但不限于人力资源、物料资源(包括原材料、零部件、半成品等)、设备资源(包括生产设备、工具、仪器等)和资金资源(包括生产资金、投资资金、成本控制等)。

随着计算机技术的不断发展,MRPⅡ已经逐渐发展成为企业资源计划(enterprise resource planning,ERP)的核心组成部分,成为现代企业管理中不可或缺的一部分。

3. 准时制生产

准时制生产(just-in-time production,JIT)是一种追求无库存或库存达到最小的生产系统。其核心思想可以概括为在需要的时候,按需要的量生产所需的产品,即通过精确预测和计划、提高生产效率、追求零缺陷和灵活应对市场变化等方式实现生产目标。

4. TOC 约束理论

TOC 约束理论由以色列物理学家及企业管理顾问戈德拉特博士(Dr. Goldratt)创立,是企业识别并消除在实现目标过程中存在的制约因素(即约束)的管理理念和原则,由运作策略工具集、性能测量指标体系、思维流程工具集三部分组成。其主要内容包括:

(1) 识别约束。找出系统中的瓶颈或约束资源,即那些限制系统整体产出的环节。

(2) 充分利用约束。通过合理安排和优化资源配置,确保约束资源得到最大程度的利用,以提高整个系统的产出效率。

(3) 其他部分服从约束。使系统的其他部分服从于约束资源的节奏和需求,避免非约束部分的过度生产或闲置。

(4) 提升约束能力。采取措施来突破或提升约束资源的能力,如增加设备、改进工艺、提升人员技能等。

(5) 持续改进。不断循环进行上述步骤,以实现系统的持续优化和整体绩效的提升。

TOC 约束理论不仅适用于生产管理,也可以应用于其他领域,如项目管理、供应链管理等,其可帮助组织更有效地利用资源,提高产出和竞争力。

5. 制造执行系统

制造执行系统(manufacturing execution system,MES)是面向制造企业车间执行层的关键信息化管理系统。它整合了从订单下达到产品完成的整个生产流程,涵盖了制造数据管理、计划排程、生产调度、库存管理、质量管理等核心管理模块,为操作人员/管理人员提供计划的执行、跟踪,以及所有资源(人、设备、物料、客户需求等)的当前状态。

MES 系统通过实时数据采集和分析,确保生产计划的执行和资源的有效利用,减少生产过程中的浪费,提高生产效率。同时,MES 系统还具备强大的追溯功能,能够实时监控生产状态,确保产品质量。MES 系统为制造企业提供了一个全面、可靠的生产管理平台,帮助企业实现数字化转型和智能制造。

第 2 节 生产计划和生产控制

生产计划和生产控制是生产管理中不可或缺的两个环节。通俗来说,生产计划就是告诉我们要做什么,而生产控制就是确保我们按照计划去做并且做好。

一、生产计划

(一) 生产计划的概念

生产计划是企业在一定时期内,根据市场需求和企业资源状况,对生产活动作出的统筹规划和安排。它明确了生产的目标、任务、产品品种、数量、质量、进度,以及所需资源等要素,是指导企业生产活动的纲领性文件。理解生产计划时,我们可以把它看作做饭前的菜单和食材准备。我们想做什么菜(生产目标),就要根据菜谱(市场需求)和冰箱里的食材(企业资源)来决定做什么、做多少、怎么做。对企业而言,生产计划就是生产什么产品、生产多少、何时生产、在哪里生产和如何生产等。

生产计划的核心在于对企业资源进行合理配置和有效利用,以确保生产活动的顺利进行和目标的达成。通过制订详细的生产计划,企业可以实现对生产过程的全面掌控,从而确保产品能够按时、按质、按量地交付给客户,满足市场需求。

(二) 生产计划的类型

生产计划的类型主要有以下三种。

1. 长期生产计划

计划期一般为3至5年,是企业战略计划的重要组成部分。

长期生产计划根据企业经营发展战略的要求,对有关产品发展方向、生产发展规模、技术发展水平、生产能力水平、新设施的建造和生产组织结构的改革等方面作出规划与决策。

2. 中期生产计划

中期生产计划(年度生产计划)由企业中层管理部门制订。根据企业的经营目标、利润计划、销售计划的要求,企业中层管理部门确定在现有条件下在计划年度内实现的生产目标,如品种、产量、质量、产值、利润、交货期等。

3. 短期生产计划

短期生产计划是年度生产计划的继续和具体化,是由执行部门编制的作业计划,用来确定日常生产运作活动的具体安排,常以主生产计划、物料需求计划、能力需求计划和生产作业计划等来表示。

生产计划是企业实现经济效益最大化的重要手段。通过合理的生产计划安排,企业可以优化生产流程,减少资源浪费,提高生产效率,降低生产成本,从而在激烈的市场竞争中取得优势地位。因此,生产计划对于企业的正常运营和持续发展具有重要意义。企业需要高度重视生产计划的制订和执行工作,确保生产活动的顺利进行和目标的达成。

(三) 生产计划的制订过程

生产计划的制订是一个系统性的过程,旨在保证生产活动有序、高效地进行。其制订过程通常包括以下几个程序:

(1) 收集环境信息。这包括与销售、市场等部门的沟通,了解市场需求和销售预测。同时,企业还需要考虑现有库存、原材料供应情况等因素。

(2) 确定生产目标。根据收集到的需求信息,企业确定生产计划的目标,包括生产数量、交货期限、质量要求等。同时,企业需要考虑生产能力和资源限制,确保计划的可行性。

(3) 评估生产能力。企业了解其生产能力,包括设备容量、人力资源、生产工艺等方面的情况。通过分析生产能力,企业确定其生产"瓶颈"和生产能力的合理利用。

(4) 编制生产计划。根据需求信息和生产能力的分析结果,编制生产计划。生产计划通常包括生产任务的分配、生产时间的安排、生产资源的调配等内容。在编制生产计划时,还需要考虑生产过程中的风险因素,如设备故障、原材料供应问题等。

(5) 审核和调整。制订好生产计划后,需要进行审核和调整。这包括检查生产计划是否符合企业目标和市场需求,是否充分考虑了生产能力和资源限制等因素。如果发现问题,需要及时进行调整和优化。

此外,随着技术的发展,生产计划可以利用实时数据采集、传感器技术、物联网技术等手段,对生产设备的运行状态、产量、能耗等数据进行实时监控和采集,帮助企业更准确地了解生产情况,制订更合理的生产计划。

以上步骤完成后,生产计划就可以正式执行了。在执行过程中,还需要对生产进度进行实时监控和调整,确保生产计划的顺利进行。

(四) 生产计划的主要指标

企业生产计划的主要内容就是确定生产指标。生产计划的主要指标是指导企业生产活动的重要依据,涵盖了生产数量、交货期限、产品质量、生产成本、生产效率和设备利用率等方面。这些指标不仅指导了企业的生产活动,还反映了企业的生产能力和市场竞争力。企业应根据市场需求和企业实际情况,合理制定生产计划指标,并加强监控和调整,确保生产计划的顺利实施。

生产计划的主要指标如表6-5所示。

表6-5　　　　　　　　　　生产计划的主要指标

指标名称	指标内容	指标意义
品种指标	在计划期内应当生产的不同规格、型号、款式等的产品种类	反映企业满足市场需求的程度及技术、管理水平
质量指标	计划期内各种产品应该达到的质量标准	反映了产品的内在质量和外观质量
产量指标	计划期内出产的符合质量标准的产品数量	衡量企业生产能力的主要标准
产值指标	计划期内生产产品所创造的产值	反映了企业的生产效益和盈利能力

1. 品种指标

品种指标是指企业在计划期内应当生产的不同规格、型号、款式等的产品种类。这一指标直接关联到企业的市场定位、客户需求和产品开发策略。品种指标的制定需要综合考虑市场需求、技术条件、生产能力和销售预测等因素,确保企业能够按照市场需求提供多样化的产品,满足客户的个性化需求。

2. 质量指标

质量指标是企业在计划期内各种产品应该达到的质量标准,反映了产品的内在质量和外观质量。内在质量包括产品的性能、可靠性、耐用性等,而外观质量则包括产品的外观、颜色、包装等。质量指标分为两类:一类是反映产品本身质量的指标,如合格率、等级率等;另一类是反映生产过程工作质量的指标,如良品率、返修率等。质量指标是衡量产品使用价值的重要标志,也是企业实现生产任务、满足社会需要的重要方面。因此,企业需要制定严格的质量标准,并通过加强质量检验和监控等措施,确保产品质量的稳定和可靠。

3. 产量指标

产量指标是企业在计划期内应当生产的可供销售的工业产品的实物数量和工业性劳务的数量。产量指标是表示企业生产成果的重要指标,也是实现盈利目标的关键。产量指标的制定需要考虑市场需求、生产能力和销售预测等因素,确保企业能够按照市场需求合理安排生产计划,避免生产过剩或生产不足的情况发生。

4. 产值指标

产值指标是企业在计划期内生产产品所创造的产值,反映了企业的生产效益和盈利能力。产值指标包括总产值、净产值和增加值等,其中总产值是指企业在一定时期内生产的全部产品的价值总和,净产值是指总产值中扣除物质消耗价值后的剩余部分,而增加值则是指企业在生产过程中新创造的价值。产值指标的制定需要考虑市场需求、产品价格、生产成本等因素,确保企业能够实现良好的经济效益和社会效益。

二、生产控制

(一) 生产控制的概念及其与生产作业控制的异同

生产控制是指为保证生产计划目标的实现,按照生产计划的要求,对企业生产活动全过程的检查、监督、分析偏差和合理调节的系列活动。生产控制有广义和狭义之分。广义的生产控制是指从生产准备开始到进行生产,直至成品入库的全过程的全面控制,包括计划安排、生产进度控制及调度、库存控制、质量控制、成本控制等内容。狭义的生产控制又称生产作业控制,主要指的是对生产活动中生产进度的控制。

由此可知,生产作业控制是生产控制的一个具体环节,主要关注生产过程中的作业活动和进度。它指的是企业按照生产计划的要求,组织实施生产作业计划,全面掌握企业的生产情况,了解计划与实际之间产生的差异及其原因,及时调整生产进度,调配劳动力,合理利用生产设备、生产面积,控制物料供应、储存和运输,组织力量控制生产作业。

生产作业控制的主要内容包括作业标准、作业信息和作业措施。作业标准是指生产作业计划及制定的各种标准,是衡量生产过程是否产生偏差的依据,也是生产作业控制的基础。作业信息是指实际执行结果与制定的标准之间将要产生和已经产生的偏差,根据信息可以了解、评价生产作业计划的执行情况及其发展趋势。作业措施是指对将要产生和已经产生的偏差采取纠偏措施。

生产控制和生产作业控制在制造业中都是非常重要的概念,它们之间有一定相似性,比较容易混淆。表 6-6 列出了两者的异同。

表 6-6　　　　　　　　　　　生产控制和生产作业控制的异同

项目	相同点	不同点
生产控制和生产作业控制	(1) 目标一致性:两者都保障生产活动能够按照既定的计划和目标进行。 (2) 过程监督性:都需要对生产过程进行全程监督	(1) 范围不同:生产控制涵盖了从生产准备到成品产出的全过程,而生产作业控制则侧重于对生产过程中作业活动和进度的控制。 (2) 手段不同:生产控制通常采用各种管理工具和技术手段来实现对生产过程的全面管理和控制,而生产作业控制则更依赖于现场管理和操作人员的经验和技能,通过对作业活动的直接监督和调整来实现对生产进度的控制

(二) 生产控制的类型

从控制方式的角度来分类,生产控制主要分为推进式控制和拉动式控制两种类型。不同类型的生产控制各有特点，企业可以根据自身的实际情况和需求来选择合适的控制方式，以实现生产效率的提高和成本的降低。

1. 推进式控制

推进式控制是以 MRP Ⅱ 技术为核心的生产控制模式。这种方式是在计算机信息的发展和制造业大批生产的基础上提出的。在计算机、通信技术的控制下，推进式控制负责制定和调节产品的需求预测、主生产计划、物料需求计划、能力需求计划、物料采购计划、生产成本等各个环节。

信息流会在各个工序、车间之间往返，而生产则是严格按照反工艺顺序来确定物料需要量和时间，从前道工序推进到后道工序或下游车间。

值得注意的是，这种推进式控制的信息流与生产物流是完全分离的，也就是说，生产计划的制定主要依据的是预测的需求，而不是实际的需求。因此，生产部门会先按照计划进行生产，然后将产品推送到销售部门，而销售部门则负责将这些产品销售出去。如果市场需求发生变化，则生产部门可能无法及时作出调整，这可能会导致库存积压或生产不足。信息流控制的主要目标是确保按照生产作业计划的要求，按时完成物品加工任务。

推进式控制如图 6-2 所示。

在推进式控制的运作过程中，生产计划是非常重要的。生产计划通常包括三级：成品计划（总计划）、组件计划（二级计划）和工件计划（三级计划）。这些计划会详细规定每个阶段的生产任务和时间表，以确保整个生产流程能够按照预定的计划进行。总之，推进式控制是一种基于预测需求的生产控制方式，它强调集中控制和计划性。虽然它可能无法完全适应快速变化的市场需求，但在许多情况下，它仍然是一种有效和可行的生产方式。

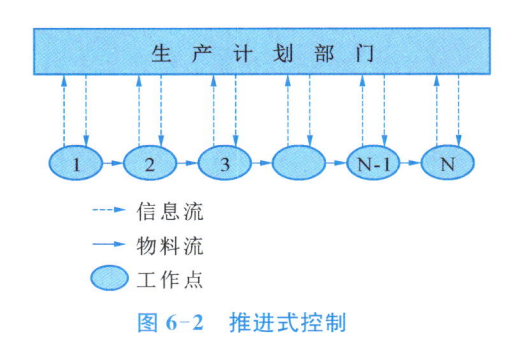

图 6-2 推进式控制

2. 拉动式控制

这种控制方式是由日本制造业提出的，以 JIT 技术为核心。在拉动式控制下，物流始终处于不停滞、不堆积、不超越的状态，它按照一定的节拍，贯穿从原材料、毛坯的投入到成品的全过程。在这种方式下，生产什么、生产多少、什么时候生产，都是以后道工序的实际需求为前提的，这就是拉动式控制的核心理念。

在拉动式控制中，有一个非常重要的工具，它叫作看板。看板就像是一个信息传递的使者，它上面记录了后道工序需要的零件种类、数量及需要的时间等信息。当前道工序看到看板上的信息后，就会开始生产相应的零件，并在生产完成后将看板传递给下一道工序，这样整个生产过程就像是一个接力赛，每道工序都紧密地联系在一起。拉动式控制的最大特点就是灵活性和适应性。它是根据实际需求来生产的，因此可以避免生产出不必要的零件和产品，从而节省了大量的资源和成本。同时，每道工序都是根据后道工序的需求来生产的，因此可以确保整个生产过程的协调性和稳定性。

拉动式控制也需要一些条件来支持：首先，它需要有完善的信息系统来确保信息的及时传递和准确性。其次，它需要有稳定的生产环境和设备来保证生产的顺利进行。最后，它还需要有高素质的员工来执行和维护这种生产方式。

第3节 生 产 过 程

一、生产过程的分类

根据观察角度与考虑范围的不同,生产过程可分为两种:产品的生产过程和企业的生产过程。

(一)产品的生产过程

产品的生产过程是指从原材料投入生产到产品制造出来的全过程。这个过程要消耗人的劳动,按照人的劳动消耗的不同情况,产品的生产过程可以分解为劳动过程、自然过程和等候过程。

1. 劳动过程

劳动过程就是劳动者直接参加的那部分生产过程。在劳动过程中,劳动者在从事生产活动的同时,要消耗自己的体力和脑力,即要消耗活劳动。劳动过程是产品生产过程的主要部分,它又可分为:

(1) 工艺过程。这是直接使劳动对象的形状、尺寸、性质,以及相互位置发生预定变化的劳动过程。在这一过程中,既有活劳动的消耗,又有劳动对象的变化。任何一种产品的生产过程都必须包括工艺过程。工艺过程是生产过程的最基本的部分。

(2) 检验过程。这是对原材料、半成品以及成品的物理和化学的性质进行测量分析和判断的劳动过程。在检验过程中,检验人员将测量分析的结果同质量标准进行比较,作出合格与否的判断。这是控制产品质量的重要手段,但它并不使被检验的对象发生产品设计所要求的变化。所以,检验过程虽有活劳动的消耗,却没有形成产品所需要的变化。

(3) 运输过程。这是指将劳动对象从一个地方搬运到另一个地方的劳动过程。这个过程改变的不是劳动对象本身,而是它的空间位置,但这一过程通常要消耗人的劳动。

2. 自然过程

在劳动对象向产品变化的过程中,主要的推进力量是人的劳动。但除此之外,也可能有部分过程是借助自然界的力量完成的。由自然界力量完成的那部分生产过程就叫自然过程,如冷却、干燥、发酵、时效等。若生产过程存在自然过程,则常与劳动过程交错进行。当劳动对象处于自然过程中时,劳动过程就会全部或部分停止。

3. 等候过程

在实际生产过程中,劳动对象并不总是连续不断地处在被加工状态中,常常由于生产技术或生产管理的原因,需要停下来等候下一步加工。检验、运输等过程便是等候过程。一方面劳动对象在等候过程中要占有库房或生产用地,难免发生各种损耗,增加生产费用;但另一方面它有时又能起到缓冲生产过程波动的作用,因而有限制的等候过程又是需要的。

(二)企业的生产过程

企业的生产过程是在企业范围内各种产品的生产和与其直接相连的准备服务的全过

程。产品的生产过程是针对某种产品而言的,但实际上在一个企业中常常并不是只生产一种产品,有时会同时生产多种产品,这些产品在生产管理方面存在着相互联系。显然,在一个企业内的生产过程与某种产品的生产过程通常并不是一回事。企业的生产过程通常包括以下内容。

1. 生产技术准备过程

这是整个生产过程的序曲,包括产品设计、工艺设计、原材料与协作件的准备、劳动定额的制定、劳动组织的调整等,这些工作的全过程就是生产技术准备过程。这就像在舞台剧开演前,演员们要进行排练、化妆、准备道具一样,这个阶段的工作是为了确保后续的生产活动能够顺利进行。

生产技术准备工作的完善程序和时间长短,直接影响到正式生产的方方面面,特别是产品质量的高低、竞争能力的大小、生产费用的多少等。所以,这是企业必须努力做好的一项重要工作。

2. 基本生产过程

这是指企业的基本产品在企业内进行的那部分生产过程。这一过程直接把劳动对象变为基本产品,如纺织厂的纺纱、织布,钢铁厂的炼钢、轧钢,机械厂的铸造、锻压等。这个过程就像是演员们在舞台上展现精湛演技,把故事情节推向高潮一样。

企业的基本产品是代表企业生产发展方向的产品,通常这类产品的产量或产值相对较大,生产时间较长。企业是根据基本产品生产过程的需要来选择设备、人员、生产组织形式的。因而,基本生产过程对企业来说具有决定性意义,是企业生产过程的主要部分。

3. 辅助生产过程

这是为基本生产过程提供辅助产品与劳务的过程。辅助生产过程是为了保证基本生产过程的正常推进而进行的各种辅助性生产活动。比如,机械厂的动力生产、工具和卡具制造、设备维修等。这就像舞台剧的配角和幕后工作人员,虽然不直接参与主线剧情的演绎,但他们的存在是不可或缺的。

辅助产品就是基本生产过程需要消耗的产品。此外,基本生产使用的设备、厂房等也需要维修,这类劳动也属于辅助生产过程。

4. 生产服务过程

生产服务过程是为基本生产和辅助生产提供各种服务性活动的过程,如提供生产所需各类物资的供应、运输与保管等。这些虽然不直接参与产品的制造,但它们的存在确保了生产过程的顺畅进行。这个过程类似于舞台剧的服化道和场务人员为演员和观众提供必要的服务。

5. 附属生产过程

这是指利用企业生产基本产品的边角余料、其他资源、技术能力等,生产市场所需的不属于企业专业方向的产品的生产过程,如电机厂利用边角余料生产小电器制品的生产过程。这个过程类似于剧场出售舞台剧的周边产品,其可以带来额外的利润甚至于超额利润。

附属生产过程与基本生产过程是相对的,根据市场的需求,企业的附属生产产品也可能转化成为企业的基本产品。

总之,这五个过程在生产过程中各有侧重、相互关联,共同构成了完整的生产过程。就像一出精彩的舞台剧需要演员、导演、编剧、化妆师、道具师等多个角色共同努力才能呈现给观众一样,生产过程也需要各个环节的紧密配合才能顺利完成。当然,除基本生产过程不可缺少外,其余四部分并非必不可少的,主要视企业生产规模、专业化协作生产方式,以及企业的组织结构而定。

二、常见的生产组织方式及其特点

1. 流水生产

流水生产(flow production)通过将劳动对象按一定的工艺路线和统一的生产速度,连续不断地通过各个工作地,按顺序进行加工并出产,以实现产品的高效、连续生产。我们常见的流水线,是流水生产这种生产组织方式的具体手段。

流水生产提高了劳动生产率和设备利用率,缩短了产品生产周期,减少了在制品占用量,降低了产品成本,适用于大量生产标准化程度较高的产品。

2. 备货型生产

备货型生产(make-to-stock,MTS)是指在对市场需求量进行预测的基础上,有计划地进行生产,产品本身有库存。按已有的标准产品或产品系列进行生产的目的是补充库存,通过成品库存可随时满足用户需求。

备货型生产适用于需求预测较为准确、产品标准化程度较高、市场需求稳定的情况。

3. 订单型生产

订单型生产(make-to-order,MTO)是按用户订单进行的生产。用户可能对产品提出各种各样的要求,经过协商和谈判,用户和企业先以协议或合同的形式确认对产品性能、质量、数量和交货期的要求,然后企业组织设计和制造。

订单型生产适用于客户定制化程度高、需求多变、生产周期较长的情况。

4. 自动化生产

自动化生产(automated production)是利用工业机器人、自动化设备、传感器和执行器等组成的生产线,实现生产流程的自动化和智能化。这种方式提高了生产效率和产品质量,降低了生产成本和人力需求。

自动化生产适用于大规模生产、对产品质量和效率要求高的情况。

5. 精益生产

精益生产(lean production)的核心目标是通过消除各种浪费,包括过量生产、库存、等待时间、运输、过度加工、不良品以及不必要的动作和流程等,以最小的资源投入实现最大的价值创造。它要求企业从管理理念、生产流程、员工培训等多个方面进行全面变革和优化,以实现精益生产的目标。

精益生产适用于追求高质量、高效率、低成本的生产环境。此外,精益生产不仅适用于制造业,在其他行业如服务业等也具有广泛的应用和借鉴意义。

以上是几种主要的生产组织方式及其特点。不同的生产方式适用于不同的产品和市场环境,企业应根据自身情况和市场需求选择合适的生产方式。

三、组织生产过程的要求

组织生产过程时,企业必须达到以下要求,以确保生产活动高效、顺利进行。

1. 生产过程的连续性

这要求生产过程各阶段、各工序之间,在时间上需要紧密衔接、连续进行,尽量避免或减少中断现象。连续性有助于保持生产的高效和稳定,降低生产成本,提高生产效率。

2. 生产过程的比例性(协调性)

这要求生产过程各阶段、各工序之间,在生产能力上和产品劳动量上保持必要的比例关系。这样可以确保生产的各个环节能够协调配合,避免出现生产"瓶颈"和浪费。

3. 生产过程的均衡性(节奏性)

这要求生产过程各阶段、各工序在相同的时间间隔内,产品产量大致相等或均匀递增,使每个工作地的负荷保持均匀。这样可以保证生产过程的稳定性和可预测性,有助于降低生产的不确定性。

4. 生产过程的准时性

这要求生产过程各阶段、各工序按照预定的时间计划进行,确保产品在规定的时间内完成并交付。这有助于满足客户需求,提高客户满意度,同时也有助于降低库存成本和运输成本。

5. 生产过程的适应性

生产过程的组织形式要灵活多变,能够进行恰当的调整,以满足不同产品或市场需求的变化。

6. 优化生产布局

优化生产布局是指将生产活动合理地分布在生产区域中,以使空间成本和时间成本最小化。生产布局应考虑运输、储存、设备操作和员工操作等因素,以确保生产活动的高效性和可靠性。

7. 确定生产流程

确定生产流程应明确生产活动从原材料或零部件的采购到最终产品的交付所经历的一系列步骤,确保生产流程顺畅、高效。

8. 采用先进生产技术

通过采用先进的生产技术,企业可以提高生产效率和质量,降低生产成本,提高产品的竞争力。

四、生产过程的空间组织和时间组织

工业产品的生产过程既需要占用一定的空间,又要经历一定的时间。合理组织生产过程,需要将过程的空间组织和时间组织有机地结合起来,充分发挥它们的综合效率。

(一)生产过程的空间组织

生产过程的空间组织,即企业在空间上对各基本生产阶段、生产环节、生产工序以及生产设备的布置和安排。它是企业生产活动的重要组成部分。其目的在于确保生产活动的连续性和协调性,减少运输距离,降低运输成本,提高生产效率和经济效益。

1. 生产过程空间组织的基本原则

企业对生产过程进行空间组织一般应遵循以下三个原则:

(1)工艺原则。它要求企业按照产品制造的工艺过程顺序来布置生产设施,使产品加工过程能够顺畅进行。这种原则适用于产品品种少、产量大、专业化程度高的企业。

(2)对象原则。它要求企业以产品(或零部件)为对象来布置生产设施,即把加工某种产品(或零部件)所需的设备、工艺装备和工人等集中在一个生产单元内。这种原则适用于多品种、小批量生产的企业。

（3）混合原则。它要求企业将上述两种原则结合使用,既考虑工艺过程顺序,又考虑产品对象的集中。这种原则在现代企业中较为常见,可以根据企业的实际情况进行灵活调整。

2. 生产过程空间组织的主要形式

任何产品的生产过程都需要在一定的空间里,通过相互联系的生产单位来实现。所以,企业必须根据生产需要,设置一定的空间场所,建立相应的生产单位和其他设施,进行生产活动。企业内部生产单位的设备布置通常有三种基本形式：

（1）工艺专业化形式。即以工艺为中心,将同类设备和工人进行集中布置,以完成相同工艺的加工任务。这种形式有利于充分利用设备,提高设备利用率,但可能导致运输距离较长,管理较为复杂。

（2）对象专业化形式。即以产品（或零部件）为对象来布置生产设施,使加工对象在生产过程中处于集中状态。这种形式有利于缩短运输距离,提高生产效率,但可能导致设备利用率较低。

（3）成组生产单元形式。即将产品结构、工艺过程相似或加工方法相同的产品（或零部件）集中在一个生产单元内进行加工。这种形式结合了工艺专业化和对象专业化的优点,既有利于设备利用率的提高,又有利于缩短运输距离。

在实际工作中,上述三种形式往往可以结合起来使用。同一家企业,有的车间按对象专业化形式布置,也有的车间按工艺专业化形式布置或成组生产单元形式布置。究竟采用哪一种形式来布置设备,必须根据企业的生产特点和具体条件,从全面提高企业技术经济效益的角度出发加以确定。

(二) 生产过程的时间组织

生产过程的时间组织,简单来说,就是如何合理安排产品在生产过程中的时间流程,以确保各个生产环节在时间上能够协调一致、高效运行。这涉及产品在各道工序之间的移动方式、时间分配和衔接等问题。具体来说,生产过程的时间组织主要包括以下三种方式。

1. 顺序移动方式

这种方式指的是一批零件在前道工序全部加工完成以后,再整批地转到后道工序继续加工。它的特点是整个批次在前道工序完成后才进行下一道工序,因此前道工序的加工时间决定了整个生产周期的长短。这种方式适用于单件小批生产类型及工艺专业化的生产单位。

2. 平行移动方式

这是指每一零件在前道工序加工完成后,立即转入下道工序继续加工。与前一种方式相比,平行移动方式可以大大缩短生产周期,因为它允许不同零件在不同的工序上同时进行加工。这种方式适用于大量大批生产类型及对象专业化的生产单位。

3. 平行顺序移动方式

这种方式结合了顺序移动和平行移动的特点,是指当前道工序加工时间小于或等于后道工序加工时间时,按平行移动的方式移送；当前道工序加工时间大于后道工序时间时,后道工序开始加工第一件在制品的时间,比前道工序加工完第一件制品的时间要往后移。这样可以充分利用设备和工人的负荷,减少等待时间,提高生产效率。

从上述三种方式的特点来看,顺序移动方式组织管理工作简单明了、容易实施,设备可以连续加工以提高工效,但大多数产品存在等待加工和等待运输的现象,导致生产周期较长。在平行移动方式下,零件在各道工序上可以同时进行加工,因此生产周期较短。但当后道工序的加工时间小于前道工序的加工时间时,会出现停工待料的现象,同时运输工作量相对频繁,会增加运输成本。顺序平行移动方式综合了两者的优点,使得各道工序既能够连续进行加工,又能够尽可能地平行加工,在一定程度上缩短了生产周期,提高了生产效率;然而其管理和控制相对复杂,需要更精细的生产计划和调度,此外,其对设备和工人的要求也相对较高,需要保证设备和工人的稳定性和可靠性。

总的来说,这三种方式各有优缺点,企业需要根据自身的生产特点和实际情况选择适合自己的生产方式。在选择生产方式时,企业要充分考虑产品的特点、生产规模、设备状况、工人素质等因素,以实现生产过程的优化和经济效益的最大化。

第4节　生产管理的新特征和新理念

一、生产管理的新特征

进入新世纪,科学技术突飞猛进,信息化日益普及,使得企业生产管理进入新的阶段。

(一)信息化和数字化

随着科技的飞速发展,信息化和数字化已经成为企业生产管理的重要特征。通过引入先进的信息技术,企业可以实现生产数据的实时收集、分析和处理,从而优化生产流程,提高生产效率。同时,数字化管理还能够帮助企业实现生产过程的可视化,便于管理层对生产状况进行实时监控和决策。

(二)智能化和自动化

物联网、人工智能等技术的应用使得企业生产管理智能化和自动化程度越来越高。通过智能设备和系统,企业可以实现生产线的自动化控制,减少人力成本,提高生产效率。同时,智能化技术还可以帮助企业实现生产过程的预测和优化,提高产品质量和客户满意度。

(三)柔性化和定制化

在消费者需求日益多样化的今天,企业生产管理需要具备更高的柔性和定制化能力。柔性化生产意味着企业能够快速调整生产计划和工艺流程,以适应市场需求的变化。定制化生产则要求企业能够根据客户的个性化需求进行生产,提供定制化的产品和服务。

(四)绿色环保

随着社会对环境保护意识的提高,企业生产管理也需要更加注重绿色环保。通过采用环保材料、节能技术等方式,企业可以减少对环境的污染和破坏,实现绿色生产。同时,企业还需要积极参与环保活动,推动整个社会的可持续发展。

(五)供应链协同

在全球化的背景下,企业生产管理需要与供应链上的各个环节紧密协同。通过与供应商、分销商等合作伙伴建立紧密的合作关系,企业可以实现资源共享、风险共担和利益共赢。同时,供应链协同还可以帮助企业更好地应对市场变化和挑战,提高整个供应链的竞争力。

(六)创新驱动

创新是企业生产管理的重要驱动力。企业需要不断引入新技术、新工艺和新模式,推动生产管理的创新和发展。通过创新,企业可以提高生产效率、降低成本、提高产品质量和客户满意度,从而在激烈的市场竞争中处于有利地位。

二、生产管理的新理念

现代生产管理的新理念不断发展演变,以适应日益复杂多变的市场环境。以下是几个重要的现代生产管理新理念。

(一)精益生产

精益生产是一种起源于日本的先进生产管理理念和方式,核心是消除浪费。精益生产追求的是在正确的时间、生产并搬运正确数量的正确产品。这个理论强调通过流程优化、减少库存、提高员工参与度和持续改进,来实现高质量、低成本和快速响应的目标。其主要特点如下:

(1)拉动式生产。根据客户需求来拉动生产流程,而非传统的推动式生产,从而减少库存积压。

(2)准时化生产。确保在正确的时间,以正确的数量生产正确的产品。

(3)持续改进。强调不断地发现问题、解决问题,追求生产流程的持续优化。

(4)尊重员工。充分发挥员工的积极性和创造力,鼓励员工参与改进活动。

(5)质量管理。致力于在生产过程中就保证产品质量,而非依靠事后检验来保证产品质量。

(6)流程优化。对生产流程进行细致分析和改进,去除繁琐和低效的环节。

实施精益生产可以带来多方面的益处,如提高生产效率、降低成本、提升产品质量、缩短生产周期、增强企业竞争力等。

(二)敏捷制造

敏捷制造(agile manufacturing)是一种在现代信息技术和先进制造技术支持下产生的先进生产模式。它是针对快速变化的市场需求提出的。敏捷制造强调企业的灵活性和快速响应能力,要求企业能够快速调整生产计划、生产能力和生产流程,以适应市场变化。敏捷制造具有以下几个特点:

(1)高度灵活性。能够迅速调整生产流程、产品设计和资源配置,以适应不同的订单和需求变化。

(2)动态联盟。可以与供应商、合作伙伴等快速组成动态的合作联盟,整合各方优势资源,共同完成生产任务。

(3)先进信息技术支撑。依靠互联网、物联网、大数据等信息技术,实现信息的快速传递和共享,保障敏捷性。

(4)创新能力突出。鼓励持续创新,包括技术创新、管理创新等,以保持竞争优势。

(5)客户满意度至上。以满足客户个性化、多样化的需求为重要导向,致力于提供高质量、快速交付的产品和服务。

(6)跨组织合作。打破企业边界,加强企业间的协作与沟通,实现整体效益的最大化。

通过敏捷制造，企业可以在竞争激烈的市场环境中快速应变，提高生产效率和质量，缩短产品交付周期，增强市场竞争力，更好地满足客户需求并赢得市场份额。

（三）六西格玛

六西格玛(six sigma)是一种质量管理方法，旨在通过消除缺陷和减少变异来改进流程。它强调数据的驱动作用，通过收集和分析数据来识别问题、制定解决方案并监控改进效果。六西格玛还注重团队合作和持续改进，通过定义、测量、分析、改进、控制这五个阶段来实施项目。

（四）供应链管理

供应链管理(supply chain management，SCM)理论强调对整个供应链的优化和管理，包括供应商、制造商、分销商和最终客户等环节。它注重供应链协同、信息共享和风险管理，以实现供应链的高效运作和成本控制。供应链管理还强调对供应链的可持续性发展，注重环保和社会责任。

（五）工业 4.0

工业 4.0(Industry 4.0)是第四次工业革命的代表，旨在提升制造业的智能化水平。其主要特点如下：

（1）高度智能化。工业 4.0 利用物联网、大数据、人工智能等先进技术，使工厂中的设备、产品和系统能够智能互联、自主决策和协同工作。

（2）个性化定制。工业 4.0 能够根据客户的个性化需求快速灵活地调整生产，实现大规模定制生产。

（3）数据驱动。工业 4.0 分析和利用生产过程中产生的大量的数据，优化生产流程，提升效率和质量。

（4）虚实融合。工业 4.0 将虚拟的数字世界与现实的物理生产紧密结合，实现设计、生产、销售等环节的高效协同。

（5）动态灵活。工业 4.0 快速响应市场变化和客户需求，及时调整生产策略和资源配置。

（6）产业链协同。工业 4.0 促进不同企业之间在研发、生产、物流等方面的深度协作和资源共享。

工业 4.0 强调数字化工厂、智能生产和智能制造等概念，通过信息技术和制造技术的融合，提高生产效率，降低成本，缩短产品上市时间。

（六）全面质量管理

全面质量管理(total quality management，TQM)强调全员参与、全过程控制和全面质量管理。它要求企业从产品设计、生产、销售到售后服务的全过程都进行质量管理，以实现客户满意和企业效益的最大化。全面质量管理还注重持续改进和学习型组织的建设，通过不断学习和改进来提高企业的竞争力。

（七）模块化生产

模块化生产(modular production)是一种将产品分解为多个独立模块进行生产的方法。这种方法可以提高生产的灵活性和效率，降低生产成本和缩短产品上市时间。模块化生产还注重模块之间的标准化和兼容性，以实现快速组合和定制化的生产。

练 习 题

一、单项选择题

1. 下列关于生产概念的描述中,正确的是( )。
   A. 生产是指企业仅进行物质产品的创造过程
   B. 生产仅包括原材料的采购和加工
   C. 生产是指人类通过劳动,利用自然资源或原材料,生产出满足人类需求的产品或提供服务的过程
   D. 生产活动不需要考虑市场需求和消费者的需求
2. 在生产系统中,最准确地体现了生产子系统功能的是( )。
   A. 生产子系统主要负责制定企业的市场战略和销售计划
   B. 生产子系统仅负责原材料的采购和存储
   C. 生产子系统负责将原材料转化为产品或提供服务,以满足市场需求
   D. 生产子系统不涉及设备的维护和更新
3. 生产过程的核心是( )。
   A. 产品　　　　　B. 转换　　　　　C. 生产活动　　　　D. 生产工艺
4. 流水生产的组织原则是( )。
   A. 工艺专业化　　B. 对象专业化　　C. 顺序原则　　　　D. 平行原则
5. 流水生产最基本的特征是( )。
   A. 按节拍生产　　B. 连续生产　　　C. 工序同期化　　　D. 生产率较高
6. 下列生产方式中,最能体现生产过程的空间组织和时间组织的紧密结合的是( )。
   A. 批量生产　　　B. 定制化生产　　C. 流水生产　　　　D. 项目型生产
7. 下列控制类型中,更强调根据实际需求来驱动生产和物流活动的是( )。
   A. 推进式控制　　B. 拉动式控制　　C. 推拉式控制　　　D. 以上都不对
8. 在质量管理中,通常用于衡量产品的合格率的是( )。
   A. 返工率　　　　B. 废品率　　　　C. 顾客满意度　　　D. 合格率
9. 钢铁厂的炼钢工作属于( )。
   A. 基本生产过程　　　　　　　　　B. 辅助生产过程
   C. 服务生产过程　　　　　　　　　D. 附属生产过程
10. 生产计划通常包括( )。
    A. 生产任务的分配　　　　　　　　B. 生产时间的安排
    C. 生产资源的调配　　　　　　　　D. 以上都是

二、判断题

1. 生产活动的目的是满足人类的需求和欲望,提高人们的生活质量。　　　　　　( )
2. 在生产系统中,生产子系统是一个独立的组成部分,不需要与其他部门或系统进行协调和合作。　　　　　　　　　　　　　　　　　　　　　　　　　　　　　　( )
3. 在流水生产过程中,时间组织的优化主要是通过减少每个工序的加工时间来实现的。
   　　　　　　　　　　　　　　　　　　　　　　　　　　　　　　　　　　( )

4. 推进式控制是一种根据市场需求和预测来安排生产和分销活动的控制类型。　　（　　）
5. 工艺过程直接使劳动对象的形状、尺寸、性质以及相互位置发生预定变化。　（　　）
6. 成组生产单元是指将产品结构、工艺过程相似或加工方法相同的产品（或零部件）集中在一个生产单元内进行加工。　　　　　　　　　　　　　　　　　　（　　）
7. 在质量管理中，废品率越低，说明产品的质量水平越高。　　　　　　　　（　　）
8. 平行移动方式指的是一批零件在前道工序全部加工完成以后，再整批地转到后道工序继续加工。　　　　　　　　　　　　　　　　　　　　　　　　　　　　（　　）
9. 工业4.0就是简单的智能化生产。　　　　　　　　　　　　　　　　　　（　　）
10. 精益生产的核心是消除浪费。　　　　　　　　　　　　　　　　　　　（　　）

三、简答题

1. 简述生产活动的三个基本要素，并解释每个要素在生产过程中的作用。
2. 简述生产过程空间组织的主要形式。
3. 简述流水生产的基本内容和特点。

四、论述题

随着全球化和市场竞争的加剧，生产管理正面临着前所未有的挑战和机遇。试论述生产管理在当今时代的新特征和新理念，以及这些新特征和新理念如何推动生产管理的变革与发展。

第 7 章 财务管理

Chapter 7

思政园地

◎ 学习目标

- 掌握财务管理的定义和目标,理解财务管理在企业管理中的重要性和作用。
- 掌握投资、筹资的决策过程,包括投资项目的选择、筹资方式的比较与选择等;同时掌握股利的支付形式和程序,理解其对股东关系和企业长远发展的影响。
- 明确财务分析在企业管理中的重要意义,了解财务报表(如资产负债表、利润表、现金流量表等)的基本结构和内容。
- 学会运用各种财务指标(如盈利能力指标、偿债能力指标、营运能力指标等)对企业进行财务报表分析,能够识别财务报表中的潜在风险和问题,并为企业决策提供支持。

◎ 知识导图

```
                            ┌── 财务管理的定义
           ┌─ 财务管理概述 ──┤
           │                └── 财务管理的目标
           │
           │                 ┌── 筹资
           ├─ 筹资、投资和分配 ┼── 投资
           │                 └── 分配
           │
财务管理 ──┤                 ┌── 财务分析的意义
           │                 ├── 财务分析的方法
           ├─ 财务分析 ──────┤
           │                 ├── 财务报表认知
           │                 └── 财务报表分析
           │
           │                 ┌── 财务控制的目标和作用
           └─ 财务控制 ──────┼── 财务控制的方法
                             └── 财务控制的风险和应对
```

第1节 财务管理概述

企业财务管理同其他管理职能一样,都是以实现企业的整体战略目标为导向的一种管理活动。具体来看,企业财务管理工作就是按照企业会计准则的要求,通过企业资金的筹集、运用和分配,为企业提供科学的决策支持,确保企业的财务稳健和可持续发展,是企业管理中不可或缺的一环。

一、财务管理的定义

财务管理是企业管理体系中重要的一环,它是根据财经法规制度,按照财务管理的原则,组织企业财务活动,处理财务关系的一项经济管理工作。财务管理的基础在于会计核算和财务报表等详尽而准确的数据资料,但财务管理并不是对数据的简单汇总,而是通过一系列专业、深入的分析方法,对企业的各个经济环节进行细致的剖析和评价。具体来说,财务管理涵盖了企业的筹资活动,即企业如何筹集资金以支持其运营和发展;投资活动,即企业如何将资金投向能够带来回报的领域;以及日常的经营活动,如生产、销售等。同时,财务管理也对企业运营中的成本和收入进行详尽的核算和评估,确保企业经济效益的最大化。

企业之所以要进行财务管理,其根本目的在于实现资金的合理支出和成本的有效控制。通过科学的财务管理,企业能够优化资源配置,减少不必要的浪费,提高资金的利用效率,从而为企业的发展提供坚实的经济保障。此外,财务管理还能确保企业各项活动的有序进行,保障企业的稳定运营。

更为重要的是,财务管理不仅是企业内部管理的需要,更是企业对外展示自身实力和信誉的重要窗口。通过财务管理,企业能够向投资者、债权人、经营者等各方提供真实、准确、全面的财务信息,帮助他们了解企业的过去、评价企业的现状、预测企业的未来。这些信息对于各方作出正确的决策具有重要的意义。

二、财务管理的目标

企业的核心目标是创造价值,这不仅是其存在的根本,也是推动企业持续发展的动力源泉。为了实现这一目标,企业需要在多个方面下功夫,而财务管理正是其中不可或缺的一环。财务管理目标作为财务管理理论体系的逻辑起点,不仅引导着企业的财务管理实践,而且为财务活动的成果提供评价标准。

近年来,随着社会的不断发展和财务管理领域相关理论的不断深化,财务管理目标也在持续演变和丰富,其中最具代表性的观点有以下四个:

(1)利润最大化。西方的经济学家普遍认为,追求利润最大化是企业和企业家的主要责任。利润最大化要求企业在财务管理活动中,通过合理调配资源、降本增效等手段,实现利益的最大化。然而,高利润往往与高风险如影随形。如企业过于追求短期高利润,则可能忽视身边的潜在风险,导致企业作出错误决策。例如,企业可能会为了追求短期高利润而盲目扩张、过度投资,从而忽视了对市场需求、行业趋势、政策变化等因素的深入分析。这种短视的决策可能会给企业带来严重的后果,如资金链断裂、库存积压、市场份额下降等。

(2) 股东财富最大化。股东是企业的出资者,为企业提供初始资本,支持企业的创立和生产经营。该目标侧重于通过财务管理活动增加股东的财富。对于上市公司而言,股东财富最大化往往可以表现为股票价值最大化,即股票价格的提高和股息的增加。股东财富最大化的优点在于能够直接反映股东的利益诉求,激励企业提升市场价值和盈利能力。其缺点则在于过于强调股东利益,可能忽视其他利益相关者(如债权人)的权益。同时,股东财富最大化目标的适用范围有限,通常只适用于上市公司。

(3) 企业价值最大化。所谓企业价值,是指企业全部资产的市场价值,即公司资产未来预期现金流量的现值。企业价值不同于利润,它不仅包括企业新创造的价值,还包括企业潜在的预期获利能力。企业价值最大化是财务管理的长期目标,它要求企业在考虑资金时间价值和风险报酬的情况下,通过财务管理活动来实现企业价值最大化。这一目标的优点是强调风险与收益的均衡,并将企业长期、稳定的发展和持续的获利能力放在首位。其缺点也较为明显:如果追求企业价值最大化的企业过于偏向于远期规划,这可能导致企业在短期内面临较大的经营压力和风险。

(4) 相关者利益最大化。美国经济学家弗瑞曼在其著作《战略管理:利益相关者方法》中将利益相关者定义为能够影响企业目标实现,或者能够被企业实现目标的过程影响的任何个人和群体。在相关者利益最大化目标下,企业不能只追求股东的利益最大化,还要考虑债权人、企业经营者、客户、供应商、员工、政府等群体的利益。相关者利益最大化统一了经济效益与社会效益,企业不仅要致力于经济效益的提升,同时其也被要求高度重视社会进步、经济发展和环境保护等方面。这也为企业经营决策者带来了新挑战:企业在追求绩效的同时,需要兼顾各方利益并平衡好社会责任,实现经济效益与社会效益的双赢。

第 2 节 筹资、投资和分配

在财务管理中,筹资是基础,为企业运营提供资金来源;投资是核心,决定着企业资源的配置和未来发展方向;分配则是对成果的处置,影响着各利益相关方的利益以及企业的再发展能力。理解掌握筹资、投资和分配的相关内容,能为后续深入探讨财务管理的其他方面奠定基础和构建框架。

一、筹资

(一) 筹资的定义

企业筹资是指企业为了满足经营活动、投资活动、资本结构管理和其他需要,运用一定的筹资方式,通过一定的筹资渠道,筹措和获取所需资金的一种财务行为。

企业筹资的目的是满足企业日常运营、扩大生产规模、进行技术研发、开拓新市场以及应对突发的经济波动等方面的资金需求。在筹资过程中,企业需要科学预计资金需求量,合理安排筹资渠道,选择筹资方式,且降低资本成本,控制财务风险。

(二) 筹资的方式

一般来说,企业最基本的筹资方式有三种,即债务筹资、股权筹资和衍生工具筹资。债务筹资通过向银行借款、发行公司债券、利用商业信用等方式取得,形成企业的债务资金;股权筹资通过吸收直接投资、公开发行股票等方式取得,形成企业的债务资金;衍生工具筹资,包括兼具股权和债务性质的混合融资和其他衍生工具融资,我国上市公司目前最常见的混合融资方式有可转换债券融资和优先股股票筹资,最常见的其他衍生工具融资是认股权证融资。

常见的筹资方式如图 7-1 所示。

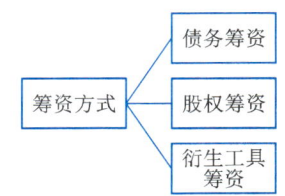

图 7-1 常见的筹资方式

下面对企业部分筹资方式进行详细阐述。

1. 银行借款

银行借款是指企业向银行或其他非银行金融机构借入的款项,包括偿还期小于 1 年(含 1 年)的短期借款和大于 1 年的长期借款,主要用于购建固定资产和满足企业各种流动资金占用的需要。它是目前我国中小企业的主要筹资方式。

银行借款的程序相对简单,因此筹资速度快,同时,银行利息比发行债券和租赁的负担低,因此其资本成本较低。但这种筹资方式最主要的缺点是增加了企业的偿还压力,企业在申请借款时也会受到一些额外的门槛限制。

2. 发行公司债券

债券是指债务人为筹集资本,依照法定程序发行,承诺按约定的利率和日期支付利息,并在特定日期偿还本金的一种有价证券。这种筹资方式主要适用于一些大型的股份制公司、国有独资或控股公司,其目的是解决一些大型基础建设项目的资金问题。不过需要注意的是,公开发行公司债券筹集的资金,必须按照公司债券募集办法所列的资金用途使用,若改变资金用途,必须经债券持有人会议作出决议,且公开发行债券募集的资金,不得用于弥补亏损和非生产性支出。

利用发行公司债券筹资,筹资使用限制少,可筹集大量资金,满足公司大规模筹资需要。同时,满足发行债券条件的公司一般是有实力的股份有限公司和有限责任公司,通过发行债券,企业可以扩大社会影响,提高自身的知名度。

3. 租赁

租赁是指通过签订资产出让合同的方式,承租方支付租金,向出租方取得资产使用权的一种交易行为。在这项交易中,承租方通过得到所需资产的使用权,完成了筹集资金的行为。

租赁的特点是在资金缺乏的情况下,企业能迅速获得所需资产,财务风险较小,筹资的限制条件也较少。其缺点为租赁的租金比银行借款或发行债券所负担的利息高不少。

4. 吸收直接投资

吸收直接投资是指按照"共同投资、共同经营、共担风险、共享收益"的原则,直接吸收国家、法人、个人和外商投入资金的一种筹资方式。吸收直接投资的出资方式包括以货币资产出资、以实物资产出资、以工业产权(包括专有技术、商标权、专利权等无形资产)出资和土地使用权出资。

吸收直接投资的优点主要有两点：一是由于出资方式不同，企业在吸收投资后不仅能获得货币资金，而且可能会直接获得固定资产和生产技术；二是投资者比较单一，信息沟通比较方便。其缺点则是资本成本较高，且不便于进行产权交易。

拓展资料

猿辅导的融资之路

在竞争激烈的在线教育市场中，猿辅导以其独特的教学模式和卓越的教学质量，逐渐崭露头角。然而，随着公司业务的不断扩张和市场份额的逐步提升，资金问题成为制约其进一步发展的关键因素。

自2012年成立以来，猿辅导就意识到了资金的重要性。因此，公司创始人及其团队开始了漫长的筹资之路。从最初的A轮融资开始，猿辅导就展现出了其强大的融资能力。随着公司业务的不断拓展和市场的逐步认可，猿辅导的融资金额也呈现出节节攀升的态势。从A轮的200万美元，到C轮的1500万美元，再到E轮的1.2亿美元，猿辅导的每一次融资都为其未来的发展提供了坚实的资金保障。

到2023年10月22日，猿辅导宣布成功完成了总计22亿美元的G轮融资。这次融资不仅创下了在线教育行业的融资纪录，也使得猿辅导的估值达到了惊人的155亿美元，折合人民币已超千亿元大关。这一里程碑式的融资事件，不仅彰显了市场对猿辅导的认可，也为其未来发展提供了更加广阔的空间。

然而，随着融资的不断增加，猿辅导也面临着更加复杂的财务管理问题。如何合理利用这些资金，推动公司的持续发展，成为猿辅导需要认真思考的问题。

二、投资

（一）投资的定义

投资，从广义上讲，是指特定经济主体（包括政府、企业和个人）以本金回收并获利为基本目的，将货币、实物资产等作为资本投放于某一具体对象的经济行为。这种行为旨在在未来期间内获取预期的经济利益。企业投资作为其中的重要部分，是企业为获取未来收益而向特定对象投放资金的行为，包括但不限于购建厂房设备、兴建电站等生产性资产的投资，以及购买股票、债券、基金等有价证券的投资。这些投资活动既可以是企业内部的资金运用，如购置固定资产、无形资产和流动资产等，也可以是对外投资，如购买其他公司的股票、债券或与其他企业联营等。

（二）投资项目现金流

投资项目现金流是指在进行某一投资项目时，项目在其整个计算期内由于资本的循环运动所产生的各项现金流入与现金流出的总和。现金流入量代表项目带来的企业现金收入的增加，包括但不限于销售收入、资产处置收入以及可能的其他收益；而现金流出量则是指项目引起的企业现金支出的增加，如原材料购买、工资支付、设备购置以及利息偿还等费用。净现金流量则是指特定时间段内现金流入量与现金流出量之间的差额，它反映了项目在该时间段内的现金净收益情况。

对于投资方案的财务可行性评估而言,现金流量的状况比会计期间的盈亏状况更为重要。一个项目能否顺利进行并取得经济效益,不仅仅取决于是否产生会计期间的利润,更在于项目能否带来正现金流量,即项目能否实现超过其初始投资的现金回收。因此,对投资项目现金流的准确预测和分析,是评估项目财务可行性、制定投资决策的重要依据。

投资项目的现金流可以分为投资期现金流量、营业期现金流量和终结期现金流量。

1. 投资期现金流量

投资期现金流量又称初始现金流量,是指在投资项目开始阶段所发生的一系列现金流入和流出活动,主要包括固定资产投资、无形资产投资、其他投资费用、流动资产投资和原固定资产的变价收入。在投资期中,唯一可能产生的现金流入量是原固定资产的变价收入,即如果项目需要替换或更新旧有设备,出售旧设备所获得的现金收入。除此之外,上述所有投资活动均为现金流出量。

2. 营业期现金流量

营业阶段是投资项目的主要阶段,该阶段既有现金流入量,又有现金流出量。现金流入主要来源于项目的销售收入、利息收入和可能的其他营业外收入。现金流出则主要包括运营成本,如原材料采购、工资支付、设备维护、税金缴纳等费用,以及为维持运营所需的流动资金支出。

营业期现金流量是评估项目盈利能力和持续经营能力的重要指标。通过对营业阶段现金流量的详细分析和预测,投资者可以判断项目是否具备稳定的收益来源和足够的现金流支持,从而作出合理的投资决策。其计算公式如下:

$$营业期现金净流量=营业收入-付现成本-所得税$$

上式中,付现成本是指那些由于未来某项决策所引起的需要在将来动用现金支付的成本,包括固定资产年折旧费用、长期资产摊销费用、资产减值损失等。

3. 终结期现金流量

终结期现金流量是指在投资项目结束或终止阶段所产生的现金流量。它标志着项目生命周期的结束主要是现金流入量,包括固定资产变价净收入、固定资产变现净损益抵税和垫支营运资金的收回。

(三) 投资项目财务评价指标

投资项目财务评价指标是投资决策中至关重要的考量因素,它们从不同角度反映了项目的盈利潜力和风险水平。目前,常用的投资决策分析指标可以分为两类:贴现的分析评价指标和非贴现的分析评价指标。贴现的分析评价指标是在考虑货币时间价值的基础上所计算的净现值、年金净流量、内含收益率等指标。非贴现的分析评价指标忽略货币时间价值,其评价方法具体包括投资利润率法和回收期法。在实际应用中,投资者应综合考虑这些指标,结合项目的实际情况和市场环境,作出科学、合理的投资决策。

三、分配

分配,即根据既定的规则和比例,将企业或组织实现的利润或收益进行划分和分发的过程。具体到利润分配,其是指依据企业所有权的权属及各权益者占有的比例,对企业实现的净利润进行有序、合理的划分,确保利润的正确归属和分配。这个过程涉及国家、企业、投资者、股东,以及其他利益相关者,其目的在于保障各方利益的平衡和企业的稳定运营。因此,分配不仅是一个财务手段,更是企业管理的重要组成部分,对企业的发展和生存具有深远的影响。

股利分配作为利润分配的一个重要组成部分,特指公司制企业按照其盈利情况和股东的持股比例,向股东分派股利的过程。这一过程不仅体现了公司对股东权益的尊重和保护,也反映了公司盈利能力和财务状况的健康状况。通过合理的股利分配,公司能够吸引和留住投资者,提升公司的市场信誉和竞争力,进一步促进公司的稳定发展和持续增长。因此,下面以股利分配为例,进一步阐述股利分配的形式和程序。

(一) 股利支付形式

股利支付形式是公司根据公司的实际财务状况、未来发展规划以及股东的偏好和需求等因素,将利润以不同方式分配给股东的行为。主要的股利支付形式如表 7-1 所示。

表 7-1　　　　　　　　　　主要的股利支付形式

股利支付形式	定义
现金股利	现金股利是以现金支付的股利,它是股利支付最常见的方式。公司选择发放现金股利除要有足够的留存收益外,还要有足够的现金储备,因此现金充足与否往往会成为公司发放现金股利的主要制约因素。现金股利对股东来说是最直接、最实际的收益形式,因此其备受股东青睐
财产股利	财产股利是以现金以外的其他资产支付的股利,主要是以公司所拥有的其他公司的有价证券,如债券、股票等,作为股利支付给股东。这种形式的股利支付可以使得股东获得除现金和股票外的资产,有助于实现资产的多元化配置
负债股利	在这种方式下,公司以其负债来支付股利,通常是通过发行公司债券或开出应付票据给股东。在不得已的情况下,公司可能会选择这种方式来支付股利。但这种方式会增加公司的负债,可能对公司财务状况产生负面影响,因此需要谨慎使用
股票股利	股票股利是公司通过增发股票的方式来支付的股利,我国实务中通常也称其为"红股"。具体来说,即公司会根据股东的持股比例,向股东发放新股作为利润回报。发放股票股利对公司来说,并没有现金流出企业,也不会导致公司的财产减少,而只是将公司的未分配利润转化为股本和资本公积。但股票股利会增加流通在外的股票数量,同时降低股票的每股价值。它不改变公司股东权益总额,但会改变股东权益的构成

(二) 股利支付程序

股利支付程序是指公司在决定支付股利后,为确保合理、公平、及时地将股利支付给股东,所需要执行的一系列操作和规定。股利支付程序的主要步骤如图 7-2 所示。

(三) 股票分割

股票分割即拆股,是将 1 股股票拆分为多股的行为,其会增加股票数量但不影响公司资本结构。与股票股利相似,股票分割会增加股份数量而不增加股东权益但不改变股东权益总额和内部结构,仅改变股票面值。股票分割有助于降低股票价格,促进流通交易,增加股

股利宣告日	股权登记日	除息日	股利发放日
即股东大会决议通过并由董事会将股利支付情况予以公告的日期。公告中将宣布每股应支付的股利、股权登记日、除息日和股利支付日	即有权领取本期股利的股东资格登记截止日期。凡是在此指定日期收盘之前取得公司股票，成为公司在册股东的投资者即都可以作为股东，享受公司本期分派的股利。在这一天之后取得股票的股东，则无权领取本次分派的股利	即领取股利的权利与股票分离的日期。在除息日之前购买股票的股东才能领取本次股利，而在除息日当天或是以后购买股票的股东，则不能领取本次股利由于失去了"收息"的权利，除息日的股票价格会下跌。除息日是股权登记的下一个交易日	即公司按照公布的分红方案向股权登记日在册的股东实际支付股利的日期

图7-2 股利支付程序的主要步骤

东数量，降低恶意收购风险，并为公司发行新股作准备。同时，它也向市场和投资者传递出公司发展前景良好的信号，增强投资者信心。

（四）股票回购

股票回购是上市公司购买其发行在外的普通股并注销或作为库存股的行为。根据《中华人民共和国公司法》的规定，公司有下列情形之一的，可以收购本公司股份：

（1）减少公司注册资本。
（2）与持有本公司股份的其他公司合并。
（3）将股份用于员工持股计划或者股权激励。
（4）股东因对股东大会作出的公司合并、分立决议持有异议，要求公司收购其股份。
（5）将股份用于转换上市公司发行的可转换为股票的公司债券。
（6）上市公司为维护公司价值及股东权益而收购本公司股份。

（五）股权激励

随着资本市场的不断成熟和公司治理结构的日益完善，现代公司的股权结构愈发呈现出分散化的趋势，同时，管理技术也日益复杂化，以适应快速变化的市场环境。为了更有效地激励公司管理人员，确保他们能够与公司的长期发展目标保持一致，许多大型公司纷纷采用股权激励机制。

股权激励作为一种长期激励手段，其核心在于赋予管理人员股东的身份来参与公司的决策过程，让他们能够直接分享公司的利润增长，并承担相应的风险。通过股权激励，管理人员不仅能够在物质上获得回报，更重要的是，他们能够在心理上与公司形成更紧密的联结，更加关注公司的长期发展。

目前，股权激励的形式多种多样，主要包括股票期权、限制性股票、股票增值权、业绩股票和虚拟股票等。

第3节 财务分析

一、财务分析的意义

财务分析是一项至关重要的工作,它涉及对企业财务数据和信息的全面收集、系统整理与细致归纳。通过运用一系列专业的分析技术和方法,财务分析旨在评估企业的偿债能力、营运能力和盈利能力,从而为企业提供一个综合的财务状况评估。这一过程不仅要求深入剖析企业的各项财务指标,还需要对企业的经营绩效、市场份额等内容进行细致分析,以便全面、准确地了解企业的经营成果。

对于企业而言,开展财务分析工作具有重大的现实意义:

(1) 可以精准反映企业的财务实力。相较于财务报表,财务分析工作通过资产负债表和利润表等有关资料进行分析,可以直接计算相关指标,具有很强的直观性和可读性,能够动态地分析出企业的具体经营情况。

(2) 可以全面了解企业的决策活动。财务分析主要是对企业的偿债能力、营运能力和盈利能力进行分析,通过指标的计算、分析和比较,能够评价和考核企业的盈利能力和资金周转状况,揭示其经营决策出现的问题,得出分析结论。

(3) 可以多维度评价企业的发展趋势。财务分析可根据企业的发展历史、现存状况与行业水平,推测出企业的潜能,即在将来一段时间内的发展趋势。财务分析可在维持企业稳健发展态势的基础上,提前采取有针对性的应对措施,避免因决策失误而给企业带来重大损失。

(4) 财务分析是企业财务管理工作开展的关键手段。企业开展财务管理工作的目的是确保企业能够最大程度地实现价值,而财务分析主要是根据企业的实际财务状况,通过财务比较方法分析财务状况,从而为改进企业财务管理工作和优化经济决策提供重要数据和信息。

二、财务分析的方法

(一) 比较分析法

比较分析法是对两个或两个以上的可比数据进行比较,以揭露财务变化,找出其中的差异与问题的方法。根据比较对象的不同,比较分析法可分为:①趋势分析法,与本企业历史相比,即不同时期(一般为2—10年)的指标相比;②横向比较法,与同类企业比,即与行业平均数或竞争对手比较;③预算差异分析法,与计划预算比,即实际执行结果与计划指标比较。

比较分析法不仅可以分析企业的财务情况,而且可以应用于比较其他企业的财务情况,从而帮助企业更全面地了解市场环境,发现自身在财务分析中可能存在的问题。这种分析方法为企业提供了宝贵的决策支持,有助于企业实现持续发展和优化管理。

(二) 因素分析法

因素分析法是一种深入探究财务指标背后影响因素的方法。它基于各个因素之间的数量依存关系,通过逐步替换因素来观察指标的变化,进而从结果数据中判断相关因素对财务指标的具体影响程度。

在企业的经济活动或项目中,财务指标往往会受到众多内外部因素的共同影响,因此难免会出现数据变动的情况。通过因素分析法,企业可以系统地分析这些变化因素的影响程度,从而精准地识别出导致财务指标出现波动的关键因素。

这种分析方法有助于企业更准确地把握经营现状,发现潜在问题,并为制定有针对性的改进策略提供有力支持。

(三) 比率分析法

在财务分析中,比率分析法作为一种基础且实用的工具,被广泛应用于评估企业的经营成果。这种方法的核心在于通过计算两项财务数据的比率,来揭示和解释企业的财务状况和经营绩效。这种直观且量化的方式,使得财务人员能够迅速捕捉到财务数据背后的深层含义,为企业的决策提供有力支持。

在实际工作中,比率分析法的应用十分广泛。财务人员经常利用它来评估企业的盈利能力。比如,通过计算净利润与销售收入之间的比率(即净利率),可以清晰地看出企业每单位销售收入所带来的净利润水平。同样,经营效率也是比率分析法关注的重点之一。比如,应收账款周转率、存货周转率等指标,能够反映出企业在资产管理上的效率和效果。

比率分析法的优势在于其直观性和可量化性。通过将复杂的财务数据转化为易于理解的比率,财务人员能够迅速识别出企业在运营过程中的优势和不足,为企业的发展提供有针对性的建议。此外,比率分析法还可以与趋势分析、横向比较等其他财务分析方法相结合,为企业提供更加全面和深入的财务分析结果。

三、财务报表认知

财务报表作为企业财务状况和经营成果的"晴雨表",其重要性不言而喻。它不仅详细记录了企业在特定时期内的各项经济活动和交易情况,还通过数据的呈现和解读,为管理者提供了深入了解企业运营状况、把握市场趋势的宝贵窗口。

财务报表主要由三大核心报表组成:资产负债表、利润表和现金流量表,辅以详细的附注。资产负债表反映了企业在某一特定日期的资产、负债和所有者权益状况,为管理者提供了企业当前财务状况的概览。利润表则揭示了企业在一定期间内的收入、费用及利润情况,是评估企业盈利能力的重要依据。而现金流量表则详细记录了企业在一定期间内现金及现金等价物的流入和流出情况,反映了企业现金的流动性和支付能力,是判断企业运营是否健康的关键指标。

通过深度解读和分析财务报表,管理者能够获取丰富的信息,可以了解企业的资产结构、负债水平、偿债能力、盈利能力以及现金流状况等关键财务指标,从而全面把握企业的财务状况和经营成果。此外,财务报表还能够帮助管理者识别企业运营中的潜在风险,如财务风险、市场风险、经营风险等,从而为管理者制定风险防范策略提供重要依据。

(一) 资产负债表

资产负债表是财务报表的核心内容。通过资产负债表,投资者、债权人和其他财务报表的使用者可对企业每年的财务状况进行全面掌握和分析,也可对企业股东的整体结构及权益分布情况有所了解。

资产负债表的格式如表 7-2 所示。

表 7-2　　　　　　　　　　　　　　资产负债表

编制单位：　　　　　　　　　　　　　年　月　日　　　　　　　　　　　　　　单位：元

资产	期末余额	上年年末余额	负债和所有者权益（或股东权益）	期末余额	上年年末余额
流动资产：			流动负债：		
货币资金			短期借款		
交易性金融资产			交易性金融负债		
衍生金融资产			衍生金融负债		
应收票据			应付票据		
应收账款			应付账款		
应收款项融资			预收款项		
预付款项			合同负债		
其他应收款			应付职工薪酬		
存货			应交税费		
合同资产			其他应付款		
持有待售资产			持有待售负债		
一年内到期的非流动资产			一年内到期的非流动负债		
其他流动资产			其他流动负债		
流动资产合计			流动负债合计		
非流动资产：			非流动负债：		
债权投资			长期借款		
其他债权投资			应付债券		
长期应收款			其中：优先股		
长期股权投资			永续债		
其他权益工具投资			租赁负债		
其他非流动金融资产			长期应付款		
投资性房地产			预计负债		
固定资产			递延收益		
在建工程			递延所得税负债		
生产性生物资产			其他非流动负债		
油气资产			非流动负债合计		
使用权资产			负债合计		
无形资产			所有者权益（或股东权益）：		
开发支出			实收资本（或股本）		
商誉			其他权益工具		
长期待摊费用			其中：优先股		
递延所得税资产			永续债		
其他非流动资产			资本公积		

(续表)

资产	期末余额	上年年末余额	负债和所有者权益（或股东权益）	期末余额	上年年末余额
非流动资产合计			减：库存股		
			其他综合收益		
			专项储备		
			盈余公积		
			未分配利润		
			所有者权益（或股东权益）合计		
资产总计			负债和所有者权益（或股东权益）总计		

（二）利润表

利润表是反映企业一定会计期间内经营成果的报表。它主要展示企业在某一特定时期内的净利润或净亏损情况，以及形成净利润或净亏损的各种因素，是了解企业账面情况的途径之一，便于考核管理者经营绩效及预测企业未来现金流。

利润表的格式如表 7-3 所示。

表 7-3　　　　　　　　　　　　　利润表

编制单位：　　　　　　　　　　　　年　月　　　　　　　　　　　　　　单位：元

项目	本期金额	上期金额
一、营业收入		
减：营业成本		
税金及附加		
销售费用		
管理费用		
研发费用		
财务费用		
其中：利息费用		
利息收入		
加：其他收益		
投资收益（损失以"－"号填列）		
其中：对联营企业和合营企业的投资收益		
以摊余成本计量的金融资产终止确认收益（损失以"－"号填列）		
净敞口套期收益（损失以"－"号填列）		
公允价值变动收益（损失以"－"号填列）		
信用减值损失（损失以"－"号填列）		
资产减值损失（损失以"－"号填列）		

(续表)

项目	本期金额	上期金额
资产处置收益(损失以"－"号填列)		
二、营业利润(亏损以"－"号填列)		
加:营业外收入		
减:营业外支出		
三、利润总额(亏损总额以"－"号填列)		
减:所得税费用		
四、净利润(净亏损以"－"号填列)		
(一)持续经营净利润(净亏损以"－"号填列)		
(二)终止经营净利润(净亏损以"－"号填列)		
五、其他综合收益的税后净额		
(一)不能重分类进损益的其他综合收益		
1.重新计量设定受益计划变动额		
2.权益法下不能转损益的其他综合收益		
3.其他权益工具投资公允价值变动		
4.企业自身信用风险公允价值变动		
……		
(二)将重分类进损益的其他综合收益		
1.权益法下可转损益的其他综合收益		
2.其他债权投资公允价值变动		
3.金融资产重分类计入其他综合收益的金额		
4.其他债权投资信用减值准备		
5.现金流量套期		
6.外币财务报表折算差额		
……		
六、综合收益总额		
七、每股收益		
(一)基本每股收益		
(二)稀释每股收益		

(三) 现金流量表

现金流量表也是财务报表的重要组成部分。在现代企业中,资金流动如同企业的血脉,直接关系到企业的运营效率和生存能力。通过现金流量表进行深入分析,不仅有助于企业严密监控运营过程中的资金往来情况,而且能为流动资金的有效统筹管理提供有力支持。

现金流量表的格式如表 7-4 所示。

表 7-4　　　　　　　　　　　现金流量表

编制单位：　　　　　　　　　　年　月　日　　　　　　　　　　单位：元

项目	本期金额	上期金额
一、经营活动产生的现金流量：		
销售商品、提供劳务收到的现金		
收到的税费返还		
收到其他与经营活动有关的现金		
经营活动现金流入小计		
购买商品、接受劳务支付的现金		
支付给职工以及为职工支付的现金		
支付的各项税费		
支付其他与经营活动有关的现金		
经营活动现金流出小计		
经营活动产生的现金流量净额		
二、投资活动产生的现金流量：		
收回投资收到的现金		
取得投资收益收到的现金		
处置固定资产、无形资产和其他长期资产收回的现金净额		
处置子公司及其他营业单位收到的现金净额		
收到其他与投资活动有关的现金		
投资活动现金流入小计		
购建固定资产、无形资产和其他长期资产支付的现金		
投资支付的现金		
取得子公司及其他营业单位支付的现金净额		
支付其他与投资活动有关的现金		
投资活动现金流出小计		
投资活动产生的现金流量净额		
三、筹资活动产生的现金流量：		
吸收投资收到的现金		
取得借款收到的现金		
收到其他与筹资活动有关的现金		

(续表)

项目	本期金额	上期金额
筹资活动现金流入小计		
偿还债务所支付的现金		
分配股利、利润和偿付利息支付的现金		
支付其他与筹资活动有关的现金		
筹资活动现金流出小计		
筹资活动产生的现金流量净额		
四、汇率变动对现金及现金等价物的影响		
五、现金及现金等价物净增加额		
加:期初现金及现金等价物余额		
六、期末现金及现金等价物余额		

四、财务报表分析

随着市场竞争的加剧和经营环境的日益复杂,财务报表分析作为企业财务管理的核心工具,逐渐成为企业决策的重要参考依据。

财务报表分析旨在通过对企业财务数据的深入挖掘和分析,揭示出企业的经济实力、运营效率以及盈利能力等方面的信息,为企业的战略决策和日常运营提供有力支持。最基本的财务报表分析方法是财务比率分析法。财务比率分析法通过将财务报表中相关联的会计科目加以整合,计算出各种财务比率。这些财务比率不仅具有直观性,而且高度可视化,能够全面、深入地评价企业的财务状况。

基本的财务报表分析内容包括偿债能力分析、营运能力分析和盈利能力分析,下面分别加以介绍。

(一) 偿债能力分析

偿债能力,顾名思义,是指企业偿还其所欠债务的能力,通过企业是否有能力偿债,可以判断企业的经营发展是否稳健和可持续。因此,在企业经营发展过程中,需要加强对企业偿债能力的分析,灵活掌握企业偿债能力的变化。

债务一般按到期时间分为短期债务和长期债务,因此偿债能力分析也分为短期偿债能力分析和长期偿债能力分析。短期偿债能力分析侧重于分析企业的流动性,即企业资产的变现速度和金额,以判断企业是否有足够的现金流来应对短期债务。而长期偿债能力分析则更关注企业的稳定性和盈利能力,以评估企业是否有足够的盈利能力来支持长期债务的偿还。

偿债能力的常用衡量指标,如表7-5所示。

表 7-5　　　　　　　　　　　偿债能力分析

偿债能力指标	能力指标	定义	公式	指标含义
短期偿债能力指标	营运资金	营运资金是指流动资产超过流动负债的部分	营运资金＝流动资产－流动负债	营运资金越多则偿债越有保障。当流动资产大于流动负债时,营运资金为正,说明企业财务状况稳定,不能偿债的风险较小。反之,当流动资产小于流动负债时,营运资金为负,此时,企业部分非流动资产以流动负债作为资金来源,企业不能偿债的风险很大
	流动比率	流动比率是企业流动资产与流动负债之比	流动比率＝流动资产÷流动负债	流动比率表明每1元流动负债有多少流动资产作为保障,流动比率越大通常短期偿债能力越强。一般而言,生产企业合适的流动比率为2
	速动比率	速动比率是企业速动资产与流动负债之比	速动比率＝速动资产÷流动负债	速动资产是指可以迅速转换为现金或已属于现金形式的资产。存货、预付账款、一年内到期的非流动资产和其他流动资产不属于速动资产。速动比率表明每1元流动负债有多少速动资产作为偿债保障。一般情况下,速动比率越大,短期偿债能力越强
	现金比率	现金资产与流动负债的比值称为现金比率。现金资产包括货币资金和交易性金融资产等	现金比率＝(货币资金＋交易性金融资产)÷流动负债	现金比率表明每1元流动负债有多少现金资产作为偿债保障。经研究表明,现金比率保持在0.2左右是一个相对可接受的水平。而这一比率过高,就意味着企业过多资源分配在盈利能力较低的现金资产上,从而影响了企业盈利能力
长期偿债能力指标	资产负债率	资产负债率是企业负债总额与资产总额之比	资产负债率＝负债总额÷资产总额×100%	当资产负债率高于50%时,表明企业资产来源主要依靠的是负债,财务风险较大。当资产负债率低于50%时,表明企业资产的主要来源是所有者权益,财务比较稳健。这一比率越低,表明企业资产对负债的保障能力越高,企业的长期偿债能力越强
	产权比率	产权比率又称资本负债率,是负债总额与所有者权益之比,它是企业财务结构稳健与否的重要标志	产权比率＝负债总额÷所有者权益	产权比率不仅反映了企业财务结构是否稳定,而且反映了债权人资本受股东权益保障的程度。一般来说,这一比率越低,表明企业长期偿债能力越强,债权人权益保障程度越高
	权益乘数	权益乘数是总资产与股东权益的比值	权益乘数＝总资产÷股东权益＝1÷(1－资产负债率)＝1＋产权比率	权益乘数表明股东每投入1元钱可实际拥有和控制的金额。在企业存在负债的情况下,权益乘数大于1。企业负债比例越高,权益乘数越大
	利息保障倍数	利息保障倍数是指企业息税前利润与应付利息之比,又称已获利息倍数,用以衡量偿付借款利息的能力	利息保障倍数＝息税前利润÷应付利息＝(净利润＋利润表中的利息费用＋所得税)÷应付利息	利息保障倍数主要用于衡量企业支付利息的能力,没有足够大的息税前利润,利息的支付就会发生困难。从长期看,利息保障倍数至少要大于1(国际公认标准为3)。如果利息保障倍数过低,企业将面临偿债的安全性与稳定性下降的风险

（二）营运能力分析

企业的资产及其周转能力对于其运营和盈利至关重要。资产是企业运营的基础，其代表了企业拥有的资源和能力，可以转化为经济利益。然而，如果拥有庞大的资产但是无效周转，就无法产生预期的经济利益，企业也就无法实现盈利和偿还债务。因此，营运能力的分析在企业的财务管理工作中至关重要。

企业营运能力分析主要包括五个财务指标，如表7-6所示。

表7-6　　营运能力分析

能力指标	定义	公式	指标含义
应收账款周转率	应收账款周转率可以反映应收账款的周转情况，其包括应收账款周转次数和应收账款周转天数	应收账款周转次数 = 营业收入 ÷ 应收账款平均余额 = 营业收入 ÷ [(期初应收账款+期末应收账款)÷2] 应收账款周转天数 = 计算期天数 ÷ 应收账款周转次数 = 计算期天数 × 应收账款平均余额 ÷ 营业收入	通常而言，应收账款周转次数越高（或周转天数越短）表明应收账款管理效率越高
存货周转率	存货周转率是衡量和评价企业购入存货、投入生产、销售收回等各环节管理效率的综合性指标	存货周转次数 = 营业成本 ÷ 存货平均余额 存货平均余额 = (期初存货+期末存货)÷2 存货周转天数 = 计算期天数 ÷ 存货周转次数 = 计算期天数 × 存货平均余额 ÷ 营业成本	一般来讲，存货周转速度越快，存货占用水平越低，流动性越强，存货转化为现金或应收账款的速度就越快，这样会增强企业的短期偿债能力及盈利能力
流动资产周转率	流动资产周转率是反映企业流动资产周转速度的指标。流动资产周转率（次数）是一定时期营业收入净额与企业流动资产平均占用额之间的比率	流动资产周转次数 = 营业收入 ÷ 流动资产平均余额 流动资产周转天数 = 计算期天数 ÷ 流动资产周转次数 = 计算期天数 × 流动资产平均余额 ÷ 营业收入净额 流动资产平均余额 = (期初流动资产+期末流动资产)÷2	流动资产周转次数越多，表明以相同的流动资产完成的周转额越多，流动资产利用效果越好
固定资产周转率	固定资产周转率（次数）是指企业年营业收入与固定资产平均额的比率。它是反映企业固定资产周转情况，从而衡量固定资产利用效率的一项指标	固定资产周转率 = 营业收入 ÷ 平均固定资产 平均固定资产 = (期初固定资产+期末固定资产)÷2	固定资产周转率高，说明企业固定资产投资得当，结构合理，利用效率高；反之，则表明固定资产利用效率不高，提供的生产成果不多，企业的营运能力不强
总资产周转率	总资产周转率（次数）是企业营业收入与企业资产平均总额的比率	总资产周转次数 = 营业收入 ÷ 平均资产总额	分析应结合各项资产的周转情况，以发现影响企业资金周转的主要因素

(三) 盈利能力分析

企业经营最核心、最直接的目的是盈利,盈利能力是企业获取利润、实现资金增值的能力。盈利能力是企业整体实力的一种体现,它不仅可以反映企业在一定会计期间的营业能力和行业内的竞争水平,还能够影响企业在外部资源获取和合作伙伴选择方面的机会和权力。

反映企业盈利能力的指标主要有营业毛利率、营业净利率、总资产净利率和净资产收益率,如表 7-7 所示。

表 7-7　　　　　　　　　　　　盈利能力分析

能力指标	定义	公式	指标含义
营业毛利率	营业毛利率是营业毛利与营业收入之比	营业毛利率＝营业毛利÷营业收入×100% 营业毛利＝营业收入－营业成本	营业毛利率反映产品每1元营业收入所包含的毛利润是多少,即营业收入扣除营业成本后还有多少剩余可用于弥补各期费用和形成利润。营业毛利率越高,表明产品的盈利能力越强
营业净利率	营业净利率是净利润与营业收入之比	营业净利率＝净利润÷营业收入×100%	反映每1元营业收入最终赚取了多少利润,用于反映产品最终的盈利能力
总资产净利率	总资产净利率指净利润与平均总资产的比率,反映每1元资产创造的净利润	总资产净利率＝(净利润÷平均总资产)×100%	总资产净利率越高,表明企业资产的利用效果越好
净资产收益率	净资产收益率又称权益净利率或权益报酬率,是净利润与平均所有者权益的比值,表示每1元权益资本赚取的净利润,反映权益资本经营的盈利能力	净资产收益率＝(净利润÷平均所有者权益)×100%	一般来说,净资产收益率越高,所有者和债权人的利益保障程度越高。如果企业的净资产收益率在一段时期内持续增长,则说明权益资本盈利能力稳定上升

【计算案例】　A 企业 2023 年的资产负债表(简表)如表 7-8 所示。

表 7-8　　　　　　　　　　　　资产负债表(简表)

编制单位：A 企业　　　　　　　　2023 年 12 月 31 日　　　　　　　　　　　　单位：万元

资产	期末余额	上年年末余额	负债和所有者权益	期末余额	上年年末余额
货币资金	130	130	流动负债合计	220	218
应收账款	135	150	长期负债合计	290	372
存货	160	170	负债合计	510	590
流动资产合计	425	450	所有者权益合计	715	720
长期股权投资	100	100			
固定资产原值	1 100	1 200			

(续表)

资产	期末余额	上年年末余额	负债和所有者权益	期末余额	上年年末余额
减：累计折旧	400	440			
固定资产净值	700	760			
非流动资产合计	800	860			
总计	1 225	1 310	总计	1 225	1 310

2023年，A企业营业收入为1 500万元，营业净利率为30%。假定A企业流动资产金包括速冻资产与存货，根据上述信息，我们可以计算得知A企业2023年年末的各指标数据：

(1) 流动比率。其计算如下：

$$流动比率=流动资产÷流动负债=450÷218=2.06$$

这意味着A企业每1单位的流动负债有2.06单位的流动资产作为保障。这通常表明A企业短期偿债能力较强。

(2) 速动比率。其计算如下：

$$速动比率=速动资产÷流动负债=(流动资产-存货)÷流动负债$$
$$=(450-170)÷218=1.28$$

这表示在剔除存货后，A企业每1单位的流动负债仍有1.28单位的速动资产可以迅速变现来偿还债务，这也反映了A企业具有较强的短期偿债能力。

(3) 现金比率。其计算如下：

$$现金比率=(货币资金+交易性金融资产)÷流动负债=130÷218=0.60$$

这说明A企业可以立即使用现金和交易性金融资产来偿还约60%的流动负债。

(4) 资产负债率。其计算如下：

$$资产负债率=负债总额÷资产总额×100\%=590÷1\,310=45.04\%$$

这表明A企业近一半的资产是由负债支持的，这个比率适中，既不过高也不过低，反映了A企业的资本结构较为合理。

(5) 产权比率。其计算如下：

$$产权比率=负债总额÷所有者权益=590÷720=0.82$$

这意味着A企业的负债总额是所有者权益的82%，这表示A企业的资金来源中有较大一部分是依赖于外部借款或债务。

(6) 权益乘数。其计算如下：

$$权益乘数=1÷(1-资产负债率)=1÷(1-45.04\%)=1.82$$

这表示 A 企业的资产是所有者权益的 1.82 倍,即 A 企业通过借入资金扩大了自身的资产规模。

(7) 应收账款周转率。其计算如下:

$$应收账款周转率 = 1\,500 \div [(135 + 150) \div 2] = 10.53(次)$$

这表明 A 企业应收账款的回收速度较快,资金流动性好,坏账风险相对较低。

(8) 流动资产周转率。其计算如下:

$$流动资产周转率 = 1\,500 \div [(425 + 450) \div 2] = 3.43(次)$$

流动资产周转率这个指标反映了 A 企业资产的良好利用效率。

(9) 总资产周转率。其计算如下:

$$总资产周转率 = 1\,500 \div [(1\,225 + 1\,310) \div 2] = 1.18(次)$$

总资产周转率这个指标反映了 A 企业资产的利用效率良好。

(10) 总资产净利率。其计算如下:

$$总资产净利率 = (净利润 \div 平均总资产) \times 100\%$$
$$= (营业收入 \times 营业净利率 \div 平均总资产) \times 100\%$$
$$= 1\,500 \times 30\% \div [(1\,225 + 1\,310) \div 2] = 35.5\%$$

这表明 A 企业利用全部资产获取的净利润率较高,反映了 A 企业具有较强的盈利能力。

(11) 净资产收益率。其计算如下:

$$净资产收益率 = (净利润 \div 平均所有者权益) \times 100\%$$
$$= (营业收入 \times 营业净利率 \div 平均所有者权益) \times 100\%$$
$$= 1\,500 \times 30\% \div [(715 + 720) \div 2] = 62.72\%$$

这是一个非常高的收益率,说明 A 企业利用股东权益创造的收益非常可观。

第 4 节　财 务 控 制

一、财务控制的目标和作用

财务控制是利用有关信息和特定手段,对企业财务活动施加影响或调节,以保证企业财务计划目标得以实现的过程。它贯穿企业财务活动的各个环节和方面,包括对资金筹集、资金运用、成本费用、利润分配等的控制。财务控制对企业具有十分重要的作用,具体如下:

(1) 保障企业财务安全。财务控制通过有效的控制措施,可以防范和降低财务风险,确保企业资金的安全与完整。

(2) 提高资源配置效率。财务控制可促使企业合理分配和使用资源,避免浪费和低效运作,提升资源的利用价值。

(3) 促进企业战略实施。财务控制使财务活动与企业战略目标相契合,为战略的顺利推进提供有力支持。

(4) 增强企业内部管理。财务控制可以规范企业各部门和人员的财务行为,加强部门间的协作与沟通,提升整体管理水平。

财务控制的目标包括:①保证财务信息准确可靠,以利于作出决策;②实现企业价值最大化,以提升效益;③维持财务稳定,以应对变化;④确保合法合规,以规避风险;⑤促进可持续发展,使企业在长期发展中保持良好财务状态。

二、财务控制的方法

财务控制方法是一系列用来规范和调节企业财务活动,以确保企业财务目标得以实现的具体方式和策略。

(一) 预算控制

预算控制是企业全面规划和统筹各项资源的重要工具。通过编制详细的预算,包括收入预算、成本预算、资金预算等,企业能够明确各项目标和任务,为经营活动提供清晰的方向和路径。

在预算的执行过程中,企业会对各项经济业务进行实时监控,将实际发生的数据与预算数据进行对比分析,及时发现偏差和问题。对于有利偏差,企业可以总结经验加以推广;对于不利偏差,企业则需深入分析原因,采取有效的纠正措施,确保企业运营始终沿着预定轨道前进。

在预算控制中,企业可以运用多种行之有效的具体方法。这些方法能够更好地帮助企业实现预算管理的目标,提升财务管理的成效。

(1) 零基预算法,不考虑以往的预算情况,一切从零开始,根据实际需求和重要性来编制预算。

(2) 弹性预算法,根据不同业务量水平来编制相应的预算,以更好地适应实际业务的变化。

(3) 滚动预算法,使预算期始终保持一定期间长度,不断向前滚动,更新预算内容。

(4) 固定预算法,基于某一特定业务量水平来编制固定金额的预算。

(5) 项目预算法,针对特定项目进行专门的预算编制和控制。

(6) 增量预算法,在上期预算的基础上,考虑一定的增减因素来编制预算。

(7) 定期预算分析,按固定周期对预算执行情况进行分析和评估。

(二) 责任中心控制

责任中心是指根据管理权限承担一定的经济责任,并能反映其经济责任履行情况的企业内部单位。

1. 责任中心的分类

责任中心可以分为以下三种:

(1) 成本中心,只对可控成本负责。其特点是没有经营权和销售权,主要职责是控制和降低成本。成本中心包括企业内部的各个生产车间、职能部门等。

（2）利润中心，既能控制成本，又能控制收入，从而对利润负责。它拥有相对独立的产品或劳务的生产经营决策权，可自主决定生产什么产品、如何生产以及产品的销售价格等。企业内部的分厂、分公司等可视为利润中心。

（3）投资中心，不仅要对利润负责，还要对投资的效果负责，即对投资的回报率负责。投资中心具有投资决策权，可以决定资金的投向和使用规模等。一般来说，大型企业集团的子公司等可能被划分为投资中心。

2. 责任划分和权限赋予

1）成本中心

对于成本中心而言，其主要责任是确保所负责范围内的成本得到有效控制和管理。成本中心应制定成本控制目标，严格执行成本预算，采取措施降低各项成本费用，如原材料采购成本、生产过程中的消耗成本、人工成本等，同时对成本差异进行分析和改进。

成本中心通常被赋予一定的成本管理权限。比如，它在一定范围内可自主决定成本控制的具体方法和措施，能够对生产流程中的某些环节进行优化调整以降低成本；有权参与成本预算的编制和修订过程，提出合理的成本控制建议。

2）利润中心

利润中心则肩负着在其权限内实现利润最大化的责任。它需要积极开拓市场，提高产品或服务的销售业绩，合理控制成本支出，优化资源配置以提升盈利能力。它要对利润的形成过程全面负责，包括销售收入的增长、成本的有效管控以及利润目标的达成。

利润中心被赋予的权限较为广泛，包括：产品或服务的定价权，即可根据市场情况和自身策略来确定价格；一定的生产经营决策权，即能自主决定生产的品种、数量和方式等；销售决策权，即可选择销售渠道和促销手段等，以实现利润目标。

3）投资中心

投资中心除承担利润中心的责任外，还对其所支配的投资资源负责。它要进行科学的投资决策，评估投资项目的可行性和风险，确保投资的回报率达到预期要求。投资中心要对投资资金的运用、项目的运营效果以及资产的增值保值等承担责任。通过明确而细致的责任划分，各责任中心能够各司其职，共同推动企业整体目标的实现。

投资中心拥有重大的投资决策权，能够决定投资项目的选择、投资规模和投资时机等；有权调配相应的资金和资源用于投资活动；同时，它对投资项目的后续运营和管理也具有一定的决策权，以保障投资的效益和资产的增值。

3. 绩效评估和反馈

责任中心的绩效评估与反馈是非常重要的环节。

（1）对于成本中心，绩效评估主要依据成本控制的效果，如实际成本与预算成本的对比、成本降低的幅度等指标。通过对这些数据的分析，企业可衡量成本中心的绩效水平。反馈则会明确指出成本控制方面的优点和不足，为其进一步改进提供方向。

（2）利润中心的绩效评估重点关注利润的实现情况，包括利润额、利润率、利润增长等，同时也会考虑市场份额的变化、客户满意度等相关因素。反馈信息会让利润中心了解自身在盈利方面的表现以及与目标的差距，以便调整经营策略。

（3）投资中心的绩效评估则更为综合，除考察利润相关指标外，还会特别关注投资回报率、资产增值情况等。反馈内容会涵盖投资决策的效果、资源利用的合理性等方面,以帮助投资中心更好地进行投资规划和管理。

在绩效评估与反馈过程中,要确保数据的准确性和及时性,企业应采用科学合理的评估方法和标准。及时的反馈能让责任中心迅速了解自身状况,及时调整和改进工作,更好地为企业整体目标服务。同时,有效的反馈机制也有助于增强责任中心的责任感和归属感,激励其为企业创造更大的价值。

(三) 内部审计控制

1. 内部审计的含义和作用

内部审计是指对企业内部各项业务活动、财务状况、管理制度等进行独立、客观的审查和评价,以确保企业运营的合法性、合规性、效率性和效益性。

内部审计人员运用专业的审计方法和技术,对企业的财务报表、会计记录、内部控制制度的健全性和有效性等进行详细检查。他们能够及时发现潜在的风险和问题,如财务舞弊、违规操作、管理漏洞等,并提出改进建议和措施。

内部审计控制有助于强化企业的风险管理,提升内部控制的质量,保障企业资产的安全和完整。同时,它能促进企业管理水平的提高,为企业管理层提供可靠的信息和决策依据,增强企业的治理能力和透明度。

此外,内部审计控制还能起到监督和督促的作用,促使企业各部门和员工严格遵守规章制度,提高员工工作的规范性和责任心。它在维护企业健康稳定发展方面发挥着不可替代的重要作用。

2. 内部审计的主要步骤和重点

内部审计通常包括以下几个主要步骤:

(1) 计划阶段,确定审计目标、范围和重点,制订审计计划和方案。

(2) 准备阶段,收集相关资料和信息,了解被审计对象的基本情况。

(3) 实施阶段,进行现场审计工作,包括审查文件、记录、访谈相关人员等,获取审计证据。

(4) 报告阶段,整理和分析审计证据,撰写审计报告,阐述审计发现和建议。

(5) 跟踪阶段,监督被审计对象对审计发现问题的整改落实情况。

内部审计的重点主要有以下方面:

(1) 财务方面,审查财务报表的真实性、准确性和完整性,检查财务制度的执行情况。

(2) 内部控制方面,评估内部控制制度的健全性和有效性,发现控制缺陷和风险点。

(3) 业务流程方面,关注重要业务流程的效率和效益,查找流程中的不合理之处。

(4) 合规性方面,确保企业各项活动符合法律法规和内部规章制度的要求。

(5) 风险管理方面,对企业面临的风险进行识别、评估和应对策略的审查。

(6) 资源利用方面,考察企业人力、物力、财力等资源的合理配置和使用情况。

3. 内部审计发现问题的处理

内部审计发现问题后,通常会采取以下处理方式:

(1) 对发现的问题进行详细记录和分类,明确问题的性质、严重程度和影响范围。及时与相关部门和人员进行沟通,反馈问题情况,让他们了解问题的存在和其重要性。

(2) 制订整改计划并落实整改措施。对于一些能够立即整改的问题,要求相关部门和人员迅速采取行动进行纠正,制定具体的整改措施并明确整改期限。对于较为复杂或重大的问题,可能需要进行深入分析和研究,制定专项整改方案,甚至可能需要跨部门协作来解决。在整改过程中,要持续跟踪和监督,确保整改措施切实执行到位,问题得到有效解决。

(3) 要对问题产生的原因进行剖析。不仅要解决表面问题,而且要从根源上消除隐患。对于反复出现的问题或涉及制度层面的问题,要考虑对相关制度、流程进行修订和完善,以避免类似问题再次发生。企业还应将审计发现的问题及处理情况向上级管理层进行汇报,为上级管理层决策提供依据。

必要时也可对整改情况进行后续审计,验证整改效果,确保问题得到彻底解决,以真正提升企业的管理水平和运营质量。

三、财务控制的风险和应对

企业财务活动中存在着各种各样的风险,这些风险犹如隐藏在暗处的陷阱,稍不注意就可能给企业带来严重的影响。

(一) 常见的财务控制风险类型

1. 信用风险

企业在赊销过程中,由于客户的信用状况不佳、经营不善或其他原因,可能造成企业无法按照约定的时间和金额支付款项,从而形成坏账。这不仅会直接减少企业的应收账款价值,而且会影响企业的资金流动性和盈利能力。

2. 流动性风险

当企业不能及时将资产变现或获取足够的外部融资来满足短期债务的支付需求时,就会出现流动性风险。这可能导致企业无法按时支付员工工资、供应商货款、利息等,甚至可能引发财务危机,影响企业的持续经营。

3. 市场风险

市场风险主要包括两种:一种是利率风险,利率的变动会影响企业的借款成本和债券价值等,如果利率上升,企业的债务利息负担加重;反之,则减轻。另一种是汇率风险,对于有外币业务或海外资产的企业,汇率的波动可能导致汇兑损失或收益,影响企业的财务状况和经营成果。

4. 操作风险

操作风险主要包括三种:①财务人员失误,如记账错误、计算错误等,其可能导致财务信息不准确,从而误导决策;②违规操作,如违反财务制度进行资金挪用、舞弊等,会给企业带来直接损失;③系统故障,财务信息系统出现问题,可能导致数据丢失、处理错误等情况发生。

5. 合规风险

企业未遵守相关的财务法规、税收法规等,可能会使其面临罚款、诉讼等后果,严重影响企业的声誉和财务状况。

6. 战略风险

战略风险主要包括两种:一种是财务战略与整体战略不匹配,可能导致资源分配不合理,无法有效支持企业战略目标的实现。另一种是财务战略不合理,如过度激进的扩张战略可能给企业带来巨大的财务压力和风险。

7. 偿债风险

企业的债务负担过重,或者债务到期过于集中,可能使企业在特定时期内面临较大的偿债压力。若无法按时足额偿债,则会引发信用危机和财务困境。

8. 存货风险

存货积压占用大量资金,会增加仓储成本和管理成本,且可能因产品过时而降低价值。市场变化等因素也会使存货的可变现净值下降,造成损失。存货管理不善会导致存货丢失、损坏等情况发生。

9. 投资风险

企业的对外投资项目可能由于市场变化、项目管理不善、合作伙伴问题等原因,无法达到预期的收益,甚至出现亏损,从而影响企业的财务状况和股东权益。

10. 预算风险

预算编制不准确,会导致企业资源分配不合理:一些重要业务得不到足够的资金支持,而一些非关键业务可能出现资源过剩的情况。如果预算执行不力,缺乏有效的监控和约束机制,则会导致企业实际支出与预算严重偏离,影响企业的成本控制和目标达成。

(二) 风险防范的措施和策略

1. 信用风险方面

(1) 建立完善的客户信用评估体系,对客户进行严格的信用审查。

(2) 定期监控客户信用状况变化,及时调整信用额度。

(3) 购买信用保险,降低坏账损失风险。

2. 流动性风险方面

(1) 制定合理的资金预算,确保资金的合理安排。

(2) 优化资产结构,保持一定比例的流动性资产。

(3) 拓展多元化的融资渠道,以应对突发的资金需求。

3. 市场风险方面

(1) 运用金融衍生品进行套期保值,对冲利率和汇率风险。

(2) 加强市场调研和分析,及时调整经营策略以适应市场变化。

4. 操作风险方面

(1) 加强财务人员培训,提高业务水平和风险意识。

(2) 建立健全内部控制制度,严格执行审批程序。

(3) 定期对信息系统进行维护和升级。

5. 合规风险方面

(1) 加强对财务法规和税收法规的学习和培训。

(2) 设立内部审计部门,定期进行合规审计。

6. 战略风险方面

(1) 确保财务战略与企业整体战略紧密结合、相互匹配。

(2) 对战略进行定期评估和调整,使其适应内外部环境变化。

7. 偿债风险方面

(1) 合理安排债务结构,避免过度负债。

（2）制订科学的偿债计划，确保按时还款。

8. 存货风险方面
（1）采用科学的库存管理方法，如经济订货量模型等。
（2）加强市场预测，避免过度生产导致存货积压。

9. 投资风险方面
（1）在投资前进行充分的可行性研究和风险评估。
（2）对投资项目进行持续跟踪和监控，及时调整策略。

10. 预算风险方面
（1）定期对预算进行调整和更新，以适应动态变化。
（2）预留一定比例的预算资金作为缓冲，以应对意外情况。
（3）加强预算培训，提高相关人员对预算的理解和执行能力。

同时，企业还应建立风险预警机制，实时监测各类风险指标，以便及时发现风险并采取应对措施；强化风险管理文化建设，使全体员工都具备风险防范意识。

练 习 题

一、单项选择题

1. 下列指标中,容易导致企业短期行为的是(　　)。
   A. 相关者利益最大化　　　　B. 企业价值最大化
   C. 股东财富最大化　　　　　D. 利润最大化
2. 与企业价值最大化财务管理目标相比,股东财富最大化目标的局限性是(　　)。
   A. 对债权人的利益重视不够　　B. 容易导致企业的短期行为
   C. 没有考虑风险因素　　　　　D. 没有考虑货币时间价值
3. 与银行借款相比,下列各项中,不属于发行债券筹资特点的是(　　)。
   A. 资本成本较高　　　　　　　B. 一次筹资数额较大
   C. 扩大公司的社会影响　　　　D. 筹资使用限制较多
4. 下列各项中,不能作为资产出资的是(　　)。
   A. 存货　　　　B. 固定资产　　　C. 可转换债券　　　D. 特许经营权
5. 与发行公司债券相比,吸收直接投资的优点是(　　)。
   A. 资本成本较低　　　　　　　B. 产权流动性较强
   C. 能够提升企业市场形象　　　D. 易于尽快形成生产能力
6. 假定其他条件不变,下列各项经济业务中,会导致公司总资产净利率上升的是(　　)。
   A. 收回应收账款　　　　　　　B. 用资本公积转增资本
   C. 用银行存款购入生产设备　　D. 用银行存款归还银行借款
7. 产权比率越高,通常反映(　　)。
   A. 财务结构越稳健　　　　　　B. 长期偿债能力越强
   C. 财务杠杆效应越强　　　　　D. 股东权益的保障程度越高
8. 某公司当前的速动比率大于1,若用现金偿还应付账款,则对流动比率和速动比率的影响是(　　)。
   A. 流动比率变大、速动比率变大　　B. 流动比率变大、速动比率变小
   C. 流动比率变小、速动比率变小　　D. 流动比率变小、速动比率变大
9. 某企业的营业净利率为20%,总资产净利率为30%,则总资产周转率为(　　)。
   A. 1.5　　　　B. 0.1　　　　C. 0.67　　　　D. 0.5
10. 下列各项中,不属于投资项目的现金流的是(　　)。
    A. 投资期现金流量　　　　　　B. 生存期现金流量
    C. 营业期现金流量　　　　　　D. 终结期现金流量

二、判断题

1. 财务管理的目标是追求企业短期利润最大化。　　　　　　　　　　　　(　　)
2. 筹资活动的主要目的是满足企业日常运营的需要。　　　　　　　　　　(　　)
3. 财务分析的方法中,比率分析主要用于比较不同时期的财务数据。　　　(　　)
4. 财务报表中,资产负债表主要用于反映企业在某一特定日期的财务状况。(　　)
5. 利润表中的"净利润"是通过营业收入减去所有费用计算得出的。　　　(　　)

6. 财务管理的目标是确保企业不出现任何财务风险。　　　　　　　(　　)
7. 投资项目的决策通常需要分析项目的财务效益和市场前景。　　　(　　)
8. 筹资方式中,发行股票属于权益筹资,发行债券属于债务筹资。　　(　　)
9. 在进行财务分析时,只需考虑财务报表中的数据,无须考虑非财务信息。(　　)
10. 在财务分析中,比较分析法主要用于比较不同企业之间的财务数据。(　　)

三、简答题

1. 简述财务管理的核心目标及其重要性。
2. 列举并解释两种主要的筹资方式及其优缺点。
3. 简述财务分析的主要方法。

四、论述题

请详细阐述责任中心控制中的分类、特点、考核指标,以及它们在企业管理中的重要性,试结合实际案例进行说明。

第 8 章 质量管理

思政园地

◎ 学习目标

- 理解质量管理的基本概念，能够清晰阐述质量管理的三个阶段。
- 掌握质量管理体系的构建。
- 掌握质量管理的主要工具和方法，能熟悉并理解质量管理中常用的工具和方法，并应用这些工具和方法来解决实际的工作中质量管理问题。
- 了解现代质量管理的发展趋势，熟悉质量管理的新思路。

◎ 知识导图

质量管理
- 质量管理概述
  - 质量和质量管理
  - 质量管理体系的构建
- 质量管理的工具和方法
  - 质量管理的工具
  - 质量管理的方法
- 六西格玛质量管理体系
  - 六西格玛质量管理的含义
  - 六西格玛质量管理的架构
  - 六西格玛质量管理的核心特征
  - 六西格玛质量管理的 DMAIC 模型
- 现代质量管理面临的挑战和新思路
  - 现代质量管理面临的挑战
  - 现代质量管理的新思路

第1节　质量管理概述

一、质量和质量管理

随着国际贸易和全球化的深入发展，企业面临着来自全球范围内的竞争。同时，经济的发展和消费者生活水平的提高，使得消费者对产品和服务的质量要求不断提高。面对激烈的市场竞争，企业要想脱颖而出、赢得市场份额，就必须在产品和服务质量上占据优势。这就要求企业重视质量管理，以国际标准为对照，努力提高产品和服务的质量水平。

（一）质量与质量管理的概念

在企业管理中，质量指的是产品或服务满足规定或潜在需要的特征和特性的总和。它既包括有形产品，又包括无形产品；既包括产品内在的特性，又包括产品外在的特性。

有形产品是指人可以直接触摸、看到和感觉到的物品，如手机、汽车、家具等。有形产品的质量通常涉及产品的设计、制造、材料、耐用性、可靠性、安全性等方面。

无形产品则是无法直接触摸或看到的产品，如服务、软件、教育、医疗等。无形产品的质量通常涉及服务的响应时间、准确性、专业性、客户体验等方面。

内在特性是产品本身所固有的属性，如产品的性能、功能、安全性、耐用性等。这些特性是产品设计和制造过程中确定的，并且通常可以通过测试和评估来确定。

外在特性是与产品相关的，但不是产品本身所固有的属性，如产品的外观、包装、品牌形象、售后服务等。这些特性对于消费者的购买决策和满意度也具有重要影响。

质量管理是指在质量方面指挥和控制组织的活动。质量管理不仅关注产品、服务或过程的质量，还关注实现质量目标所需的组织结构、资源、程序、技术和方法。

（二）质量管理的构成

质量管理是一个系统的、科学的方法，通常包括以下几个主要部分。

1. 质量方针

这是企业经营总方针的组成部分，是企业管理者对质量的指导思想和承诺。质量方针通常由企业的最高管理层制定为质量管理提供指导原则和方向。

2. 质量策划

这涉及如何设置和安排质量管理体系的各个要素，包括制定质量目标、确定所需的过程和资源等，以确保达到预期的质量目标。

3. 质量控制

这是通过一系列的过程和活动，确保产品、服务或过程符合规定的质量标准和要求。它通常包括对产品或服务进行检验、测试、监控等活动，以识别和纠正不符合要求的情况。

4. 质量保证

这是指通过提供客观证据来证实产品或服务满足质量要求的活动。它通常涉及对质量管理体系的评估、审核和认证等过程，以确保其有效性和符合性。

5. 质量改进

这是质量管理体系的核心理念之一。其目的是通过持续改进和创新,不断提高产品或服务的质量和生产效率。质量改进通常包括收集和分析数据、识别质量问题的根本原因、制定和实施纠正措施等过程。

(三) 质量管理的产生与发展

质量管理的概念随着工业革命的兴起而逐渐发展起来,并且不断适应时代的变迁。在18世纪,产品质量主要依靠手工操作者本人的技艺水平和个人经验来保证。到了20世纪初,随着生产力的快速发展,生产规模逐渐扩大,生产分工和协作关系日益复杂,这时单纯依靠操作者的经验和技艺水平已无法保证产品质量。于是质量管理概念逐步为人们所接受。回顾质量管理的发展历史,其经历了以下几个重要阶段。

1. 检验员的质量管理阶段

20世纪初到30年代末,为了保证产品质量,企业开始设立专职检验员和独立的检验部门,形成了检验员的质量管理阶段。

(1) 主要特点。这个阶段是质量管理的初级阶段,以事后检验为主。该阶段主要通过检验员对产品进行全数检验或抽样检验,以确保产品符合预设标准。

(2) 存在问题。事后检验方式虽然能确保出厂产品的质量,但存在"事后把关"的局限性,即废品已成事实、很难补救,且百分之百的检验会增加检验费用。

2. 统计质量控制阶段

在20世纪四五十年代,质量管理迎来了统计质量控制阶段。这个阶段以数理统计方法为基础,通过对生产过程进行监控,预防不合格品的产生。

(1) 主要特点。该阶段从单纯依靠质量检验事后把关,发展到工序控制,形成质量预防性控制和事后控制相结合的管理方式。同时,这一阶段发展出了多种统计质量控制工具,如控制图、因果图、相关图、排列图、统计分析表、数据分层法、散布图等。这些工具的应用,使得从经常变化的生产过程中系统地收集与产品质量有关的各种数据成为可能。工作人员通过对数据进行整理、加工和分析,找出质量变化的规律,从而实现对质量的控制。

(2) 存在问题。该阶段引入的数理统计方法如控制图、抽样调查等在某些情况下可能过于复杂,难以被一线工作人员理解和掌握。这导致其在实际应用中的推广和普及受限。

3. 全面质量管理阶段

20世纪60年代,随着市场竞争的加剧和科学技术的快速发展,质量管理进入了一个全新的阶段——全面质量管理阶段。这个阶段强调全员参与、全过程管理、全企业的质量管理,以及全社会参与的质量管理。该阶段通过实施全员、全过程、全企业的管理,实现质量的持续改进。

全面质量管理

(1) 主要特点。①全面型,将质量管理扩展到了企业活动的全过程,是全企业的质量管理;②全员参与,强调全员参与,共同关注质量问题,并采取措施进行改进;③预防为主,通过事先的计划和措施来防止质量问题的发生,而不是仅仅依赖事后的检验和纠正;④数据驱动,强调数据的重要性,通过对质量数据的收集、分析和利用,来发现问题的根源,制定改进措施,并评估改进的效果。

(2) 存在问题。现代企业的供应链越来越复杂,供应商的质量问题可能直接影响到最终产品的质量和客户满意度。有效管理供应链中的质量问题,成为企业实施全面质量管理需要解决的难题。另外,全面质量管理需要员工的广泛参与,但许多企业的员工对全面质量管理缺乏认识,参与度并不高。

质量管理的三个阶段如表 8-1 所示。

表 8-1　　　　　　　　　　　　质量管理的三个阶段

项目	检验员的质量管理阶段 （20世纪40年代前）	统计质量控制阶段 （20世纪40年代到50年代）	全面质量管理阶段 （20世纪50年代后）
历史背景	1. 经验管理已不适应当时的工业生产 2. 泰勒科学管理得到广泛应用	1. 第二次世界大战爆发后,军需品的需求量增加 2. 检验质量的管理方式无法适应军需品质量控制的要求 3. 质量控制统计方法得到广泛应用	1. 科技与经济的发展使消费者需求日益增加 2. 局部生产过程的质量控制已无法适应消费者多方面的质量要求
职能	检验	控制	管理
范围	生产现场	生产现场及设计过程	产品生产全过程
方法	技术检验	技术检验和数理统计	运用所有有效手段
标准化	重视技术标准	质量控制标准	技术、控制、管理标准并重
实施人员	检验人员	技术和检验人员	企业全体员工
优势	1. 杜绝不合格产品进入市场 2. 企业的经济效益迅速提高	1. 防检结合,产品质量事前得到控制 2. 大大降低了企业内部的质量成本	1. 全面性、全员性、全过程 2. 提高企业的竞争力和市场地位
缺点	属于事后检查,只起到把关作用,无法预防废品产生	预防检验只限于生产过程,数理统计掌握较难	需要全方位规范和深化

二、质量管理体系的构建

质量管理的发展历史是一个不断演变、不断进步的过程。从最初的手工操作到现代的全面质量管理,质量管理在不断地适应着时代的变化和发展。进入21世纪后,随着全球化、信息化和网络化的发展,质量管理面临着新的挑战和机遇。许多企业开始将质量管理与其他管理体系相结合,如 ISO 9001 质量管理体系、六西格玛管理等,以实现更高效、更灵活的质量管理。

(一) ISO9000 族标准简介

ISO9000 族标准是由国际标准化组织（ISO）制定的,它提供了一套质量管理系统的基本原则、术语和定义,以及一系列关于质量管理体系的通用要求和指南。这套标准不仅适用于制造业,也适用于服务业等各个行业。

1. 历史背景

国际标准化组织（ISO）成立于1946年，其成员包括120多个国家和地区，是全球最大的非政府性标准化国际组织，负责在各个领域制定国际标准，被称作"全球标准的制定者"。

20世纪70年代发生的石油危机使得制造业面临着巨大的挑战，为了提升产品质量和竞争力，一些企业开始寻求建立通用的质量管理标准。于是，国际标准化组织就顺势在1987年发布了第一版ISO9000标准，从此开启了质量管理的新篇章。

ISO9000族标准是ISO在质量管理方面的一大杰作。这个标准族在1994年由ISO/TC176（国际标准化组织质量管理和质量保证技术委员会）提出，主要包括了一系列关于质量管理体系的国际标准。随着这套标准不断完善和更新，现在其已经成为全球范围内企业质量管理的重要参考。

2. 主要内容

ISO9000质量管理体系就是一套帮助组织建立、实施、保持并持续改进质量管理体系的国际标准。它的核心思想是以顾客为中心，强调领导的参与和全员参与，通过过程管理和系统方法，实现组织的持续改进和顾客满意。ISO9000族标准不受具体的行业或经济部门的限制，可以广泛适用于各种类型和规模的组织。这个标准族不仅涵盖了质量管理体系的基础与术语、要求、业绩改进指南，还涵盖质量和(或)环境管理体系审核和认证等方面，可以说是质量管理体系的百科全书。具体来说，ISO9000质量管理体系主要包括以下内容：

（1）质量管理体系的基础和术语。通过明确质量管理体系的基本概念和术语，ISO9000为整个体系的建立和实施提供了统一的语言和框架。

（2）质量管理体系的要求。这是ISO9000质量管理体系的核心部分，它详细规定了组织在建立、实施、保持和持续改进质量管理体系时应满足的各项要求。这些要求涵盖了质量方针、质量目标、质量策划、质量控制、质量保证和质量改进等方面。

（3）质量管理体系的业绩改进指南。除基本要求外，ISO9000还提供了一些业绩改进的指南和工具，帮助组织识别改进的机会，优化资源配置，提高质量管理体系的有效性和效率。

（4）质量管理体系的审核和认证。为了确保组织的质量管理体系符合ISO9000标准的要求，需要进行定期的审核和认证。这包括内部审核和外部审核两种方式，以确保质量管理体系的持续改进和有效性。

3. ISO9000族修订历程

从初版发布后，ISO9000就奠定了质量管理体系的基础。初版主要关注于质量管理和质量保证的基本概念、术语和原则，为后续的发展奠定了基础。其后，ISO9000进入了不断修订和完善的阶段。每一次修订都是对标准的进一步细化和提升，以适应不断变化的市场需求和质量管理要求。具体来说，ISO9000主标准经历了从ISO9000：1987到ISO9000：2015的多个版本。其中，比较重要的修订包括引入过程方法、强调顾客导向、增加持续改进等要求。每个版本都体现了当时质量管理理论和实践的最新成果，推动了全球质量管理水平的提升。

现在，ISO9001：2015是最新版本的标准，它更加注重风险管理和绩效改进，鼓励组织采用灵活的方法来实现质量目标。同时,它也与其他管理体系标准(如 ISO14001 环境管理体系)相协调,为组织提供了更加全面的管理框架。

ISO9000 主标准的发展经历了从初步建立到不断完善的过程,它见证了全球质量管理理论和实践的不断进步和创新。

(二)质量管理体系的构建步骤

质量管理体系是在质量方面指挥和控制组织的管理体系,是基于质量管理的原则和体系的基本要求进行的整合与应用。

1. 质量管理体系的建立实施

一般而言,质量管理体系的建立实施需要经历以下几个关键步骤:

(1)明确指导思想和目标。企业需要先确立建立质量管理体系的指导思想,这通常与企业的发展战略目标紧密相关。同时,要明确质量管理体系的具体目标,确保这些目标与企业的愿景和使命保持一致。

(2)分析企业需求。在正确的指导思想下,企业需要分析自身的需求和现状,包括产品特点、生产过程、组织结构等。这有助于确定质量管理体系的职能范围和关键过程。

(3)制定组织结构和职责。企业需要建立质量管理部门的组织架构,并明确各部门在质量管理体系中的职责和权限。这有助于确保质量管理体系的有效运行和持续改进。

(4)建立文件化的质量管理体系。企业应制定一系列文件化的程序和规范,包括质量手册、程序文件、作业指导书等。这些文件应详细描述质量管理体系的要求和流程,为员工提供明确的操作指南。

(5)实施质量管理体系。在文件化的质量管理体系建立后,企业需要按照这些文件的要求实施质量管理活动。这包括质量控制、质量评估、持续改进等方面的工作。同时,企业还需要建立沟通机制和流程,确保质量管理体系在组织内部得到全面、有效的运行。

(6)内部审核和管理评审。企业需要定期对质量管理体系进行内部审核和管理评审,以评估其有效性和适用性。通过内部审核,企业可以发现质量管理体系中存在的问题和不足;通过管理评审,企业可以就质量管理体系的改进方向和目标进行决策。

(7)持续改进。根据内部审核和管理评审的结果,企业需要制定改进措施,并实施这些措施以改进质量管理体系。同时,企业还需要关注外部环境和市场需求的变化,不断调整和完善质量管理体系以适应这些变化。

在整个构建过程中,教育培训是非常重要的一环。教育培训可以增强员工对质量管理体系的认识和理解,提高他们的质量意识和责任感。教育培训应分层次进行,包括决策层、管理层和执行层等不同层次的人员都需要接受相应的培训。

此外,企业还需要关注质量方针和质量目标的制定。质量方针是企业对质量的总体承诺和方向,质量目标则是具体、可衡量的指标。制定明确的质量方针和质量目标,可以为企业的质量管理体系提供明确的指导方向。

2. 质量管理体系的审核

质量管理体系审核是为了确保组织的质量管理体系符合预定要求并运行有效,从而为客户提供高质量的产品或服务,增强客户信心,促进组织发展。

在质量管理体系的运行过程中,组织企业为获得质量管理体系审核证据并对其进行客观评价,需要对质量管理体系进行审核。其审核可分为第一方审核、第二方审核和第三方审核。

（1）第一方审核。第一方审核又称内部审核，是组织内部进行的自我审核。它主要关注组织的质量管理体系是否按照预定的标准和要求运行，以及是否达到了预期的效果。通过内部审核，组织可以进行自我评估、发现问题并持续改进，确保质量管理体系的有效运行。

（2）第二方审核。在质量管理体系中，第二方审核就是顾客或顾客委托的机构对供应商进行审核。它主要关注供应商的质量管理体系是否符合顾客的要求和期望，以及供应商是否有能力提供高质量的产品或服务。通过第二方审核，顾客可以评估供应商的能力和信誉，选择可靠的合作伙伴。

（3）第三方审核。在质量管理体系中，第三方审核是由独立的、经过权威机构认可的机构进行的审核。它主要关注组织的质量管理体系是否符合特定的标准（如 ISO 9001）或法规要求。如果审核结果符合要求，则认证机构会颁发认证证书，证明组织的质量管理体系已经通过了权威认证。通过第三方审核，组织可以获得更多的信任和认可，提高市场竞争力。

综上所述，第一方审核是组织自我检查的基础，它帮助组织发现自身的问题和不足；第二方审核是顾客对供应商的评估，它帮助顾客选择可靠的合作伙伴；而第三方审核则是对组织质量管理体系的权威认证，它提高了组织的信任度和市场竞争力。每种审核方式都有特定的目的和意义，它们共同构成了质量管理体系的完整审核体系。

3. 质量认证

质量认证是通过一系列的评估、检测和验证过程，对产品、服务或组织的质量管理体系进行确认和认可的活动。这个过程通常由独立的第三方机构进行，这些机构具有专业的认证能力和权威性，能够确保认证结果的客观性和公正性。

质量认证包括产品质量认证和质量管理体系认证。质量认证的重要性不言而喻。它不仅可以增强客户对产品或服务的信任，提高品牌形象，还可以减少质量风险，提升生产效率。同时，质量认证也是企业参与市场竞争的重要手段之一，有助于企业在激烈的市场竞争中脱颖而出。

产品质量认证就像是为产品颁发的"身份证"，证明这个产品达到了某个特定的标准或要求。它关注的是产品本身的性能、安全性、可靠性等方面。比如，我们常见的 3C 认证、CE 认证等，都是对产品质量的认证。

产品质量认证有以下几个特点：

（1）公正性。产品质量认证是由具有权威性和公正性的第三方机构进行的，不受供需双方经济利益的影响，因此能够客观、公正地评价产品的质量。

（2）科学性。认证会采用科学的方法和手段对产品进行检测和评估，确保结果的准确性和可靠性。

（3）国际性。很多产品质量认证都遵循国际标准和规范，因此具有广泛的国际认可度，有助于产品提高在国际市场上的竞争力。

企业申请实施产品质量认证需要经过以下几个步骤：

（1）申请认证。企业首先需要向认证机构提出认证申请，并提交相关的产品资料和技术文件。

（2）型式试验。认证机构会对申请认证的产品进行型式试验（type test）。型式试验是为了验证产品能否满足技术规范的全部要求所进行的试验。

（3）初始工厂审查。认证机构会对企业的生产环境、生产设备、工艺流程等进行现场检查，以确保企业具备生产符合认证标准产品的能力。

（4）认证结果评定与批准。认证机构会根据型式试验和初始工厂审查的结果，对申请认证的产品进行综合评价，并决定是否颁发认证证书。

（5）获证后监督。在证书有效期内，认证机构会定期对获证企业进行监督审核，以确保企业持续符合认证标准的要求。

通过以上步骤，企业可以获得产品质量认证证书，并在产品上标注认证标志，从而证明其产品的质量和性能符合相关标准和要求。

（三）质量管理体系认证

质量管理体系认证即关注组织的质量管理体系是否完善，是否有效运行。它就像是为组织的质量管理水平打上一个"合格"的标签。这个认证通常以 ISO9001 标准为基础，通过对组织的质量管理体系进行审核和评估，确认组织是否具备提供符合顾客要求和适用法规要求的产品或服务的能力。

1. 认证五阶段

质量管理体系认证流程分为以下五个阶段：

（1）认证申请。企业在决定是否申请认证之前，应向认证机构索取有关制度，包括认证规则、公开文件、各项规定、有关资料（这些资料免费提供）。企业向选定的体系认证机构提出申请，按认证机构要求提交申请文件，包括企业质量手册、程序文件等体系文件。

（2）受理申请。认证机构收到申请方正式申请后，对申请方的申请文件进行审查，包括填报各项内容是否完整准确，质量手册内容是否覆盖了相应质量合格保证模式标准的要求等。经审查若符合规定的申请要求，即接受申请，由认证机构向申请方发出受理申请书，双方签订合同，并通知申请方下一步工作安排等。

（3）体系审核。认证机构指派数名国家注册审核员实施审核工作，包括文件审查、现场检查前的准备、企业现场评定、审核结束提交审核报告等。

（4）审批与注册发证。认证机构按程序审核，通过后颁发证书，注册并向社会公告。

（5）监督管理。在证书有效期内，认证机构每年对企业至少进行一次监督审核，根据企业的质量体系运行情况，按规定出具保持、暂停、撤销及注销企业认证证书等意见。

2. 认证的材料准备

企业开展质量管理体系认证通常需要准备以下材料：

（1）企业营业执照副本以及组织机构代码证的复印件。

（2）企业计量及检测设备的检定报告。

（3）特殊岗位的上岗证书。

（4）包含质量手册及程序文件在内的一至三级文件。

（5）企业供销方面的资料。

（6）企业人力资源方面的资料。

（7）企业简介及现有员工数。

（8）管理评审、内部审核、满意度等资料。

3. 认证的特点和作用

质量管理体系认证的特点主要包括：认证的对象是质量管理体系；认证的依据是有关质量管理体系的国家标准；鉴定质量管理体系是否符合标准要求的方法是质量管理体系审核；认证的机构是第三方质量管理体系评价机构；认证获准的标识是注册和发给证书；认证是企业的自主行为。

质量管理体系认证的好处包括：对内可以强化管理，提高人员素质；对外可以提升企业形象和市场份额。同时，它还可以帮助企业提高产品和服务的质量，降低质量风险，提升生产效率。所以，一个有远见的企业都会开展质量管理体系认证。

第2节　质量管理的工具和方法

一、质量管理的工具

质量管理的关键是企业要能及时识别并控制过程中的异常因素，提高测量系统的准确性和可靠性，预防潜在失效的发生，确保产品质量满足顾客要求，降低产品质量风险。这就需要通过应用科学的质量管理工具，让企业能够持续改进其质量管理体系。随着工业化的进程和质量管理理论的不断发展，在质量管理的实践过程中逐步形成了以下五大工具。

第一，APQP(advanced product quality planning)，即产品质量先期策划。这是汽车行业在质量管理方面的独特贡献。随着汽车工业的快速发展，其对产品质量的要求也越来越高。为了确保产品质量满足顾客要求，汽车行业开始推行 APQP 方法。

APQP 提供了一种结构化的方法来制定确保产品使顾客满意所需的步骤。它强调团队合作和跨部门沟通，指出在产品开发过程中应与供应商、顾客等各方进行充分沟通和协作，确保所有相关人员都了解并满足产品质量要求。

APQP 的优点在于：可提高产品质量、降低成本；提高顾客满意度；促进对所需更改的早期识别，避免晚期更改。

第二，SPC(statistical process control)，即统计过程控制。在 20 世纪 20 年代，贝尔电话实验室的休哈特博士提出了过程控制理论，并创建了第一张控制图，这标志着统计过程控制阶段的开始。

SPC 是一种制造控制方法，主要是指应用统计分析技术对生产过程进行实时监控，科学区分出生产过程中产品质量的随机波动与异常波动，从而对生产过程的异常趋势提出预警，以便生产管理人员及时采取措施、消除异常，恢复过程的稳定，从而达到提高和控制质量的目的。SPC 能有效控制成本，预防整批不良，减少浪费，并提供一个早期报警系统来监控过程情况。因此其非常适用于重复性的生产过程，能够帮助组织对过程作出可靠的评估，确定过程的统计控制界限，判断过程是否失控及过程是否有能力。此外，它为过程提供了一个早期报警系统，可及时监控过程的情况，以防止废品的产生，减少对常规检验的依赖性，其可实现定时以观察以及系统的测量方法来替代大量检测和验证工作。

实施 SPC 包括两个阶段：

（1）分析阶段。运用控制图、直方图、过程能力分析等使过程处于统计稳态，使过程能力足够。

（2）监控阶段。运用控制图等监控过程。

第三，FMEA（potential failure mode and effects analysis），即潜在的失效模式及后果分析。FMEA 起源于 20 世纪 50 年代的美国，最初是为了分析飞机发动机故障而开发的。后来，FMEA 逐渐被应用于各种产品和过程中，用于识别潜在的失效模式及其影响，并制定相应的预防措施。

FMEA 是在产品、过程、服务等的策划设计阶段，对构成产品的各子系统、零部件、构成过程及服务的各个程序逐一进行分析，找出潜在的失效模式，分析其可能的后果，评估其风险，从而预先采取措施，减少失效模式的严重程序，降低其可能发生的概率，以有效地提高质量与可靠性，确保顾客满意的系统化活动。

FMEA 种类繁多，按其应用领域分类，常见的类别有设计 FMEA 和过程 FMEA，其他类别还包括系统 FMEA、应用 FMEA、采购 FMEA 和服务 FMEA 等。

第四，MSA（measurement system analysis），即测量系统分析。1995 年，美国三大汽车公司共同提出了 QS9000 质量体系，其中明确提出了 MSA 的概念，并将 MSA 作为质量管理的核心工具之一。

MSA 是对每个零件能够重复读数的测量系统进行分析，评定测量系统的质量，判断测量系统产生的数据可接受性。它使用数理统计和图表的方法对测量系统的分辨率和误差进行分析，以评估测量系统的准确性。

第五，PPAP（production part approval process），即生产件批准程序。PPAP 是在 QS9000 质量体系中提出的另一个重要工具。

PPAP 是对生产件的控制程序，也是对质量的一种管理方法。它要求供应商在正式提供生产件之前进行一系列的验证和确认工作，以确保其具备生产满足顾客要求产品的能力。供应商需要提交一系列的文件和证据，以证明其生产件的质量和可靠性，主要包括生产件尺寸检验报告、外观检验报告、功能检验报告、材料检验报告，此外，供应商还应提交一些零件控制方法和供应商控制方法。

二、质量管理的方法

质量管理分为老七大方法和新七大方法。

（一）老七大方法

1. 检查表法

检查表法就是将需要检查的内容或项目先一一列出，再定期或不定期地进行逐项检查，并将问题点记录下来的方法，其有时也叫作查检表或点检表。检查表包括点检表、诊断表、工作改善检查表、满意度调查表、考核表、审核表、5S 检查表、工程异常分析表等。

检查表法的实施步骤如下：①确定检查对象；②制定检查表；③依照检查表项目进行检查并记录；④对检查出的问题要求责任单位及时改善；⑤检查人员在规定的时间内对改善效果进行确认；⑥定期总结、持续改进。

5S 检查表如表 8-2 所示。

表 8-2　　　　　　　　　　　5S 检查表

被检查部门：

检查对象：　　　　　　　生产、仓库、检验现场　　　　检查者：　　　　检查日期：

序号	检查项目	检查内容	问题	整改人	复查日期	复查经理	复查人

2. 层别法

层别法即将大量有关某一特定主题的观点、意见或想法按组进行分类，将收集到的大量的数据或资料按相互关系进行分组，加以层别的方法。层别法一般和柏拉图、直方图等其他七大手法结合使用，也可单独使用（表 8-3 和表 8-4）。

其实施步骤如下：

（1）确定研究的主题。

（2）制作表格并收集数据。

（3）将收集的数据进行甄别。

（4）对数据进行分析，找出其内在的原因，确定改善项目。

表 8-3　　　　　　　　　　　　　　　按操作者层别

操作者	漏油	不漏油	漏油率
王师傅	6	13	32％
李师傅	3	9	25％
张师傅	10	9	53％
共计	19	31	38％

表 8-4　　　　　　　　　　　　　按气缸垫生产厂家层别

供应商	漏油	不漏油	漏油率
A	9	14	39％
B	10	17	37％
共计	19	31	38％

3. 柏拉图

柏拉图的使用要以层别法为前提，即将层别法已经确定的项目从大到小进行排列，再加上累积值的图形。它可以帮助我们找出关键的问题，抓住重要的少数及有用的多数，适用于记数值统计。柏拉图又被称为 ABC 图或排列图。其实施步骤如下：

（1）收集数据，用层别法进行分类，计算各层别项目占整体项目的百分数。

（2）把分好类的数据进行汇总，按由多到少进行排列，并计算累计百分数。

（3）绘制横轴和纵轴刻度。

（4）绘制柱状图。

（5）绘制累积曲线。

（6）记录必要事项。

（7）分析柏拉图。

柏拉图的制作要点包括：①柏拉图有两个纵坐标，左侧纵坐标一般表示数量或金额，右侧纵坐标一般表示数量或金额的累积百分数；②柏拉图的横坐标一般表示检查项目，按影响程度大小，从左到右依次排列；③绘制柏拉图时，按各项目数量或金额出现的频数，对应左侧纵坐标画出直方形，将各项目出现的累计频率，对应右侧纵坐标描出点，并将这些点按顺序连接成线。

其应用要点及注意事项如下：

（1）柏拉图要留存，把改善前与改善后的柏拉图排在一起，可以评估出改善效果。

（2）柏拉图的分类项目不要定得太少，5～9 项较合适，如果分类项目太多，超过 9 项，则可划入其他，如果分类项目少于 4 项，则作柏拉图无实际意义。

（3）作成的柏拉图如果发现各项目分配比例差不多，柏拉图就失去意义，与柏拉图法则不符，应从其他角度收集数据再作分析。

（4）其他项目如果大于前面几项，则必须加以分析鉴别，检讨其中原因是什么。

4. 因果图

因果图又称特性要因图，主要用于分析品质特性与影响品质特性的可能原因之间的因果关系,通过把握现状、分析原因、寻找措施来促进问题的解决。因果图是一种用于分析品质特性(结果)与可能影响特性的因素(原因)的工具。

1) 分类

(1) 追求原因型:在于追求问题的原因,并寻找其影响,以因果图表示结果(特性)与原因(要因)间的关系。

(2) 追求对策型:追求问题点如何防止、目标如何达成,并以因果图表示期望效果与对策的关系。

2) 实施步骤

(1) 成立因果图分析小组,3~6人为好,小组成员最好是各部门的代表。

(2) 确定问题点。

(3) 画出干线主骨、中骨、小骨,确定重大原因,一般从5M1E即人(man)、机(machine)、料(material)、法(method)、测(measure)、环(environment)这六个方面找出原因。

(4) 与会人员开展讨论,依据重大原因进行分析,找到中原因或小原因,绘至因果图中。

(5) 因果图小组要形成共识,把最可能是问题根源的项目用红笔或特殊记号标识。

(6) 记入必要事项。

3) 应用要点及注意事项

(1) 确定原因要集合全员的知识与经验,集思广益,以免出现疏漏。

(2) 原因解析应越细越好,越细则越能找出关键原因或解决问题的方法。

(3) 有多少品质特性,就要绘制多少张因果图。

(4) 如果分析出来的原因不能采取措施,则说明问题还没有得到解决;要想改进有效果,则对原因必须进行细分,直到能采取措施为止。

(5) 在数据的基础上客观地评价每个因素。

(6) 把重点放在解决问题上,并依5W2H[why—为何要做(对象)、what—做什么(目的)、where—在哪里做(场所)、when—什么时候做(顺序)、who—谁来做、how—用什么方法做(手段)、how much—花费多少(费用)]的方法逐项列出。绘制因果图时,重点先放在"为什么会发生这种原因、结果"上,分析后要提出对策时,重点则放在"如何才能解决"上。

(7) 因果图应考虑现场所发生的问题。

(8) 因果图绘制后,要形成共识,再决定要因,应用红笔或特殊记号标出要因。

(9) 使用因果图时,要不断对其加以改进。

5. 散布图

将因果关系所对应变化的数据分别描绘在 X 轴和 Y 轴坐标系上,以掌握两个变量之间是否相关及相关程度如何,这种图形叫作散布图,也称为相关图。

1) 分类

(1) 正相关:当变量 X 增大时,另一个变量 Y 也增大。

(2) 负相关:当变量 X 增大时,另一个变量 Y 却减小。

(3) 不相关:变量 X(或 Y)变化时,另一个变量并不改变。

(4) 曲线相关:变量 X 开始增大时,Y 也随着增大,但达到某一值后,则当 X 值增大时,Y 反而减小。

2）实施步骤

（1）确定要调查的两个变量，收集相关的最新数据，至少 30 组。

（2）找出两个变量的最大值与最小值，将两个变量描入 X 轴与 Y 轴。

（3）将相应的两个变量以点的形式标上坐标系。

（4）计入图名、制作者、制作时间等项目。

（5）判断散布图的相关性与相关程度。

散布图如图 8-1 所示。

3）应用要点及注意事项

（1）两组变量的对应数在 30 组以上，最好 50 组至 100 组，数据太少时，容易造成误判。

（2）通常横坐标用来表示原因或自变量，纵坐标用来表示效果或因变量。

（3）数据获得时，5M1E 的变化常常导致数据的相关性受到影响，故在这种情况下需要对数据获得的条件进行判断，否则散布图不能真实地反映两个变量之间的关系。

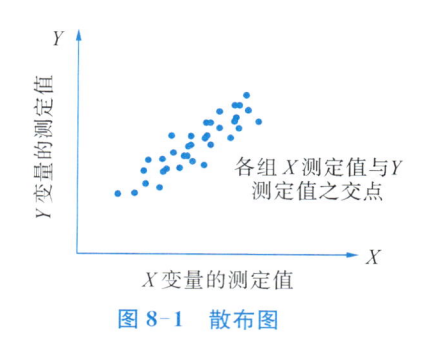

图 8-1 散布图

（4）当有异常点出现时，应立即查找原因，而不能将异常点删除。

（5）当散布图的相关性与技术经验不符时，应进一步检讨是否有什么原因造成了假象。

6. 直方图

直方图即针对某产品或过程的特性值，利用常态分布（也叫正态分布）的原理，把 50 个以上的数据进行分组，并算出每组出现的次数，再用类似的直方图形描绘在横轴上。

1）实施步骤

（1）收集同一类型的数据。

（2）计算极差（全距）R。

（3）设定组数 K。

（4）确定测量最小单位。

（5）计算组距 h。

（6）求出各组的上限和下限值。

（7）计算各组的中心值。

（8）制作频数表。

（9）按频数表画出直方图。

2）直方图的常见形态与判定

在正常情况下，直方图呈正态分布（即正常型），其在公差允许的范围内。若分布形态为缺齿型、偏态型、离岛型、高原型、双峰型、不规则型等，则不是正态分布，不服从统计规律，说明工序质量不稳定，容易出现不合格产品。

7. 控制图

控制图又叫管理图，是一种带控制界限的质量管理图表。它利用现场收集到的质量特征值，绘制成控制图，通过观察图形来判断产品的生产过程的质量状况。控制图可以提供很多有用的信息，是质量管理的重要方法之一。

控制图是对生产过程质量的一种记录图形,图上有中心线和上下控制界限,并有反映按时间顺序抽取的各样本统计量的数值点。中心线是所控制的统计量的平均值,上下控制界限与中心线相距数倍标准差。很多制造业企业应用3倍标准差来控制界限,如果有充分的证据,也可以使用其他控制界限。

常用的控制图有计量值和记数值两大类,它们分别适用于不同的生产过程;每类又可细分为具体的控制图,如计量值控制图可具体分为均值—极差控制图、单值—移动极差控制图等。

制作控制图一般要经过以下几个步骤:

(1) 按规定的抽样间隔和样本大小抽取样本。

(2) 测量样本的质量特性值,计算其统计量数值。

(3) 在控制图上描点。

(4) 判断生产过程是否有并行。

控制图为管理者提供了许多有用的生产过程信息。在使用控制图时,应注意以下几个问题:

(1) 根据工序的质量情况,合理选择管理点。管理点一般是指关键部位、关键尺寸、工艺本身有特殊要求,对下道工序存在影响的关键点,应选质量不稳定、出现不良品较多的部位作为管理点。

(2) 根据管理点上的质量问题,合理选择控制图的种类。

(3) 使用控制图进行工序管理时,应首先确定合理的控制界限。

(4) 控制图上的点出现异常状态时,应立即找出原因,采取措施后再进行生产,这是控制图发挥作用的首要前提。

(5) 控制线不等于公差线,公差线是用来判断产品是否合格的,而控制线是用来判断工序质量是否发生变化的。

(6) 控制图发生异常时,要明确责任,及时解决或上报。

制作控制图时并不是每一次都要计算控制界限。如果现在的生产条件和过去差不多,则可以遵循以往的经验数据,即沿用以往稳定生产的控制界限。下面介绍一种确定控制界限的方法,即现场抽样法。

(1) 随机抽取50件以上样品,测出样品的数据,计算控制界限,作控制图。

(2) 观察控制图是否在控制状态中。如果点全部在控制界限内,且点的排列无异常,则可以转入下一步。

(3) 如果有异常状态,或虽未超出控制界限,但排列有异常,则需查明导致异常的原因,并采取妥善措施使之处在控制状态,然后再重新取数据计算控制界限,转入下一步。

(4) 把上述所取数据作立方图,将立方图和标准界限(公差上限和下限)进行比较,看是否在理想状态或在较理想状态。如果达不到要求,就必须采取措施,使平均位移动或标准偏差减少,采取措施后再重复上述步骤,重新取数据,作控制界限,直到满足标准为止。

用控制图识别生产过程的状态,主要是根据样本数据形成的样本点位置以及变化趋势进行分析和判断。失控状态主要表现为以下两种情况:

(1) 样本点超出控制界限。

(2) 样本点在控制界限内,但排列异常。当数据点超越管理界限时,一般认为生产过程存在异常现象,此时就应该追究原因,并采取对策。

排列异常主要指出现以下几种情况:

(1) 连续 7 个以上的点全部偏离中心线上方或下方,这时应查看生产条件是否出现变化。

(2) 连续 3 个点中的两个点进入管理界限的附近区域(指从中心线开始到管理界限的 2/3 以上的区域),这时应注意生产的波动度是否过大。

(3) 点相继出现向上或向下的趋势,这表明工序特性在向上或向下发生着变化。

(4) 点的排列状态呈周期性变化,这时可对作业时间进行层次处理,重新制作控制图,以便找出问题的原因。

控制图对异常现象的揭示能力,将根据数据分组时各组数据的多少、样本的收集方法、层别的划分不同而出现差异。企业不应仅仅满足于对一份控制图的使用,而应变换各种数据收取方法和使用方法,制作出各种类型的图表,这样才能取得更好的效果。

需要关注的是,如果发现了超越管理界限的异常现象,则必须努力追究原因、采取对策,否则哪怕控制图的效用再好,其也只不过是一纸空文。

(二) 新七大方法

质量管理新七种工具的产生,源于日本在全面质量管理过程中的不断探索和创新。在质量管理的发展过程中,日本科学技术联盟组织了一些专家,运用运筹学或系统工程的原理和方法,经过多年研究和现场实践,于 1979 年正式提出了七种新的质量管理工具。这七种新工具分别是 KJ 法、系统图法、关联图法、PDPC 法、箭头图法、矩阵图法、矩阵数据分析法。这些工具主要用于解决全面质量管理中 PDCA 循环的 P(计划)阶段的有关问题,着重于整理问题、展开方针目标和安排时间进度。

新七大工具与老七大工具并不是替代关系,而是相互补充、相互支持的关系。老七大工具着力于快速定位问题、找到解决问题的方向,而新七大工具则用来更深入地分析问题,提出更具体、更可行的解决方案。老七大工具就像是一群经验丰富的老师傅,他们凭借着多年的手艺和技巧,强调用数据说话,重视对制造过程的质量控制。他们擅长通过数据分析和统计来发现问题、解决问题。新七大工具就像是一群充满活力和创新精神的年轻人,他们在继承老师傅们经验的基础上,运用现代管理理念和科技手段,提供更多元、更高效的解决问题的方法。他们更注重整理、分析语言文字资料(非数据),着重解决全面质量管理中 PDCA 循环的 P(计划)阶段的有关问题。

1. KJ 法

KJ 法又称 A 型图解法或亲和图法(affinity diagram),是全面质量管理的新七种工具之一。这种方法主要用于将处于混乱状态中的语言文字资料,利用其内在相互关系(亲和性)加以归纳整理,从而找出解决问题的新途径。

KJ 法的主要思想是通过收集和整理与问题相关的语言文字资料,利用这些资料间的相互亲和性进行归类合并,进而从中找到所要解决的问题和解决问题的办法。这种方法特别适用于问题复杂、起初情况混淆不清、牵涉部门众多的情况。它有助于从复杂的现象中整理出思路,抓住实质,促进协调,统一思想。

1) 实施步骤

(1) 准备工具:准备黄色便利贴、笔和贴便利贴的场地(如小黑板)。

（2）头脑风暴：团队成员根据提出的问题进行头脑风暴，并在黄色便利贴上写下各自想到的解决问题的办法。

（3）张贴便利贴：将写好的便利贴贴到墙上或小黑板上，直到团队成员能想到的所有办法都全部贴出。

（4）归类整理：团队成员一起将那些办法相似的便利贴排在一起，并进行讨论。当所有人对排列方式满意时，这些办法就被分成了几个小组。

（5）命名分组：给团队成员每人发一些绿色便利贴，让他们为分好的组进行命名，并写上命名理由。

（6）投票决策：给每人发3张红色便利贴，分别画上1星、2星和3星，代表优先级别。将这些红色便利贴分别贴在各小组旁边，最后统计星数。星数越高代表优先级别越高。

（7）选择方案：选择星数最多的那个小组中的方法作为解决问题的办法。这个方法是大家所认可的，表明其可操作性最强，风险最低。

2）应用要点及注意事项

（1）注意信息的真实性：在收集信息时，要确保信息的真实性和可靠性。避免使用虚假或误导性的信息，以免对分析结果产生不良影响。

（2）保持客观性：在分析过程中，要保持客观性和中立性，避免个人主观因素对分析结果产生影响。同时，要尊重他人的意见和观点，进行充分讨论和协商。

（3）注意信息的全面性：信息收集过程中，要尽可能全面地收集与目标和主题相关的信息。应避免遗漏重要信息或忽略某些关键因素，以确保分析结果的准确性和全面性。

（4）合理设置分类标准：在分类和归纳过程中，要合理设置分类标准，确保分类结果的合理性和有效性。同时，要根据实际情况，对分类标准进行适当调整和优化。

（5）注意保密和隐私：在收集和使用信息时，要注意保护相关人员的隐私，避免泄露敏感信息或侵犯他人权益。

2. 系统图法

系统图法又称树图法或树枝系统图，是一种将目的与需要采取的措施或手段系统地展开，并绘制成图的方法。系统图法的主要目的是明确问题的重点，寻找最佳的手段或措施。它将要达到的目的与需要采取的措施或手段系统地展开，并绘制成图，以帮助企业系统地掌握问题，找到实现目的的最佳手段。

1）实施步骤

（1）确定目的。首先，需要明确要达到的最终目的。

（2）提出措施。基于目的，提出实现目的可能需要采取的措施。

（3）确定限制条件。设定达成目标的限制条件，如时间、预算、资源等。

（4）评价措施。对提出的措施进行评价，考虑其可行性、效果、成本等因素。

（5）逐级展开。从目的开始，逐级展开到具体的措施或手段。可以进行多次展开，直到措施足够具体、无法再细分或达到可实施的程度。

（6）制作评价表。制作实施手段的评价表，对各级措施进行量化评估。

（7）绘制系统图。将各级措施绘制成系统图，明确各级之间的逻辑关系。

（8）确认目标实现。检查系统图，确保所有措施都能有效地支持目的的实现。

（9）制订实施计划。根据系统图，制订详细的实施计划，包括进度、责任人等。

2）实施要点及注意事项

（1）目的明确。确保目的明确、具体，避免目的模糊或过于宽泛。

（2）措施可行。提出的措施应具有可行性，能够实际执行并产生预期效果。

（3）限制条件合理。设定的限制条件应合理、实际，不应过于严格或宽松。

（4）评价客观。对措施的评价应客观、公正，避免出现主观偏见。

（5）系统图清晰。绘制的系统图应清晰、明了，能够直观地展示各级措施之间的逻辑关系。

（6）逻辑严密。系统图中的逻辑关系应严密、合理，避免出现逻辑错误。

（7）定期评审。在实施过程中，应定期评审系统图和实施计划，确保其仍然有效和适用。

3. 关联图法

关联图法是一种用关联图来整理、分析、解决在原因和结果、目的和手段等方面存在复杂关系的问题的方法。它利用圆圈（或方框）和箭头来表示各个因素以及它们之间的关系，通过逻辑推理和图形化表达，帮助人们更清晰地认识问题的本质和各个因素之间的相互影响，从而找到解决问题的关键点和有效方法。

1）实施步骤

（1）确定问题。明确需要解决的问题或需要达成的目标。

（2）成立团队。组建一个包含不同领域专家的团队，共同分析问题。

（3）头脑风暴。团队成员共同讨论，找出与问题相关的所有可能因素。

（4）制作原因和问题卡片。将每个因素和问题写在卡片上，以便进行后续整理。

（5）依照因果关系排列卡片。根据因素之间的因果关系，将卡片进行排序。

（6）连接因果关系，制作关联图。用圆圈（或方框）表示因素，用箭头表示因果关系，将卡片转化为关联图。

（7）确定因果关系的合理性。检查关联图中的因果关系是否合理，如有必要，则进行调整。

（8）确定主要原因并标记。在关联图中找出主要原因，并用特殊标记表示。

（9）制定改进措施。根据关联图分析的结果，制定相应的改进措施。

2）实施要点及注意事项

（1）充分发扬民主。在关联图法的实施过程中，要充分发扬民主，鼓励团队成员积极参与讨论，集思广益。

（2）语言简练、表达清楚。关联图中所使用的语言和文字要简练、表达要清楚，避免使用模糊或容易产生歧义的词汇。

（3）不断分析、研究和修改。关联图法是一个不断迭代的过程，需要根据实际情况不断分析、研究和修改关联图，以确保其准确性和有效性。

（4）重视评价和修正。对关联图所采取的措施，要召开小组成员会议进行评定和估价，并根据外部情况的变化及时进行修正。

（5）避免遗漏重要因素。在制作关联图时，要确保所有与问题相关的重要因素都被纳入考虑范围，避免遗漏重要信息。

（6）注意因素之间的相互影响。在关联图中要清晰表示各个因素之间的相互影响关系，以便更好地理解问题的本质和找到解决问题的有效方法。

4. PDPC 法

PDPC 法全称为过程决策计划图，是为了完成某项任务或达到某个目标，以画图方式表现出每一件可能发生的事情及其变化情形，以便掌握和规划未来的方法。它主要关注的是在计划执行过程中可能会遇到的各种问题，并提前设计好相应的解决方案，以确保最终目标的实现。

1）实施步骤

（1）明确目标与起点。首先，明确要达到的目标以及计划的起点。

（2）画出乐观步骤。根据目标，画出达成目标必经的乐观步骤或路径。

（3）预测障碍。考虑并预测这些步骤中可能会遭遇的不好结果。

（4）提出对策。针对预测到的问题或障碍，提出相应的解决对策或备用方案。

（5）实施计划。按照计划逐步实施，并在过程中不断根据实际情况调整对策。

（6）持续监控与调整。在计划实施过程中，利用新的情报，不断重复预测障碍、提出对策的步骤，直到达成目标为止。

2）实施要点及注意事项

（1）全面考虑。在预测障碍时，要尽可能全面地考虑各种可能的情况，包括内外部环境的变化、人为因素等。

（2）注重团队合作。PDPC 法的实施需要团队成员紧密合作，共同分析问题，提出对策。

（3）明确责任。对于每个对策或备用方案，需要明确责任人和执行时间，以确保对策实施的及时性和有效性。

5. 箭头图法

箭头图法又称箭条图法或关键路径法（CPM），是一种用于项目规划和控制的方法，它可以帮助项目经理预测项目的工期，确定关键任务，分析项目进度中的延迟情况。

箭头图法通过活动、节点和路线来表示项目中的任务及其依赖关系。活动是需要消耗时间和资源的任务，节点表示活动的开始或结束，而路线则是活动按照时间顺序排列的路径。箭头图法的核心在于确定项目的关键路径，即项目中最长的路线，它决定了项目的最短完成时间。

1）实施步骤

（1）定义项目范围。明确项目的目标、任务、约束条件和限制。

（2）列出所有活动。根据项目范围，列出所有需要完成的活动，并估计每项活动所需的时间和资源。

（3）确定活动依赖关系。分析活动之间的依赖关系，确定哪些活动必须在其他活动完成后才能开始。

（4）绘制网络图。使用节点表示活动的开始或结束，使用箭头表示活动之间的依赖关系，绘制出项目的网络图。

（5）计算活动持续时间。根据活动的估计时间和资源需求，计算每项活动的持续时间。

（6）确定关键路径。在网络图中找出最长的路线，即关键路径。关键路径上的活动决定了项目的最短完成时间。

(7)更新和调整。在项目实施过程中,根据实际情况更新网络图,调整活动时间和资源分配,确保项目按计划进行。

2)实施要点及注意事项

(1)确保数据准确。在活动估计和依赖关系分析时,不准确的数据可能导致项目计划出现偏差。

(2)所列活动必须完整。要确保所有必要的活动都被包括在内。一旦遗漏活动,可能导致项目延期或无法满足目标。

(3)考虑风险管理。在绘制网络图时,要考虑潜在的风险因素,并制定相应的风险应对措施,这有助于降低项目失败的风险。

(4)美观性和一致性。在绘制网络图时,要注意保持画面的美观性和一致性。箭头的大小、颜色和指示位置应保持一致。

6. 矩阵图法

矩阵图法是一种利用数学上矩阵的形式表示因素间相互关系,从而探索问题所在并得出解决问题的方法。它主要是先从多维问题的事件中找出成对的因素,排列成矩阵图,然后根据矩阵图来分析问题,确定关键点。在复杂的质量问题中,往往存在许多成对的质量因素,将这些成对因素找出来,分别排列成行和列,其交点就是其相互关联的程度。通过这种方法,我们可以找出存在的问题及问题的形态,从而找到解决问题的思路。矩阵图一般包括 L 型、T 形以及 X 形。

1)实施步骤

(1)确定分析对象。首先,明确要分析的问题:其可以是一个具体的可量化问题,也可以是一个抽象的、不易量化的问题。

(2)确定影响因素。在确定分析对象后,需要找出影响该对象的各种因素。这些因素可以是直接的、可见的因素,也可以是间接的、不易察觉的因素。在确定影响因素时,需要尽可能考虑到所有可能的因素。

(3)建立矩阵。在确定了分析对象和影响因素之后,就可以开始建立矩阵了。在建立矩阵时,可以使用表格来呈现矩阵的结构。可将影响因素分别排列成行和列,形成矩阵图。

(4)分析因素关系。在矩阵图中,行和列的交点表示各因素之间的关系。根据交点上行和列因素是否相关联及其关联程度的大小,可以探索问题及其形态。

(5)制定对策。根据因素关系的分析结果,确定需要控制的重点因素,并针对这些重点因素制定相应的对策或解决方案。

2)实施要点及注意事项

(1)明确分析目的。在制作矩阵图之前,需要明确分析的目的和意图,以便更好地选择适合的矩阵类型和分析方法。

(2)选择合适的矩阵类型。根据分析对象的特点和需要,选择合适的矩阵类型。常见的矩阵图类型包括 L 型矩阵图和 T 型矩阵图等。

(3)确保因素的独立性和全面性。在确定影响因素时,需要确保因素的独立性和全面性,避免重复或遗漏。

(4)准确表示因素关系。在矩阵图中,需要准确表示各因素之间的关系,包括关联程度的大小和是否存在关联等。

7. 矩阵数据分析法

矩阵数据分析法(matrix data analysis chart，MDAC)是一种通过运用主成分分析等计算方法，准确地整理和分析在矩阵图上用数据定量化表示的各元素间关系的方法。它主要利用数据矩阵的形式，对多个因素之间的关系进行量化分析，从而找出问题的关键所在，为决策提供支持。这种方法可以将多个因素之间的关系进行量化，从而使分析结果更加准确和客观。

1) 实施步骤

(1) 确定分析目标。明确需要分析的问题或目标，确定需要考察的因素和指标。

(2) 收集数据。根据分析目标，收集相关的数据，确保数据的准确性和完整性。

(3) 构建数据矩阵。将收集到的数据按照特定的规则(如行代表因素，列代表指标)构建成数据矩阵。

(4) 数据预处理。对数据进行必要的预处理，如缺失值处理、异常值处理等，以确保数据的可靠性。

(5) 数据分析。运用主成分分析等数学方法对数据矩阵进行分析，找出数据中的规律和关联。

(6) 结果解释。根据分析结果，对结果进行解释和说明，提出相应的建议或决策。

2) 实施要点及注意事项

(1) 数据质量。确保收集到的数据质量高、准确可靠，是成功应用矩阵数据分析法的关键。

(2) 矩阵构建。合理构建数据矩阵是分析的基础，要确保矩阵能够全面反映各因素之间的关系。

(3) 数据分析方法。选择合适的数学方法对数据进行分析，如主成分分析、聚类分析等，以确保分析结果的准确性和可靠性。

(4) 结果解释。对分析结果进行合理解释和说明，提出有针对性的建议或决策，以解决实际问题。

第3节　六西格玛质量管理体系

从20世纪90年代开始，六西格玛这个名词的使用频率日渐增多。全球范围内的企业界和管理界刮起了一股六西格玛之风。而跨国公司摩托罗拉、通用电气等世界顶级企业推行六西格玛的成功经验，更是让许多人在关注它的同时产生了疑惑：六西格玛究竟是什么？六西格玛为何能够对一个企业产生如此大的影响？

20世纪七八十年代，日本运用全面质量管理，推动经济实现历史性飞跃。但全面质量管理有一个缺陷，即它相对封闭，重视技术问题而忽视了管理问题。1987年，摩托罗拉通信业务率先推出一套名为"六西格玛"的质量管理创新改进概念，随后，这一方法被推广到全公司。它使摩托罗拉公司的工作从5年改进10倍缩短成为2年改进10倍。通用电气也在全公司积极推行六西格玛并取得了市场价值第一的卓越业绩,这使六西格玛管理的理论逐渐完善。

从统计学角度来看,六西格玛代表着每百万次操作中只有 3.4 次失误或错误。在质量管理领域,六西格玛代表着一种追求卓越、持续改进的哲学和方法论。它不仅仅是一个衡量质量的标准,更是一种企业文化和思维方式。六西格玛的核心是通过系统地识别、消除和防止产品或服务中的缺陷,来实现客户满意度和业务流程的优化。该体系的核心在于 DMAIC 流程,即定义(define)、测量(measure)、分析(analyze)、改进(improve)和控制(control)。

拓展资料

GE 公司"六西格玛"管理成效显著

在 GE,运用"六个西格玛"方法最好的例子要数 ED&C 公司(GE 公司的子公司)。"六个西格玛"进入工厂后,公司凭借它找出了深层次的质量问题,这些问题长期以来一直干扰着工厂的准时交货。一开始公司怀疑线路板存货不足,因而想通过加大预期订货的方法来加以解决。但后来公司通过调查发现供货商在元件板上插二极管、晶体管、电容电阻时存在困难,常常把元器件打碎。公司运用"六个西格玛"工具来测量供应商在生产过程中的误差,通过使用分层管理模型图、时间模型图和其他统计工具,发现问题的症结是线路板上的孔太小,而这又是由于 GE 自己的孔点太小所致。这一发现极大地降低了成本,提高了效率。

一、六西格玛质量管理的含义

1961 年就提出"零缺陷"概念的美国质量管理专家菲利普·克劳斯比认为,当大家都认定在操作过程中无法避免错误的时候,下一步就是制定一个容许错误的数字。当良品率预定为 85%,那便是表示容许 15% 的错误存在。

为了提高质量,工厂的管理者们发明了六西格玛管理方法。"西格玛"是统计学里的一个单位,表示与平均值的标准偏差。它可以用来衡量一个流程的完美程度,显示每 100 万次操作中发生多少次失误。西格玛的数值越高,失误率就越低。具体来说,相关数据可以表示如下:

1 西格玛＝690 000 次失误/百万次操作

2 西格玛＝308 000 次失误/百万次操作

3 西格玛＝66 800 次失误/百万次操作

4 西格玛＝6 210 次失误/百万次操作

5 西格玛＝230 次失误/百万次操作

6 西格玛＝3.4 次失误/百万次操作

7 西格玛＝0 次失误/百万次操作

六西格玛是一项以数据为基础,追求几乎完美无瑕的质量管理办法。它强调数据的重要性,认为只有通过收集、分析和利用真实、准确的数据,才能作出科学的决策和判断。因此,该体系要求企业建立完善的数据收集和分析系统,确保数据的准确性和可靠性。同时,六西格玛还注重团队合作和持续改进，鼓励员工积极参与改进活动，建立跨部门的协作机制，共同推动质量管理的持续改进。

二、六西格玛质量管理的架构

六西格玛质量管理的架构主要由两个主要部分组成：团队架构和流程架构。

（一）团队架构

在团队架构方面，六西格玛质量管理团队通常由三个层次组成。

1. 高层领导团队

这个团队由公司的高级管理人员组成，负责制定六西格玛战略和目标，为六西格玛项目提供必要的资源和支持，并监督项目的进展和成果。这个团队通常由公司总裁、副总裁、首席质量官等组成。

2. 黑带大师团队

这个团队由具有丰富经验和技能的六西格玛专家组成，他们负责指导、培训和监督黑带（代表高级别专家）和绿带（代表相对低级别人员）的日常工作，确保项目按照六西格玛方法论的流程进行。这个团队通常由公司内部的黑带大师或者从外部聘请的六西格玛顾问组成。

3. 项目执行团队

这个团队由六西格玛绿带或六西格玛黑带组成，他们负责执行具体的六西格玛项目，包括定义、度量、分析、改善以及控制等步骤。

（二）流程架构

在流程架构方面，六西格玛质量管理包括两个主要的过程：DMAIC 和 DMADV。

（1）DMAIC（定义、测量、分析、改善、控制）是对当前低于六西格玛规格的项目进行改进的过程。它首先定义问题，然后测量当前流程的性能，接着分析问题的根本原因，根据分析结果改善流程，最后控制新的流程，以确保问题得到解决。

（2）DMADV（定义、测量、分析、设计、验证）则是针对试图达到六西格玛质量的新产品或项目进行开发的过程。它首先定义顾客需求，然后测量并评估设计的能力，接着分析设计选项，根据分析结果进行设计，最后验证设计以确保其满足六西格玛标准。

三、六西格玛质量管理的核心特征

六西格玛质量管理有两方面的含义：首先，企业生产的产品特性必须满足顾客的需求。由于顾客的需求在某方面是无止境的，所以要进行量化分析，充分考虑利益和成本两个方面。其次，企业要在正确定义顾客满意和忠诚的质量的基础上，避免出现任何缺陷和风险，使其百万次操作差错只有 3.4 次。这两个方面就像天平的两端，一端是顾客需求，一端是企业的利益，忽视任何一方都不能带来企业的长久持续发展。因此，六西格玛质量管理的核心特征主要体现在以下几个方面。

1. 以顾客为关注焦点的管理理念

六西格玛质量管理以顾客为中心，关注顾客的需求和期望。所有的管理项目和活动都围绕着提高顾客满意度来展开，确保产品和服务能够最大限度地满足顾客的期望。

2. 数据驱动

六西格玛质量管理是一种高度重视数据和事实的管理方法。它强调通过收集、分析和利用数据来作出决策，确保所有的改进和优化活动都是基于可靠的数据支持。

3. 以项目为驱动力的管理方法

六西格玛质量管理的实施是以项目为基本单元，通过具体的项目来推动企业的改进和优化。这种方法能够确保资源得到合理的配置，同时也有助于追踪和评估改进的效果。

4. 突破性的改进

六西格玛质量管理追求的是突破性的改进，而不仅仅是渐进式的优化。它要求企业在产品质量、生产效率、客户满意度等方面实现显著的提升，从而为企业带来更大的竞争优势。

5. 骨干队伍的建设

六西格玛质量管理方法非常重视骨干队伍的建设。这些骨干人员包括倡导者、黑带大师、黑带和绿带等，他们是企业实施六西格玛质量管理的关键力量，负责推动项目的进展并确保改进目标的实现。

6. 追求零缺陷

六西格玛质量管理的最终目标是实现零缺陷，即产品和服务在设计和生产过程中应尽可能减少错误和缺陷，从而确保顾客能够获得完美的体验。

四、六西格玛质量管理的 DMAIC 模型

六西格玛质量管理有一个五步流程改进方法，通常被称为 DMAIC 模型。它强调对现有流程进行定义（define）、测量（measure）、分析（analyze）、改进（improve）和控制（control），以实现质量和效率的提升。

（1）定义。这是六西格玛质量管理的第一步，主要目的是明确要解决的问题或改进的目标。在这一步中，需要将问题或目标转化为可测量的关键质量特性（CTQ），并确定相应的度量指标。定义问题的目标是确保团队成员对问题的认识一致，并确定改进的方向和范围。

（2）测量。在确定了问题或改进目标之后，需要收集相关的数据以支持后续的分析和改进。这些数据将用于评估当前流程的性能，并识别出可能的缺陷或问题。

（3）分析。在收集到数据之后，需要对数据进行深入的分析，以识别出问题的根本原因。这一步通常包括使用各种统计工具和技术来识别流程中的变异性和缺陷，以及确定哪些因素对流程性能产生较大影响。

（4）改进。在分析了数据并确定了问题的根本原因之后，需要制定相应的改进措施来解决问题或实现改进目标。这些措施可能包括改进流程、改变产品设计、提高员工技能等。

（5）控制。在实施了改进措施之后，需要建立监控机制来确保改进措施的有效性和可持续性。这包括定期检查流程性能、收集和分析数据、识别并解决问题等。

六西格玛质量管理是一个持续的过程，而不是一次性的项目。因此，在实现了初步改进之后，需要继续监控流程性能，并寻找进一步改进的机会。通过持续的改进，企业可以不断提高产品质量、降低成本、提高客户满意度。

以上五个步骤构成了六西格玛质量管理的基本框架，企业可以根据实际情况灵活运用这些步骤，以推动质量管理水平持续提升。

第4节　现代质量管理面临的挑战和新思路

一、现代质量管理面临的挑战

随着时代的变迁和社会的发展，人们对质量概念的理解逐步发生变化，质量管理的理论也在不断地充实和发展过程中。全球化趋势加速，市场竞争越发激烈，使得现代质量管理面临着全新的挑战。

首先，现代科技飞速发展，产品更新换代加快，给质量管理带来了巨大挑战。确保新产品在快速迭代的同时，质量也能保持稳定，成为质量管理团队面临的巨大挑战。

其次，全球化竞争越来越激烈。来自全球市场的竞争对手可能拥有更先进的技术、更丰富的资源，甚至更灵活的管理模式。在这样的背景下，企业要想在市场中处于有利地位，就必须不断提升自身的质量管理水平，确保产品质量和服务质量满足客户需求。

另外，现代消费者越来越注重个性化、定制化的产品和服务。这就要求企业在保证产品质量的同时，还要满足客户的个性化需求。这同样给质量管理带来了不小挑战。

此外，现代质量管理还面临着一些传统问题的困扰，如人员培训、设备维护、工艺改进等方面的问题。这些问题看似简单，但实际上需要企业投入大量的人力、物力和财力去解决。

二、现代质量管理的新思路

（一）新技术在质量管理中的应用

如今，不断涌现的新技术为质量管理提供了更丰富的工具和手段，这些新技术的应用也带来了许多创新和突破。

1. 人工智能（AI）和机器学习

实时监控：利用人工智能（AI）技术，企业可以对生产过程进行实时监控；企业通过对传感器数据的分析和处理，可及时发现异常情况，并自动调整生产参数，以避免质量问题的发生。

预测性维护：通过机器学习（ML）算法，企业可以预测设备的故障模式，提前进行维护，从而确保生产线的连续性和产品质量的稳定性。

2. 物联网

远程监控：物联网（IoT）技术使得企业能够远程监控生产设备的运行状态，实时获取生产数据，为质量管理提供有力支持。

追溯系统：在食品、药品等行业中，物联网技术被用于建立追溯系统，确保产品从原材料到成品的每一个环节都符合质量标准。

3. 大数据分析

质量数据挖掘：利用大数据分析技术，企业可以对生产过程中产生的大量数据进行挖掘和分析，发现生产过程中的关键问题，找出影响产品质量的因素，从而制定正确的质量控制和改进措施。

预测性质量控制：通过分析历史数据，企业可以预测未来可能出现的质量问题，并提前采取措施进行预防。

4. 虚拟实境和增强实境

虚拟测试：在产品开发的早期阶段，企业可以利用虚拟实境（VR）技术进行虚拟测试和模拟，以评估产品的设计是否符合质量要求，减少实体原型制作的成本和时间。

远程协作：增强实境（AR）技术使得质量管理人员能够远程参与产品检验和评审过程，提高工作效率和响应速度。

5. 无损检测技术

材料评估：无损检测技术可以在不破坏产品的情况下评估其质量和可靠性。例如，在航空、汽车等行业中，无损检测技术被用于检测材料的内部缺陷和损伤。

这些新技术的应用不仅提高了产品质量的稳定性和可靠性，还降低了生产成本和提高了生产效率。随着技术的不断进步和创新，相信未来会有更多的新技术被应用于质量管理领域。

（二）质量管理理论与技术的融合与发展

在质量管理领域，随着技术的不断进步和市场的快速变化，出现了一些新的思路和方法，这些方法旨在更有效地应对当前和未来的挑战。

1. 数字化与智能化质量管理

随着大数据、人工智能和机器学习等技术的日益成熟，数字化与智能化质量管理成为一种新的趋势。通过收集和分析生产过程中的大量数据，企业可以实现对产品质量的实时监控和预测性维护。AI技术可以实现对产品质量进行自动检测、分类和预测，从而提高质量管理的效率和准确性。此外，智能化质量管理还能帮助企业发现潜在的质量问题，提前采取措施进行改进，降低质量成本。

2. 跨领域协同质量管理

在现代企业中，质量管理不仅是质量部门的职责，而且需要跨部门、跨领域的协同合作。通过建立跨领域的质量管理团队，企业可以加强不同部门之间的沟通与协作，实现质量管理的全面性和系统性。这种协同质量管理方法有助于企业打破部门壁垒，实现资源共享和优势互补，提高整体质量管理水平。

3. 持续改进与学习型组织

持续改进是质量管理的核心原则之一。为了应对市场的快速变化和技术的不断进步，企业需要成为一个学习型组织，不断学习和吸收新的知识、技术和方法。企业应通过定期的培训、研讨和交流活动，提高员工的质量意识和技能水平。同时，企业应鼓励员工提出改进意见和建议，建立有效的反馈机制，确保质量管理工作的持续改进。

第8章 质量管理

练 习 题

一、单项选择题

1. 主要通过严格检验来控制和保证出厂或转入下道工序的产品质量的做法属于质量管理发展中的( )。
   A. 质量控制阶段　　　　　　　　B. 质量检验阶段
   C. 统计质量控制阶段　　　　　　D. 全面质量管理阶段

2. 全面质量管理阶段的管理方法是( )。
   A. 主要应用数理统计方法　　　　B. 运用多种管理方法
   C. 主要用技术检验法　　　　　　D. 防检结合

3. 在 PDCA 循环中,制定改进的目标确定达到目标的具体措施和方法的工作,发生在( )。
   A. P 阶段　　　B. D 阶段　　　C. C 阶段　　　D. A 阶段

4. 在 PDCA 循环中,按照计划内容,扎扎实实地去实现质量改进分目标的工作,发生在( )。
   A. P 阶段　　　B. D 阶段　　　C. C 阶段　　　D. A 阶段

5. ISO 指的是( )。
   A. 国际标准化组织　　　　　　　B. 国际电工委员会
   C. 欧洲电工标准委员会　　　　　D. 合格评定委员会

6. 实施 SPC(统计过程控制)有两个阶段,即分析阶段和( )。
   A. 控制阶段　　B. 观察阶段　　C. 监控阶段　　D. 整改阶段

7. 现代质量管理发展经历了( )。
   A. 质量检验阶段　　　　　　　　B. 统计质量控制阶段
   C. 全面质量管理阶段　　　　　　D. 以上都是

8. ( )为企业的生产经营活动建立了统一的秩序,为实施各项管理职能提供了共同的准则和依据。
   A. 计量工作　　　　　　　　　　B. 质量教育工作
   C. 标准化工作　　　　　　　　　D. 质量信息工作

9. 质量方针是一个组织总的质量宗旨和方向,应由组织的( )批准发布。
   A. 上级机关　　B. 最高管理者　　C. 质管办主任　　D. 总工程师

10. 质量教育培训可分为( )的培训。
    A. 高层管理者　　　　　　　　　B. 管理人员和关键岗位的员工
    C. 特定职能部门人员和广泛的员工　D. 以上都是

二、判断题

1. 质量是一个不变的概念,它不会随着时间、地点、使用对象的不同而改变。　　( )
2. 质量是检验出来的。　　( )
3. 散布图的强正相关,是指当变量 X 增大时,变量 Y 随之显著地减小。　　( )
4. 因果图只能用于单一目标的研究分析。　　( )

5. 传统质量管理与现代质量管理的一个重要差别就在于后者引入了产品质量的统计观点。
（ ）
6. 从质量和企业关系方面看，提高质量是企业生存和发展的保证。（ ）
7. 六西格玛的核心特征不包括追求零缺陷。（ ）
8. 六西格玛质量管理的 DMAIC 模型是一个五步流程改进方法，包括定义、测量、分析、改进和控制。（ ）
9. 质量管理是指在质量方面指挥和控制组织的协调的活动。（ ）
10. 质量管理体系认证的对象是产品质量。（ ）

三、简答题
1. 简述企业应如何做好标准化工作。
2. 简述六西格玛质量管理的 DMAIC 模型的五个步骤。
3. 简述质量管理的五大工具。

四、论述题
请详细论述在当今复杂多变的市场环境下，企业应如何全面构建有效的质量管理体系，包括但不限于质量方针与目标的制定、质量控制的方法与手段、质量改进的途径与策略等方面，并结合实际案例分析其实施过程中的关键要点和可能遇到的挑战。

第 9 章
物流和供应链管理

思政园地

◎ **学习目标**

- 理解物流与供应链的基本概念。
- 掌握库存管理的模型、主要模式和基本方法,学会运用现代库存管理技术和管理工具。
- 理解供应链管理基本概念及策略,掌握供应链中的信息共享。
- 了解供应链战略联盟的形式,供应链的采购与外包管理,学会运用相关知识开展案例分析。
- 了解物流发展新趋势,掌握绿色物流和电子商务物流的主要内容。

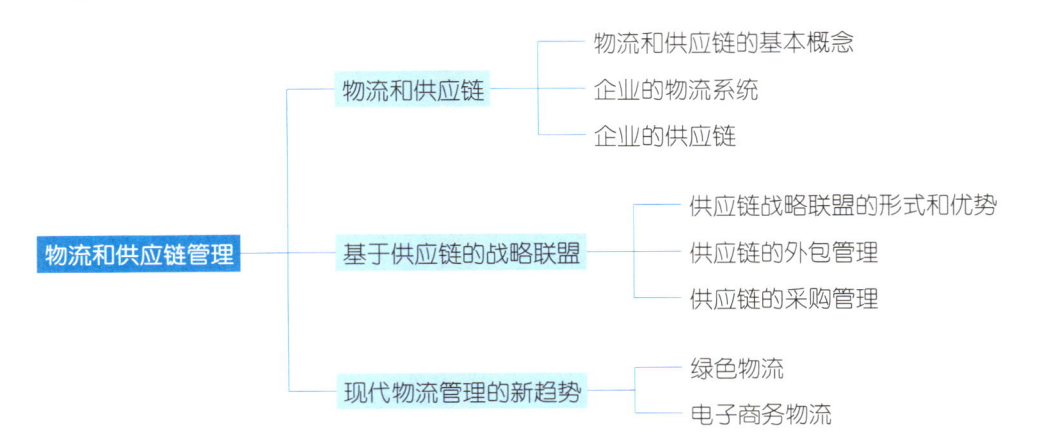

◎ **知识导图**

物流和供应链管理
- 物流和供应链
  - 物流和供应链的基本概念
  - 企业的物流系统
  - 企业的供应链
- 基于供应链的战略联盟
  - 供应链战略联盟的形式和优势
  - 供应链的外包管理
  - 供应链的采购管理
- 现代物流管理的新趋势
  - 绿色物流
  - 电子商务物流

第1节　物流和供应链

物流虽不像生产环节那样能够直接向企业提供利润,但降低物流成本也是提升利润的一个重要方面,因此,物流效率的提高被称为企业的第三利润源。物流涉及从收购、出产到出售供应链环节中的仓储、运送、转移、包装等各项活动,这些活动必须紧密衔接,才能确保企业的正常运转。

一、物流和供应链的基本概念

物流的概念起源于20世纪30年代美国,原意为"实物分配"或"货物配送"。在第一次世界大战期间,美国成立了即时送货股份有限公司,旨在将商品及时送到批发商、零售商以及用户手中。物流的概念在军事领域中被称为"后勤",随着军事后勤管理思想在企业中得到广泛运用,供应物流、生产物流、销售物流等几大物流领域形成。物流的概念在20世纪70年代后逐渐被引入日本,并在日本形成了"物流"一词。

如今,物流作为一个综合性的概念,是指在合理的经济条件下,根据客户的需要,将运输、储存、装卸、搬运、包装、流通加工、配送、信息处理等基本功能实施有机结合,实现物品从供应地向接收地的实体流动过程。企业物流指的是企业在其生产、经营过程中,对物品从原材料采购、生产加工、仓储保管到销售配送等全过程进行计划、执行和控制的一系列与物流有关的活动。

企业物流从起步到不断发展成熟大致经历了以下三个阶段:

(1)产品物流阶段。此阶段主要关注产品本身的运输、存储等物流活动,重点在保障产品的物理移动和在特定环节的运作。

(2)综合物流阶段。该阶段不再局限于产品物流,而将采购、生产、销售等相关物流环节进行全面综合考虑和统筹安排,强调系统的整体性和综合性。

(3)供应链管理阶段。该阶段把企业置于整个供应链的大环境中,通过与上下游企业的紧密合作和协同,追求供应链整体的效率和效益最大化,涉及信息共享、流程优化、战略协同等多方面的深入整合。

进入21世纪后,借助先进的信息技术,如物联网、大数据、人工智能等,企业物流逐步进入以智能化、高效化和精准化管理为特征的智慧物流阶段。

供应链是一个集成的概念,指的是一个由多个环节组成的网络,这些环节涉及了从原材料采购到产品制造、分销,直至最终送达消费者的全过程。这个网络不仅包括了企业内部的各个部门,如采购、生产、销售等,而且涵盖了与企业紧密合作的供应商、制造商、分销商、零售商以及最终消费者等。

物流和供应链是两个不可分割的概念。物流是供应链中的一个重要组成部分,高效的物流运作对于供应链的顺畅运行至关重要。现代企业的竞争是供应链层面的竞争,单个企业往往无法完成一个产业或产品所有链条的每个环节,必须与合作者一起才能完成产品从原材料到产品配送到顾客手里的各个环节。供应链由供应商、制造中心、仓库、配送中心和零售网点组成,原材料、在制品和成品在这些设施之间流动。

二、企业的物流系统

物流贯穿生产和流通全过程,其在降低企业经营成本、创造第三利润源的同时,也在全球的市场竞争环境下发挥着重要的作用。要获得高水平的物流绩效,创造顾客的买方价值和企业的战略价值,必须了解一个企业的物流系统的基本构成和规划。

(一) 物流系统及其基本构成

物流系统是指由2个或2个以上的物流功能单元构成,以完成物流服务为目的的有机集合体。这个系统涵盖了物品的运输、仓储、装卸搬运、包装、流通加工、配送,及信息处理等一系列物流活动,旨在确保物品从供应地到需求地的有效流动。物流系统的基本构成主要包括以下几个部分:

(1) 运输系统。作为物流系统的核心,运输系统负责将物品从起点运送到目的地。它涵盖了各种运输方式,如公路、铁路、水路、航空以及管道运输等,每种方式都有其特定的适用范围和优势。

(2) 仓储系统。仓储系统主要承担物品的储存和保管功能。通过科学的库存管理,仓储系统可确保物品在需要时能够迅速取出,同时减少库存积压和浪费。仓储系统包括货物的验收、入库、保管、出库和退货等环节。

(3) 装卸搬运系统。装卸搬运系统负责在物流过程中进行货物的装卸和搬运。它涉及各种装卸搬运设备和工具的使用,如叉车、起重机、传送带等,以确保货物能够安全、高效地进行转移。

(4) 包装系统。包装系统主要负责对物品进行包装,以保护物品在运输和储存过程中不受损坏。包装材料的选择、包装方法的设计和包装标识的添加等,都是包装系统需要考虑的问题。

(5) 流通加工系统。流通加工系统是指在物品从供应地到需求地的过程中,对物品进行必要的加工处理。这些加工处理可能包括切割、组装、贴标签、包装等,以满足不同客户的需求。

(6) 配送系统。配送系统负责将物品从配送中心或仓库送达最终客户。它包括了订单处理、拣货、配货、发货和配送跟踪等环节,以确保物品能够准时、准确地送达目的地。

(7) 信息系统。信息系统是物流系统的神经中枢,它负责收集、处理、传递和储存物流过程中的各种信息。通过信息技术的应用,如物联网、大数据、人工智能等,物流系统的运行效率和准确性大大提升。

(二) 物流系统的规划与管理

物流系统的规划与管理是一个综合性的过程,涉及物料、运输、库存等多个方面,旨在确保物流系统的高效、顺畅和安全运行。其中,物流网络规划、物流系统运输规划和物流系统库存管理是其核心内容。

1. 物流网络规划

物流网络规划就是对企业物流网络内部的业务功能及策略进行系统性、战略性的调整和协调。这包括确定物流中心、配送中心的位置和布局,优化运输网络,确保货物能够高效、顺畅地从起点流向终点。物流网络由供应商、仓库、配送中心和零售网络组成。在进行物流网络规划时,需要充分考虑地理位置、交通条件、市场需求、竞争环境等因素,通过科学的规划和设计,构建一个高效、灵活、可靠的物流网络。

2. 物流系统运输规划

运输规划主要是选择合适的运输方式和路线规划,确保货物能够按时、安全、经济地送达目的地。这包括确定运输方式(如公路、铁路、水路、航空等)、运输工具(如货车、火车、船舶、飞机等)、运输路线和运输时间等。在进行物流系统运输规划时,需要充分考虑货物的特性、运输距离、运输成本、运输时间等因素,通过科学的规划和设计,实现运输效率的最大化。其中,运输费率的计算是一项重要的工作。其通过对比各种运输方式的费用、行驶里程、运量、有效运力,综合各种信息来计算单位运输成本,从而确保选择合适的运输方式。

3. 物流系统的库存管理

库存管理主要是通过对库存的计划、控制和优化,确保库存水平既能满足企业或客户需求,又能降低库存成本。

1)库存的基本概念

库存是仓库中实际存储的货物,其一般可以分为两类:一类是生产库存,即为了保证生产顺利进行而提前准备的物资;另一类是流通库存,即生产企业的产品库存、生产主管部门的库存和各级物资主管部门的库存。

2)库存管理的模型

库存管理模型是用来帮助企业确定最佳库存水平的一系列数学和逻辑工具。这些模型通过分析库存成本、需求预测、补货策略等因素,优化库存水平,确保企业能够满足客户需求,同时避免库存积压和资金占用过多。库存模型分为确定型库存模型和随机型库存模型两大类型。

(1)确定型库存模型。该模型是指需求和订货数量均为确定的库存模型,又可进一步按允许缺货和不允许缺货,计算或不计算补充货物所需时间,有无约束条件,以及需求数量与供应价格有无关系等进行分类。经济订货批量模型(EOQ)是确定型库存模型的一种。EOQ模型基于以下假设:需求是恒定的,即单位时间内的需求量是已知的;订货成本是固定的,与订货数量无关;库存持有成本(包括资金成本、存储成本、保险等)与库存数量成正比;不允许缺货,即当库存降至零时,立即进行补货;交货时间忽略不计,即补货是即时的。

(2)随机型库存模型。该模型是一种在订购期间的货物需求量为随机变量的情况下,反映库存量随时间变化而变化的数学模型。它主要考虑了库存系统中存在的随机性,如需求的不确定性、订货提前期的不确定性等。其类型可以分为三种:固定订购期间模型,即订购期间固定,但订购期间货物需求率随机可变;随机订购期间模型,即订购期间随机可变,但订购期间货物需求率固定;双随机模型,即订购期间和订购期间的货物需求率均为随机可变。在随机性库存问题中,蒙特卡洛仿真(Monte Carlo simulation,MCS)是一种常用的建模和求解方法。该方法的基本思想是通过随机实验的方法,得出事件发生的统计特征值,作为待解问题的数值解。在库存仿真中,需要先确定决策变量(如再订货点和订货量)、随机变量(如每日需求量和订货提前期)、预测变量和常量等,再通过模拟不同条件下的库存变化,找出最优的库存策略。

3) 库存管理的主要模式

常见库存管理模式主要有四种,分别是传统库存管理模式、联合库存管理模式(JMI)、供应商管理库存模式(VMI)和协同式供应链库存管理模式(CPFR)。这些模式各有其特点和优势,适用于不同的供应链管理需求。

(1) 传统库存管理模式。传统库存管理是指对物料的进、出、存的业务管理,是各节点企业独立管理自有库存,从企业自身利益最大化的角度寻求降低库存、减少缺货、降低需求不确定的风险。在这种模式下,各节点企业的库存管理是各自为政的,都有自己的库存控制策略且相互封闭。该模式使用的主要技术有材料需求计划(MRP)/制造资源计划(MRPII)、经济批量订货法(EOQ)、准时制库存(JIT)、需求预测、订货点与 ABC 法等。这些传统库存管理模式各有特点,适用于不同的场景和需求。

(2) 联合库存管理模式。这是一种基于协调中心的库存管理模式,更多地体现了供应链节点企业之间的协作关系,能够有效解决供应链中的"牛鞭"效应,提高供应链同步化程度。该模式强调供应链节点企业同时参与、共同制订库存计划,从而使供应链管理过程中的每个库存管理者都能从相互的协调性来考虑问题,保证供应链相邻两节点之间的库存管理实体对需求预测水平的高度一致,从而消除需求变异放大。

(3) 供应商管理库存模式。这是一种战略贸易伙伴之间的合作性策略,是一种库存决策代理模式。它以系统的、集成的思想管理库存,使供应链系统能够同步化运行。这种库存控制策略允许上游组织对下游组织的库存策略、订货策略进行计划与管理,在一个共同的框架协议下以双方都获得最低成本为目标。该模式由供应商来管理库存,由供应商代理分销商或批发商行使库存决策的权力;并通过对该框架协议经常性的监督和修正,使库存管理得到持续改进。

(4) 协同式供应链库存管理模式。这是一种协同式的供应链库存管理技术,建立在 JMI 和 VMI 的最佳分级实践基础上,同时抛弃了两者缺乏供应链集成等主要缺点,能同时降低分销商的存货量和增加供应商的销售量。它应用一系列处理过程和技术模型,覆盖整个供应链合作过程,通过共同管理业务过程和共享信息来改善分销商和供应商的伙伴关系,提高预测的准确度,最终达到提高供应链效率、降低库存和提高客户满意度的目的。

4) 库存管理的七种方法

库存管理模式关注库存管理的总体框架和策略,以及如何在不同企业、部门和业务之间协调和优化库存管理,但具体的执行和操作需要通过具体的管理方法来细化。库存管理中常见的方法有以下七种:

(1) 定期订货法。这是一种根据固定周期进行库存补充的方法。企业根据历史销售数据和预测,设定一个固定的订货周期,如每周、每月或每季度进行一次订货。此方法适用于需求相对稳定的产品。

(2) 定量订货法。这是当库存量降至某一预设的最低点时,触发补货操作的方法。通过设定合理的最低库存量,企业可以在保证库存充足的同时,避免过多的库存积压。这种方法适用于需求波动较大或难以预测的产品。

(3) ABC 分类法。这是根据产品的重要性和价值进行分类管理的方法。该方法通常将产品分为A、B、C三类。A类通常是价值最高、最重要的物品，它们在品种种类中占10%左右，但价值在库存总价值中所占比例达到70%左右；B类是在价值和重要性上介于A类和C类之间，属于中间层次，品种占比约为20%；C类是数量多但价值或重要性最低的物品，占比约为70%。针对不同类别的产品，企业可以采取不同的库存策略：对于A类物品，由于其价值高、重要性强，需要投入更多的关注和管理资源，可定期检查、重点保护、严格控制库存量等；对于B类物品，可在确保供应的前提下进行适度的管理和控制；而对于C类物品，则可以采用较为宽松的管理方法，如适当减少检查频率、简化管理流程等。

（4）经济订货量模型。这是通过计算得出最佳订货量的方法。该方法考虑了订货成本、库存持有成本和缺货成本等因素，通过数学公式计算出使得总成本最低的最佳订货量。这种方法适用于需求相对稳定、订货成本较高的产品。

（5）实时库存管理法。这是一种通过采用先进的信息技术手段，实现库存信息的实时更新和共享的方法。该方法有助于企业更准确地掌握库存情况，及时作出调整。

（6）循环盘点。这是一种简单且高效快捷的管理和优化库存的方法。其可以改进关闭流程，提高订单履约率和整体运营效率，还可以减少库存核销和过时库存。

（7）库存自动化。这是一种使用库存管理系统或仓库管理系统（WMS）自动执行手动和重复性任务，以提高业务绩效、减少人为错误并提高生产力的方法。

三、企业的供应链

（一）供应链与供应链管理

生产销售过程包括采购原料，制成中间产品和最终产品，并由销售网络把产品送到消费者手中的全过程。在这个过程中，供应商、制造商、分销商、零售商直至最终用户连成一个整体的功能网链结构，这就是供应链。打个比方，就像你点了一份外卖，从食材的采购、制作，到配送到你手上，整个流程就是一个供应链。

供应链管理是指对供应链所有的关系进行有效管理，简单说就是协调和优化产品从起点到终点整个流程的管理。这个流程包括了从原材料的采购、生产、加工、存储、运输，一直到销售给消费者的整个过程。供应商、渠道供应伙伴（批发商、分销商和零售商）以及顾客都是供应链管理的参与者。

供应链管理的目标是提升整个系统的效率，优化成本效益（包括运输库存的成本），提高客户满意度，增强风险管理能力，实现可持续发展。为了达到这些目标，企业需要建立一个高效、协同的供应链管理体系，加强各个环节之间的沟通和协作，实现信息共享和资源整合。同时，企业还需要运用先进的技术手段，如物联网、大数据、人工智能等，提高供应链的智能化水平，实现更高效的供应链管理。

（二）供应链整合

供应链整合就是制造企业与供应链伙伴进行战略性合作，通过协调管理组织内部和组织之间的业务流程，实现物流、信息流、资金流、价值流和业务流的高效管理。

供应链整合的目标在于以低成本和高速度提供最大的价值给客户。为了实现这个目标，供应链整合需要关注三个维度：供应商整合、内部整合和客户整合。供应商整合主要是与供应商建立紧密的合作关系，确保原材料和零部件的稳定供应；内部整合是优化企业内部业务流程，提高生产效率；客户整合则是与客户保持紧密的联系，了解他们的需求并提供个性化的服务。以供应商整合为例,假设一家电子产品制造商能与供应商实时对接生产计划和库存信息,这样就实现了供应链的协同管理。这种整合极大减少了库存风险,能明显提高生产效率和客户满意度。

供应链整合涉及供应链运作的具体策略,包括推动策略、拉动策略和推拉策略等。

1. 推动策略

推动策略又叫推式供应链。在这种策略下,供应链上的企业主要根据预测需求来制定生产和分销计划。产品从供应商开始,一层层地推向最终消费者。想象一下,就像一条生产线上的产品,被推动着前进。这种策略适用于需求相对稳定、产品变化不大的情况。

2. 拉动策略

拉动策略又叫拉式供应链。在这种策略下,供应链的驱动力来源于最终消费者。消费者提出需求,然后企业根据这些实际需求来组织生产和分销。这就像消费者拉着供应链,让它按照自己的需求来运作。这种策略适用于需求波动大、产品变化多的情况。

3. 推拉策略

这是一种结合推动和拉动两种策略的方式。即在供应链的某些环节采用推动策略,而在另一些环节采用拉动策略。这样可以根据不同的产品和市场情况,灵活地调整供应链策略。比如,在预测需求较稳定的部分采用推动策略,而在需求变化较大的部分采用拉动策略。以某医药公司为例,该公司会根据历史销售数据、市场趋势和医生、医院的采购习惯,预测未来一段时间内医药产品的需求。基于这些预测,公司会与供应商协调,提前进行药品的采购、生产和储存。同时,公司积极响应市场的实时需求,监控医药产品的销售和库存情况。一旦发现有某种药品的需求突然增加,系统会立即触发补货机制。

除了这三种策略,还有一些其他的供应链策略。比如,敏捷供应链策略,它强调供应链的灵活性和响应能力,快速应对市场需求的变化。还有绿色供应链策略,它注重环保和可持续发展,在供应链的各个环节都考虑环保因素。当然,这些策略并不是孤立的,而是可以相互结合、相互补充的。企业可以根据自身的产品特点、市场需求和竞争环境等因素,选择适合自己的供应链策略。

(三)供应链信息共享

供应链信息共享是供应链管理中重要的一环,它指的是供应链各合作伙伴之间通过相关的技术和平台,共享各种需求信息、库存信息、服务信息等,从而建立供应链内外的信任关系,实现供应链管理的系统化和节点企业的"双赢"与"多赢"。

1. "牛鞭"效应

"牛鞭"效应是经济学中的一个术语,用以描绘供应链上的一种特殊现象,即市场上某种商品的需求突然增加时,这种需求信息从最终消费者传递到原始供应商的过程中,会像甩动的牛鞭一样逐级放大。具体来说,就是在供应链中,每个环节(比如零售商、批发商、生产商等)在预测和满足需求时,都会因为各种因素(如安全库存、价格波动、短缺博弈等)而放大需求信息,导致上游环节接收到的需求比实际市场需求要大得多。

这种现象会带来一些负面影响。比如,它会导致库存积压、增加库存成本和提高供应链的运输成本等。而缓解"牛鞭"效应的一个重要途径就是加强供应链各环节之间的信息共享和协同。

2. 降低"牛鞭"效应的信息共享策略

降低"牛鞭"效应的具体方式很多，但核心思路都是让供应链各个环节更加紧密地协同，避免信息扭曲。

（1）增强供应链透明度。通过信息共享平台，供应链上的各个环节能够实时、准确地看到订单数据、库存状态等关键信息。企业可定期召开供应链协同会议，让各个环节分享销售预测、生产计划等关键信息，确保大家步调一致。

（2）优化预测模型。利用历史销售数据、市场趋势等信息，建立更准确的预测模型，提高市场需求预测的准确度。采用机器学习等先进技术，不断迭代和优化预测模型，以适应市场变化。

（3）VMI（供应商管理库存）策略。让供应商根据零售商的销售数据和库存状态，直接管理零售商的库存，减少零售商的库存波动。供应商可以通过实时数据共享，更准确地了解零售商的需求，避免出现库存积压或缺货现象。

（4）联合库存控制。联合库存控制又称联合库存管理（jointly managed inventory，JMI），作为一种供应链库存管理策略，它的核心思想是通过供应商与客户同时参与、共同制定库存计划，实现利益共享与风险分担。这种策略能有效解决供应链系统中由于各企业相互独立运作库存模式所导致的需求放大问题（即"牛鞭"效应），从而提高整个供应链的效率。

第2节　基于供应链的战略联盟

一、供应链战略联盟的形式和优势

战略联盟是指两个或多个企业、组织或个人之间，为了共同的目标而结成的长期合作关系。这种关系超越了简单的市场交易，涉及更深层次的资源共享、风险共担和利益共享。供应链战略联盟就是一群在供应链上有关联的企业，为达成更高的效率、更低的成本或者更高的市场竞争力，而结成的紧密合作关系。

（一）供应链战略联盟的优势

企业加入战略联盟往往出于三个目的：达成战略目标，在增加收益的同时减少风险，充分利用资源。供应链战略联盟能够为企业带来以下诸多优势：

（1）资源共享与优势互补。供应链战略联盟能够将各成员企业的资源、能力和核心竞争力进行有效整合，实现资源共享和优势互补。这样一来，各企业可以充分利用各自的专长和优势，提升整个供应链的竞争力。

（2）降低成本。联盟成员之间通过紧密合作，可以优化采购、生产、物流等各个环节，降低供应链的总成本。例如，通过集中采购、共享仓储设施、协同物流等方式，企业可降低库存和运输成本。

（3）提高响应速度。供应链战略联盟能够加强企业之间的信息共享和协同工作，使供应链更加灵活高效。当市场需求发生变化时,联盟成员可以快速响应,调整生产计划,满足客户需求。

(4) 降低风险。供应链战略联盟通过分散风险,降低单一企业面临的供应链风险。例如,当某个供应商出现问题时,其他供应商可以迅速填补空缺,保证供应链的稳定性。

(5) 促进创新。联盟成员之间可以共同研发新技术、新产品,推动供应链的创新发展。这种合作模式有助于企业打破传统思维,探索新的商业模式和市场机会。

(6) 增强市场竞争力。通过战略联盟,企业可以扩大市场份额,提高品牌影响力。联盟成员可以共同开拓市场、推广产品,实现互利共赢。

(二) 供应链战略联盟的形式

供应链上的战略联盟主要有三种形式。

1. 第三方物流

所谓第三方物流,就是生产经营企业把原来属于自己处理的物流活动,以合同方式委托给专业物流企业,同时通过信息系统与物流企业保持密切联系,以达到对物流全程的管理和控制的一种物流运作方式。采用第三方物流是企业为了集中力量做强核心业务,以更好地应对全球化下激烈市场竞争的大趋势。当前,客户订单的交货速度要求越来越快,市场部门需要将产品覆盖到更远的地区,销售部门要求更迅速频繁地获得库存数据,这些情况都迫使企业不得不在物流管理中投入大量的时间、精力和资金。但对大多数制造业和分销业企业来说,物流通常都不是核心业务,一家企业如果把有限的资源过多分配在从属业务上,它在开发新产品和改良工艺方面必然力不从心。同时,第三方物流公司通常都有专业的团队和先进的技术,能够提供更专业、更高效的物流服务。第三方物流公司还能够根据企业的需求来提供定制化的服务。管理系统化和信息网络化的快速发展使企业能够实时跟踪货物的位置和状态,确保货物能够准时、安全地送达目的地。多重因素叠加,使得第三方物流成为众多企业的选择。

2. 零售商与供应商一体化

零售商与供应商一体化是现代供应链管理中一个非常重要的概念。简单来说,零售商与供应商一体化就是两者之间紧密合作,通过整合各自的优势资源,实现供应链的高效运作和利益最大化。

这种一体化的模式具有多方面的优势。首先,它可以降低零售商的成本。零售商与供应商一体化可以将这两个环节合并,减少管理和运营的成本,从而提高零售商的利润。其次,它可以提升供应链效率。通过信息共享和协同决策,供需双方可以更快地交流和作出决策,从而提高供应链的效率和响应能力。此外,零售商与供应商一体化还具有开放性和扩展性。这种一体化平台可以与各类企业应用系统和第三方服务进行对接,实现跨平台、跨系统的数据共享和协同。这不仅可以拓展零售商的销售渠道和供应商的资源,而且可以为双方提供更多的商业机会和合作伙伴。在资源整合方面,零售商与供应商一体化可以实现资源的优化配置和利益的最大化。通过整合供应商和零售商的资源,平台可以降低企业的运营成本和风险,通过物流管理和数据分析等功能,平台可以帮助企业提高物流效率和服务品质。

零售商与供应商一体化各策略如表9-1所示。

表 9-1　　　　　　　　　零售商与供应商一体化各策略

类型	决策制定者	库存所有权	运用技术
快速响应	零售商	供应商	预测技术
连续补货	合约规定	任何一方	预测技术和库存控制技术
高级连续补货	合约规定	任何一方	预测技术和库存控制技术
供应商管理库存	供应商	任何一方	零售管理

3. 分销商一体化

分销商一体化（distributor integration）是一种供应链下游流通领域的合作伙伴策略和供应链运行模式。它主要利用先进的信息技术和管理技术，对分销商进行整合，使它们之间能够互通专业知识和共享存货，从而实现供应链的高效协同和整体优化。

在分销商一体化中，集中库存是一个重要的策略。通过建立一个覆盖整个经销网络的集中库存，企业可以实现总成本更低和服务水平提高。此外，转运调拨策略也被用于缓解紧急订单和避免缺货风险。

在客户服务方面，分销商一体化通过将有关需求引导到最适合解决问题的分销商那里，让最有经验的人员来回答客户的特定问题，这有助于提高客户满意度和忠诚度。同时，制造商也必须为分销商提供必要的技能培训和配件，以满足客户的特殊技术服务要求。

分销商一体化经营系统是一种集成了供应链管理、销售管理和库存管理等功能的软件系统。它通过互联网技术，将企业与分销商之间的信息流、物流和资金流进行集成管理，实现供应商、分销商和终端客户之间的无缝协同运营。这种系统能够帮助企业提高分销渠道的管理效率和销售业绩，实现供应链的协同与整合。

分销商一体化的优势主要体现在提高销售效率、节省成本、拓展市场、提高市场份额、分担市场风险上。

分销商一体化通过整合和优化供应链资源，实现分销商之间的协同与整合，提高销售效率，节省成本，拓展市场，提高市场份额，分担市场风险。对于希望提高市场竞争力和实现持续发展的企业来说，分销商一体化是一个值得考虑的策略。

二、供应链的外包管理

随着全球化的不断发展，世界工厂的格局越来越明显，以美国为代表的发达国家开始将自己的一些非核心制造部分向外转移，以使人力资本和原材料价格降低，从而提升其经济运作的效率和竞争力。

（一）外包的概念及优势

外包（outsourcing）是指企业将原本由内部人员负责的非核心业务或流程，委托给外部的专业团队、公司或个人进行实施，以降低成本、提高效率、集中资源等为目的的一种运行策略。外包的主要优势体现在以下几个方面：

（1）降低生产成本。通过外包，企业可以节省在非核心业务上的人力、物力和财力投入，避免在这些领域进行大量的投资和维护。外部服务供应商通常具有更高的专业性和效率,能够以更低的成本完成相同的工作。

(2) 提高整体运营效率。外包服务供应商通常具有更丰富的经验和更先进的技术,能够更快速地完成业务并提供高质量的服务。这有助于企业提高整体运营效率,更快地响应市场需求和变化。

(3) 提升核心竞争力。通过将非核心业务外包,企业可以将更多的资源和精力集中在核心业务上,专注于提升核心竞争力。这有助于企业更好地实现战略目标,提高市场竞争力。

(4) 增强灵活性和快速响应能力。外包服务供应商通常拥有更大的规模和更多的资源,能够更快速地满足企业在需求变化、业务扩展等方面的需求。外包服务供应商具备灵活性和快速响应的能力,可以根据企业的需求进行快速调整和部署,提供更灵活的服务支持。

(5) 获得专业服务和经验。外部服务供应商通常具有专业的知识和经验,能够为企业提供更准确、快速和可靠的服务。这有助于企业降低运营风险,提高业务稳定性和可靠性。

需要注意的是,外包也存在一定的风险和挑战,如文化差异、沟通障碍、信任问题等。因此,在选择外包服务时,企业需要进行充分的评估和考虑,确保选择合适的服务供应商,并建立良好的合作关系。

(二) 外包决策

企业在采购和外包时,通常面临一个问题,即如何决定哪些部件自己生产、哪些部件外包。为解决这个问题,法恩(Fine)和惠特尼(Whitney)通过研究开发了一套采购、制造决策框架,用于分析外包的动因和类型。根据这个框架,他们将外包分为两大类:基于生产能力的外包(capacity-based outsourcing)和基于知识的外包(knowledge-based outsourcing)。

1. 基于生产能力的外包

基于生产能力的外包主要关注企业在资源、产能和技术等方面的限制。当面临资源不足、产能有限或技术"瓶颈"时,企业可以选择将部分业务外包给外部专业机构,以实现更高的生产效率和更低的成本。这种外包类型通常涉及制造业的供应链管理、生产流程优化、质量控制等方面。

在基于生产能力的外包中,企业通常会寻求具有高效生产能力和丰富经验的外部供应商,以确保产品质量和交货期的可靠性。这种外包方式有助于企业降低生产成本、提高生产效率,并更好地应对市场需求的变化。

拓展资料

上海家化的明智之选——外包模式助力企业腾飞

上海家化作为日化行业的佼佼者,其旗下的六神、美加净、佰草集等品牌深受消费者喜爱。随着市场的不断拓展和订单需求的持续增长,上海家化面临着新的机遇与挑战。

为了更好地应对这一局面,上海家化极具前瞻性地选择了将部分生产业务外包给专业的生产厂商。这一决策带来了诸多显著好处。一方面,这使得上海家化能够将更多的精力和资源集中投入产品研发、品牌建设和市场营销等核心业务领域。研发团队能够不断推陈出新,打造出更具创新性和竞争力的产品;品牌建设得以持续强化,提升品牌知名度和美誉度;市场营销策略能够更加精准有效,深度挖掘市场潜力。另一方面,专业的生产厂商凭借其专业能力和规模优势,为上海家化提供了高质量、高效率的生产服务。他们在生产工艺、质量管控等方面拥有丰富经验和先进技术,确保产品品质始终保持在较高水平。同时,规模效应也使得生产成本得到有效降低。

这种外包模式无疑是上海家化发展的强大助力。上海家化不仅成功实现了产能的扩张,满足了日益增长的市场需求,还通过降低生产成本进一步提高了企业的市场竞争力。上海家化在这种模式下实现了多方共赢,为企业的持续发展奠定了坚实基础,也为行业树立了成功的典范。

2. 基于知识的外包

基于知识的外包则主要关注企业在知识、技能和创新能力等方面的需求。随着市场竞争的加剧和技术的快速发展,企业需要不断获取新的知识和技能,以保持其竞争优势。然而,由于内部资源的限制,企业可能无法独自承担所有研发和创新任务。企业可以选择将部分研发和创新活动外包给外部专业机构,以获取更广泛的知识资源和创新能力。

在基于知识的外包中,企业通常会寻求具有先进技术和创新能力的外部合作伙伴,以共同开发新产品、新技术或新市场。这种外包方式有助于企业降低研发成本、加速创新进程,并获取更广泛的市场机会。

拓展资料

企业基于知识外包的应用和实践

进入21世纪后,基于知识的外包发展迅速,规模不断扩大,涉及领域众多,实现了发包方与承包方双赢。如在研发的外包方面,苹果公司将部分芯片研发外包给台积电,借助其先进技术提升产品性能。在数据分析领域,许多企业会将用户行为数据分析外包给专业数据公司以优化营销策略。财务和会计外包也很常见,许多中小企业会选择将记账、报税等工作外包给专业财务代理公司。人力资源外包则更为常见,腾讯等众多企业会把部分基础岗位的招聘工作外包给前程无忧等招聘平台。在法律服务方面,一些大型企业会将复杂的国际贸易法律事务外包给知名的律师事务所。在客户服务方面,中国移动会将部分客户服务热线业务外包给专业客服公司。在IT服务方面,可口可乐将部分IT系统维护工作外包给IBM。

这些只是基于知识的外包在企业中的一些常见情况,实际上还有许多其他领域也可以采用外包模式。通过外包,企业可以充分利用外部专业知识和资源来提高效率、降低成本、增强竞争力,进而能够更专注于核心业务的发展。

在确定采购/制造决策时,企业通常要考虑五个方面的标准:

(1) 零部件对客户的重要程度。即评估该零部件对最终产品性能、质量和客户满意度的影响程度。如果零部件对客户非常重要,公司可能更倾向于自行制造以确保质量。

(2) 零部件的更新速度。即考虑零部件的技术更新频率和市场需求变化。对于更新速度较快的零部件,公司可能需要更灵活地调整生产计划,这时选择外部采购可能更具优势。

(3) 企业制造该零部件的竞争优势。即评估公司自身在制造该零部件方面的技术、设备、人力等资源优势。如果公司在这方面具有明显优势,那么自行制造可能更为合适。

(4) 可利用供应商的数量。即考虑市场上能够提供所需零部件的供应商数量。如果供应商数量较多,则公司可以通过比较价格、质量、交货期等因素选择最优的外部供应商;如果供应商数量有限,则公司可能需要自行制造以确保供应稳定。

(5) 产品的结构化。即分析产品的结构特点,如模块化、整体化等。对于模块化产品,公司可以考虑将部分零部件外包给专业供应商,以降低成本和提高效率;对于整体化产品,公司可能更倾向于自行制造以确保整体性能和质量控制,具体如表 9-2 所示。

表 9-2 产品的模块化和整体化分析表

产品	依赖知识和能力	不依赖知识但依赖能力	不依赖知识和能力
模块化	外包有风险	外包是机会	外包有降低成本的机会
整体化	外包风险非常大	可以选择外包	自己生产

三、供应链的采购管理

合适的采购管理绝对可以为企业带来巨大的价值。采购管理主要取决于企业采购产品的类型和风险以及不确定性水平。克拉利奇(Kraljic)指出,企业供应战略取决于两个维度:对利润的影响和供应风险。根据这两个维度,可得出供应矩阵。不同供应矩阵的产品应该对应不同的采购战略。以下为采购视角的供应矩阵与供应商视角的供应商感知模型。结合供应矩阵与供应商感知模型,即可得出组合战略,如图 9-1 所示。

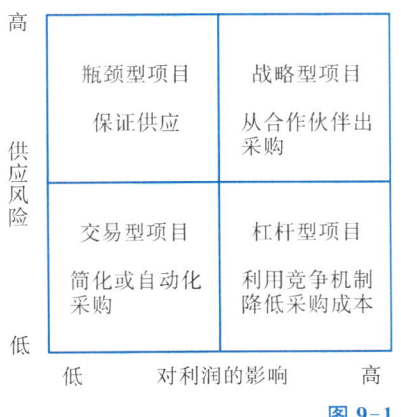

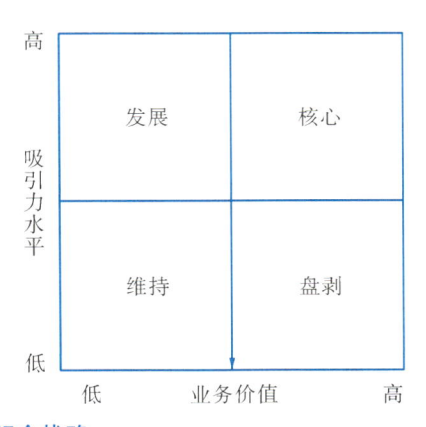

图 9-1 组合战略

(1) 战略型的项目是最高层管理者的重点,其风险和利润都很高,这些项目对顾客的感受影响非常大,并构成了系统成本的很大一部分。采购战略包括保持长期合作、战略联盟、销售分成等。

(2) 瓶颈型的项目风险较大,同时对成本影响较小。

(3) 杠杆型的项目利润很大而风险较小。对这类项目应当引入供应商竞争机制,以大幅降低采购成本,提高利润。

(4) 交易型项目的目标是尽可能简化采购程序,甚至实现自动化采购。这种项目可以授权一些员工,由他们直接采购或者进行采购外包。

从采购角度和供应商角度分析采购战略,如表9-3所示。

表9-3　　　　　　　　　从采购角度和供应商角度分析采购管理

角度		供应商角度			
		维持	盘剥	发展	核心
采购角度	战略	非常危险,替换供应商	销售折扣,惩罚合同	长期合同,预定生产能力合同	战略联盟,长期合作,销售分成
	瓶颈	非常危险,替换供应商	预定生产能力合同,后备供应商	定期合同,定期评估供应商合作意愿	长期合同,保障供应
	杠杆	利用谈判筹码,提高供应商支持	压价,定期合同,现货合同,引入竞争性供应商	长期合同,降低总成本	长期合同,降低总成本
	交易	替换供应商或现货采购	压价,替换供应商	长期合同	长期合同,采购外包,简化程序

第3节　现代物流管理的新趋势

在当今世界经济全球化趋势加速的大背景下,伴随着消费者需求升级、市场竞争加剧、技术进步推动、环保意识的提升以及政府政策的推动,现代物流正逐步展现出其深度与广度,为行业带来了前所未有的变革。全球化、智能化、绿色化、服务化等成为物流发展新趋势。其中,绿色物流和电子商务物流更是呈现蓬勃发展的态势。

一、绿色物流

随着全球气候变化的加剧,人们越来越关注环境问题,环保意识逐渐提升。物流活动作为能源消耗和污染排放的重要来源,其绿色化转型成为必然趋势。同时,各国政府纷纷出台环保法规和政策,对物流行业的绿色化提出了明确要求。这些政策旨在引导企业采用绿色物流技术和管理方法,降低物流活动对环境的影响。此外,消费者对绿色产品和服务的需求不断增加。企业为了满足市场需求,必须积极推动绿色物流的发展。绿色物流不仅可以提高企业的社会形象,而且可以降低运营成本,增强市场竞争力。

绿色物流是指在物流过程中抑制物流对环境造成危害的同时,实现对物流环境的净化,使物流资源得到充分利用。它是以可持续发展理论、生态经济学理论、生态伦理学理论、外部成本内部化理论和物流绩效评估理论为基础,通过先进的物流技术和管理方法,降低物流活动对环境的影响,提高物流效率和服务质量。

(一)绿色物流的主要构成

物流的基本要素包括运输配送、储存保管、装卸搬运、现代包装、流通加工和物流信息。这六大基本要素中,运输配送、储存保管、现代包装、流通加工对环境的影响比较大,因此,绿色物流的绿色主要体现在绿色运输、绿色仓储、绿色包装、绿色流通加工这几个方面。

1. 绿色运输

绿色运输作为绿色物流的核心组成部分,其重点在于通过优化运输方式和管理,以减少能源消耗、降低排放和污染,同时保障运输效率。实现绿色运输的主要方法是:①通过采用先进的运输工具和技术,如低排放车辆、智能调度系统等,减少运输过程中的能源消耗和废气排放;②优化运输路线和装载率,减少空驶和重复运输,实现运输资源的最大化利用;③在运输过程中采用环保材料和可循环使用的包装,减少对环境的污染。

绿色运输是物流行业实现可持续发展的重要途径之一。通过采用多式联运(整合不同运输方式)、共同配送(共享配送资源)等方式,以及使用环保燃料、提高运输效率等手段,绿色运输可以有效减少能源消耗和排放。

2. 绿色仓储

绿色仓储是绿色物流的重要环节,其内容主要聚焦于减少仓储活动对环境的负面影响,并提升仓储效率和资源利用率。

在仓库建设和运营过程中,企业应充分考虑对周围环境的影响,采取必要的措施减少污染物的排放,如噪声、废气、废水等,从而降低环境污染。通过对仓库的合理布局和高效管理,广泛采用节能设备、优化操作流程、应用先进技术设备等手段,企业可以实现优化资源、节能减排的目标。

3. 绿色包装

绿色包装又称无公害包装或环境之友包装,其核心在于对生态环境和人类健康无害,同时注重资源的节约与再利用,以符合可持续发展的要求。绿色包装不仅关注产品包装的功能性,而且追求其在生命周期内对环境的友好性。具体来说,绿色包装主要具有以下特点:

(1)减量化。在满足产品保护、方便、销售等功能的前提下,绿色包装应尽量减少包装材料的用量,实现减量化。

(2)易于回收再利用。绿色包装材料应易于回收和再利用,减少废弃物的产生。例如,使用可循环使用的玻璃瓶、金属罐等包装材料。

(3)可降解性。绿色包装材料应具有可降解性,能在自然环境中迅速分解,减少对环境的污染。

(4)安全性。绿色包装材料应确保对人体和生物无毒无害,不含有害物质或有害物质含量应控制在安全标准以下。

4. 绿色流通加工

绿色流通加工是指在流通过程中对商品进行继续加工,以使其成为更加适合消费者需求的最终产品,同时在整个过程中注重资源的节约和环境的保护。这种加工方式不仅满足了消费者的需求,还实现了资源的有效利用和环境的可持续发展。绿色流通加工的途径主要包括两个方面:

(1)集中加工。即将原本由消费者分散进行的加工活动集中起来,通过规模作业提高资源利用效率,减少环境污染。例如,餐饮服务业对食品的集中加工,在一定程度上可以减少家庭分散烹调所造成的能源浪费和空气污染。

(2)边角废料处理。消费品加工过程所产生的边角废料如果不加以处理,会造成环境污染和资源的浪费。绿色流通加工强调对这些边角废料的集中处理，通过回收、再利用或无害化处理，减少废弃物对环境的污染。

(二) 绿色物流的理论依据

绿色物流的理论依据主要包括以下几个方面。

1. 可持续发展理论

这是绿色物流最重要的理论基础之一。它强调经济发展与环境保护的协调统一，追求在满足当代人需求的同时，不损害后代人满足其需求的能力。在物流领域，这意味着在追求物流效率和经济利益的同时，必须充分考虑对环境的影响，并采取相应措施减少负面影响。

2. 生态经济学理论

生态经济学是研究经济发展与自然环境之间相互关系的科学。它强调经济活动与生态系统的和谐共生，追求经济、社会和环境的协调发展。在绿色物流中，生态经济学理论要求物流活动应遵循生态规律，合理利用资源，减少环境污染，实现经济效益和环境效益的双赢。

3. 生态伦理学理论

生态伦理学是研究人类与自然关系中的道德问题的学科。它强调人类应尊重自然、保护生态，追求人与自然的和谐共生。在绿色物流中，生态伦理学理论要求企业和社会各界应树立正确的生态价值观，将保护环境、节约资源作为自己的责任和义务，推动绿色物流的发展。

4. 外部成本内部化理论

这一理论指出，企业在物流活动中对环境造成的污染和破坏往往被视为外部成本，即这些成本并没有完全纳入企业的运营成本。而绿色物流则要求将这些外部成本内部化，即将环境污染和破坏的成本纳入企业的运营成本，从而促使企业更加关注环境保护和资源的合理利用。

5. 物流绩效评估理论

在绿色物流中，物流绩效评估不再仅仅关注经济效益和物流效率，而是将环境绩效纳入评估体系。通过评估物流活动对环境的影响和资源利用效率等指标，企业可以更加全面地了解物流活动的绩效水平，为改进物流活动提供科学依据。

这些理论根据共同构成了绿色物流的理论基础，为绿色物流的发展提供了理论支撑和指导。

(三) 绿色物流体系的构建

绿色物流体系是一个注重环保、节能、高效和资源循环利用的物流系统。其构建涉及多个方面，正向物流体系和逆向物流体系的建立是其中的重要环节。

1. 正向物流体系的建立

正向物流体系是指从供应商到最终消费者的物流过程。建立正向物流体系需要考虑以下几个方面：

(1) 供应商管理。即选择符合环保标准的供应商，建立长期稳定的合作关系。

(2) 原材料采购。即选择环保材料，减少原材料的浪费和污染。

(3) 生产制造。即采用环保的生产工艺和技术,降低生产过程中的能耗和排放。

(4) 库存管理。即采用先进的库存管理系统,实现库存的实时监控和优化。

(5) 销售配送。即合理规划销售配送网络,选择高效的配送方式和路径。

2. 逆向物流体系的建立

逆向物流体系是指从消费者退回的产品、废弃物等物品回收、处理、再利用的物流过程。建立逆向物流体系需要考虑以下几个方面:

(1) 退货处理。建立完善的退货处理流程,及时接收、检查、处理和反馈退货产品。

(2) 废弃物回收。设立废弃物回收点,对废弃物进行分类、回收和处理。

(3) 再利用和再制造。对回收的产品进行再利用或再制造,降低资源浪费和环境污染。

(4) 信息管理。建立逆向物流信息系统,实现信息的实时采集、处理和共享。

(5) 合作伙伴关系。与回收商、再制造商等建立合作伙伴关系,共同推动逆向物流的发展。

正向物流体系和逆向物流体系的建立是相互促进、相互依存的关系。通过整合这些方面的资源和力量,可以实现物流活动的环保、节能、高效和资源循环利用,为企业的可持续发展和环境保护作出积极贡献。

(四) 我国国内绿色物流发展现状及面临的挑战

我国绿色物流刚刚兴起,人们对它的认识还非常有限。近年来,随着绿色发展理念的深入人心,以及绿色低碳发展相关政策措施的逐步推行,我国的绿色物流及供应链正展现出迅猛的发展势头。但我国是一个发展中国家,与发达国家的物流尚有较大差距,绿色物流起步更晚,与国际上先进技术国家在绿色物流的观念、政策及技术上均存在较大的差距。因此,我国的物流绿色化还有相当漫长的一段路要走。如今,我国物流产业所造成的碳排放量约占全国碳排放总量的 9% 左右。鉴于全球应对气候变迁与我国致力于实现"双碳"总体目标的背景,物流行业及供应链领域在绿色低碳发展方面所蕴含的巨大潜能以及广阔的市场前景无疑是引人注目的。

同时,世界上一些大的物流公司进入中国,跨国物流企业纷纷抢滩中国市场。由于中国经济已成为世界的一部分,我国物流企业必须加快调整和整合,加强物流的绿色化建设,否则就会失去竞争力。一旦国外在物流业的绿色化上设置准入壁垒,我国物流业将遭受巨大的打击。发展绿色物流是我国企业参与全球物流竞争的重要基础。

拓展资料

京东绿色物流获得联合国认可

2023 年 12 月,备受瞩目的《联合国气候变化框架公约》第 28 次缔约方大会(COP28)在阿联酋迪拜盛大召开。会上,我国发布了《从行动开始:在华企业低碳转型实践观察报告 2023》,京东物流作为优秀代表之一被选入报告并惊艳亮相 COP28。

自 2017 年起,京东物流便率先启动了"青流计划",全力推进运输、包装、科技等环节的绿色化、环保化,并携手多个行业伙伴共同制定创新标准和规章制度,树立了业界低碳、低碳减排的鲜明旗帜。京东物流还成功开发并上线了供应链碳管理平台 SCEMP,该平台具有权威性和核准性,已覆盖中国超过 140 种道路运输载具的碳排放因子。在仓储部分,经过多年努力，京东物流预计到 2030 年将建设完成全球屋顶光伏装机容量最大的生态体系，尤其值得一提的是，西安"亚洲一号"智能产业园已经成为我国首个"碳中和"物流园区。在运输过程中，京东物流不断加大多式联运规模，结合先进的算法技术挑选碳排放少的交通工具，积极推广新能源汽车；试图尝试不同货物的混合运输，使整体碳排放减少率高达 35% 以上，每月还能减少碳排放达 7.53 吨。每个细微之处都能体现出京东物流的环保决心：例如，在最后 1 公里①配送中，使用自动化、智能化设备减少能耗，推广环保材质；同时，从减量包装、循环包装等方面推动绿色包装，广泛应用循环包装箱，还推出了业内首个"原发包装认证标准"。另悉，在过去 5 年，京东物流已带动行业减少一次性包装 100 亿个。

二、电子商务物流

电子商务物流，简单来说，就是在电子商务的背景下，利用电子商务技术进行商品流通的过程中，所需的货物配送和物流管理的相关活动。具体来说，它涵盖了从商品的采购、储存、运输、配送到售后服务等整个物流过程，并通过信息化手段提高物流运作效率，实现高效、便捷的商品配送和物流管理，以满足消费者的需求。

（一）电子商务物流的特点

电子商务物流的主要特点是物流信息化、物流自动化、物流网络化。一是物流信息化，表现为物流信息的商品化、数据库化和代码化，以及物流信息处理的电子化和计算机化等；二是物流自动化，即基于信息化技术，实现物流作业的自动化操作，如自动分拣、自动配送等；三是物流网络化，即物流配送系统的计算机通信网络，包括物流配送中心与供应商或制造商、下游顾客之间的联系都要通过计算机网络实现。

此外，智能化是物流信息化、自动化的一种更高层次的运用。智能化技术包括物流专家系统、物流预测系统、库存水平系统等，可以提高物流运作的智能化水平和决策准确性。

（二）制定电子商务物流方案的参考因素

在制定电子商务物流方案时，我们可以参考以下关键因素来确保物流过程的高效、顺畅和成本效益。

1. 消费者的地区分布

一般商务活动的有形销售网点资源是按销售区域来配置的，每个销售点负责一个特定区域的市场。例如，在国内设置几个销售大区，每个大区内再设立一个配送中心，负责向该大区的销售网点送货，各销售网点向配送中心订货和捕获，配送中心就在规定的时间内将订货送达这个销售网点。这种方式的弊端在于，电子商务的客户可能在地理位置上十分分散，要求送货的地点很不集中，所以无法经济合理地组织送货。因此，深入了解目标消费者的地理分布，有助于确定最佳的物流中心和配送网络布局，从而确保商品能够迅速、准确地送达消费者手中。例如，如果消费者主要集中在城市地区，那么可以优先考虑在城市中心或周边设立物流中心。

2. 销售的品种

销售的商品种类和特性也是制定物流方案时需要考虑的重要因素。不同种类的商品

---

① 1 公里＝1 000 米。

可能需要不同的包装、运输和储存方式。例如,易碎品可能需要额外的保护措施,而大宗商品可能需要更大的运输和储存空间。因此,在制定物流方案时,企业需要根据商品的特性来选择合适的物流方式。

3. 配送细节

配送细节对于物流方案的制定至关重要,包括配送时间、配送方式、配送路线等。为了确保配送的准确性和效率,需要仔细规划配送细节,并与运输公司、快递公司等合作伙伴进行密切沟通。同时,还需要关注配送过程中的安全问题,确保商品在运输过程中不受损失。在选择电子商务服务提供者时,需要考虑其物流能力和服务质量。优秀的电子商务服务提供者通常具备完善的物流网络和先进的物流技术,能够提供高效、准确的物流服务。因此,在选择服务提供者时,需要仔细评估其物流能力和服务质量,确保能够满足自己的需求。

4. 物流成本与库存控制

电子商务物流具有更加明显的多品种、小批量、多批次、短周期的特点,由于很难单独考虑物流的经济规模,物流成本较高。物流成本是企业制定电子商务物流方案时需要考虑的重要因素。为了降低物流成本,企业需要优化物流流程、提高物流效率,并与合作伙伴建立长期稳定的合作关系。此外,电子商务服务商必须在特定的销售区内扩大,消费者群体的基数如果达不到较高的物流规模,物流成本必然居高不下。

库存控制也是电子商务物流方案制定时应当重点关注的方面。库存控制历来是销售管理中的难题。通过合理的库存管理和预测分析,企业能避免库存积压和资金占用,从而降低库存成本,提高资金利用效率。

> **拓展资料**
>
> 亚马逊公司的困惑
>
> 亚马逊公司是一件全球知名的电商企业。自1995年创办以来,其已亏损12亿美元,而且有一半是在2003年上半年发生的。分析家苏利亚分析,亚马逊为了运销更多的商品而建立了更多的仓库,很大程度地降低了商品的流通速度。速度的降低使得亚马逊与传统零售商的差别进一步缩小,这就使得该公司与其"建立更有效的虚拟零售商"的宗旨相背离。苏利亚将亚马逊这个新经济偶像与传统零售商相提并论。他的理由很简单,亚马逊投入巨资建立仓储及配送中心,用于存放不断增多的销售货品。依靠品牌认知度及巨额投资来促进营业额的增长。从这种意义上来说,亚马逊面对的管理问题与传统零售商并无不同。苏利亚还认为亚马逊所作的与传统经营商没有什么区别,但如果以传统经济的标准来衡量,公司的经营状况甚至比三流零售店还要糟糕。有鉴于此,苏利亚用衡量传统零售商经营状况的最常用指标,即创造正现金流的能力来评估亚马逊。这种能力取决于企业对市场需求及价格定位的正确评估。其中控制压库量是关键,一旦库存失控,零售商就将面临巨额亏损。

(三)电子商务物流系统的模式

电子商务物流系统的模式有很多,每一种都有其独特的特点和适用场景。以下是一些主要的模式。

1. 自营物流模式

即企业自己经营物流业务的模式。在电商刚起步的时候,许多规模较小的电子商务企业会选择这种模式。它们会自行组建物流配送系统,负责整个物流运作过程。这种模式能让企业更好地掌控物流环节,但也需要投入大量的人力、物力和财力。

2. 物流联盟模式

这种模式是基于企业间的正式协议而建立的物流合作关系。参与联盟的企业会汇集、交换或统一物流资源,以谋取共同利益。同时,合作企业仍保持各自的独立性。物流联盟能形成相互信任、共担风险、共享收益的物流伙伴关系,帮助企业降低物流成本,提高物流效率。

3. 第三方物流模式

第三方物流是指独立于买家和卖家之外的专业化物流公司,它们通过合同或契约的方式长期为特定企业提供物流服务。这种模式的优点在于企业可以专注于自身的核心业务,减少对物流环节的投入,但需要企业选择合适的第三方物流公司。

4. 第四方物流模式

这主要是指由咨询公司提供的物流咨询服务。虽然咨询公司本身并不直接提供物流服务,但它们能通过整合各种物流资源,为企业提供全面的物流解决方案。这种模式能帮助企业更好地管理物流环节,提高物流效率。

随着电子商务的不断发展,物流模式也在不断创新和完善,企业需要保持敏锐的洞察力,及时适应市场的变化。

(四)我国电子商务现代物流模式构造

1. 物流中央化模式

物流中央化模式即物流一体化模式,强调整体化的物流管理系统,是一种以整体利益为重,冲破按部门分管的体制,从整体进行统一规划管理的管理方式。在市场营销方面,物流管理包括分配计划、运输、仓储、市场研究、为用户服务五个过程;在流通和服务方面,物流管理过程包括需求预测、订货过程、原材料购买、加工过程,即从原材料购买直至送达顾客的全部物资流通过程。尽管一体化物流对电子商务企业提出了很多要求,但一体化物流模式仍具有一定应用潜力。采用物流一体化模式,可以不像传统物流那样根据产品数量、高峰期、周转率等确定最优的保管、运输设施和人员配置,物流部门可以随企业经营销售情况的变化来安排物流服务,业务范围广泛,业务量不需预测,具有较大的灵活性。

同时,产供销一体化物流发生在电子商务企业内部,具有可见性,有关各方可通过该供应链实时掌握货物的存储与运输状况,通过物流部门对供应物流、制造物流及分销物流拥有的完全控制权,实现企业总体物流的组织与协调管理。与此同时,在一体化物流中,企业能及时掌握客户反馈信息,并迅速作出反应,从而有利于建立起与客户间密切的关系,使电子商务企业内部网络活动与物流体系一体化协同运行。因此,一些资金雄厚、物流技术能力较强的企业,尤其是连锁经营的商业企业可以组建自己的物流部门,以发挥商品经营配送的综合服务优势。

在电子商务环境下,供应链同时也实现了一体化,供应商与零售商、消费者通过网络连在了一起,通过 POS、EOS 等,供应商可以及时且准确地掌握产品销售信息与顾客信息。此时存货管理采用反应方法,按所获信息组织产品生产和对零售商供货,存货的流动变成拉动式,完全可以消除上述两个缺点,并实现销售方面的零库存。

2. 高效配送中心模式

物流过程是生产—流通—消费—还原（废物的再利用及生产资料的补足和再生产）。物流是非独立的，受多种因素的制约。物流（少库存多批发）与销售（多库存少批发）相互对立，必须利用统筹来实现整体成本最小的效果。销售订货时，交货条件、订货条件、库存量条件对物流的结果影响巨大。流通中的物流问题已转向研究供应、生产、销售中的物流问题。

在电子商务时代，B2C 的物流支持都要靠配送来提供，B2B 的物流业务会逐渐外包给第三方物流，其供货方式也是配送制。没有配送，电子商务物流就无法实现，电子商务也就无法实现，电子商务的命运与配送业连在一起。同时，电子商务使制造业与零售业实现零库存，实际上是把库存转移给了配送中心，因此配送中心成为整个社会的仓库。由此可见，配送业的地位大大提高了。

3. 物流代理

物流代理（third party logistics，TPL），又称第三方提供物流服务，其定义为：物流渠道中的专业化物流中间人，以签订合同的方式，在一定期间内，为其他公司提供的所有或某些方面的物流业务服务，它是适应电子商务的全新物流模式。从广义的角度和物流运行的角度看，物流代理包括一切物流活动，以及发货人可以从专业物流代理商处得到的其他一些价值增值服务。提供这一服务是以发货人和物流代理商之间的正式合同为条件的。这一合同明确规定了服务费用、期限及相互责任等事项。狭义的物流代理专指本身没有固定资产，但仍承接物流业务，借助外界力量，负责代替发货人完成整个物流过程的一种物流管理方式。物流代理公司承接了仓储、运输代理后，为减少费用的支出，同时又要使生产企业觉得有利可图，就必须在整体上尽可能地加以统筹规划，使物流合理化。电子商务的跨时域性与跨区域性，要求其物流活动也具有跨区域或国际化特征。

电子商务按其交易对象可分为 B2C 和 B2B。在 B2C 形式下，如 A 国的消费者在 B 国的网上商店用国际通用的信用卡购买了商品，若要将商品送到消费者手里，小件商品（如图书）可以邮购，大件商品则可由速递公司完成交货。目前，这些流通费用一般由消费者承担，对于零散用户而言流通费用显然过高。如在各国成立境外分公司和配送中心，利用第三方物流，由用户所在国的配送中心将货物送到用户手里，则可大大降低流通费用，提高流通速度。B2B 形式下的大宗物品的跨国运输是极为繁复的，如果有第三方物流公司能提供一票到底、门到门的服务，则可大大简化交易，减少货物周转环节，降低物流费用。

4. 综合物流模式

国内专业化的物流企业主要是一些原来的国家大型仓储运输企业和中外合资、独资企业，如中国储运公司、中外运公司、大通、敦豪、天地快运、EMS、宝隆洋行等。近年来，这些物流公司的营业范围涉及全国配送、国际物流服务、多式联运和邮件快递等。上述物流公司现在都已经在不同程度上进行了综合物流模式运作模式的探索实践。尤其是一些与外方合资或合作的物流公司，其充分发挥国外公司在物流管理经验、人才、技术、观念和理论上的优势，率先进行综合物流模式运作。笔者认为我国发展综合物流代理的主要思路是：不需要进行大的固定资产投入，低成本经营；将主要的成本部门及产品服务的生产部门的大部分工作委托给他人处理，注重建立自己的销售队伍和管理网络；实行特许代理制，将协作单位纳入自己的经营轨道。

为了提高管理效率、降低运作成本,物流公司不但要提出具有竞争力的服务价格,还必须采取以下措施:

(1) 坚持走品牌化之路,将产品(服务)经营和资本经营相结合。

(2) 建立和完善物流网络,分级管理,将操作和行销分开。

(3) 开发建设物流管理信息系统,应用 EDI、GPS、RF、EOS、网络等新技术,对货物实施动态跟踪。

(4) 组建客户俱乐部,为公司提供稳定的客户群。

练 习 题

一、单项选择题

1. 物流概念最早出现在(　　)。
   A. 英国　　　　　　B. 美国　　　　　　C. 法国　　　　　　D. 德国
2. (　　)的目的是以最低的成本确保把产品有效地送达顾客。
   A. 产品物流阶段　　　　　　　　　B. 综合物流阶段
   C. 供应链管理阶段　　　　　　　　D. 现代物流阶段
3. 物流管理的目标是(　　)。
   A. 提高生产效率　　　　　　　　　B. 降低运输成本
   C. 改进客户服务　　　　　　　　　D. 所有选项都是
4. 供应链管理的核心是(　　)。
   A. 以客户需求为中心　　　　　　　B. 优化供应链各个环节
   C. 降低库存成本　　　　　　　　　D. 加强与供应商的合作
5. 下列环节中,不属于供应链管理范围的是(　　)。
   A. 采购管理　　　　B. 仓储管理　　　　C. 生产管理　　　　D. 人力资源管理
6. 下列各项中,不属于物流运输方式分类的是(　　)。
   A. 公路运输　　　　B. 铁路运输　　　　C. 航空运输　　　　D. 电子运输
7. 第三方物流服务的成功因素中最主要的是(　　)。
   A. 可靠性　　　　　B. 为客户服务　　　C. 快捷性　　　　　D. 准时性
8. 由供方与需方以外的物流企业提供物流服务的业务模式是(　　)。
   A. 内部物流　　　　B. 第一方物流　　　C. 第三方物流　　　D. 军事物流
9. 下列市场中,会导致"牛鞭效应"的是(　　)。
   A. 拉式市场　　　　B. 推式市场　　　　C. 产品中心　　　　D. 推拉式市场
10. ABC 分类中,如果按照存货价值占库存总价值的不同进行分类,则 A 类库存是指(　　)。
    A. 品种种类占 70% 左右,价值在库存总价值中所占比例只在 10% 左右
    B. 品种种类占 10% 左右,价值在库存总价值中所占比例只在 70% 左右
    C. 品种种类占 20% 左右,价值在库存总价值中所占比例只在 20% 左右
    D. 品种种类占 50% 左右,价值在库存总价值中所占比例只在 50% 左右

二、判断题

1. 供应链管理主要是企业内部的管理活动,与外部合作伙伴无关。　　　　　　(　　)
2. 在物流管理中,库存越少越好,因为库存是成本的一部分。　　　　　　　　(　　)
3. JIT(just-in-time)生产模式的核心是零库存。　　　　　　　　　　　　　　(　　)
4. 在供应链中,供应商的选择需要考虑多个因素,包括价格、质量、交货时间、可靠性等。
   　　　　　　　　　　　　　　　　　　　　　　　　　　　　　　　　　　(　　)
5. 第三方物流是指企业将部分或全部物流活动外包给专业的物流公司。　　　　(　　)
6. 供应链管理只关注物质流动,不涉及信息流和资金流。　　　　　　　　　　(　　)

7. 物流信息系统只能提高物流效率，对供应链管理没有影响。　　　　（　）
8. 在供应链中，上游供应商面临的需求波动往往大于下游客户。　　　（　）
9. 为了降低成本，企业应尽可能减少库存，而不考虑其他因素。　　　（　）
10. 战略性项目的采购策略中，不能只关注采购成本和供应商的价格。　（　）

三、简答题

1. 简述物流管理与供应链管理之间的关系。
2. 简述供应链管理的优势及其在企业中的作用。
3. 简述经济订货批量模型（EOQ）基于的假设。

四、论述题

结合实际案例阐述供应链管理中的"牛鞭效应"及应对方法。

第 10 章 品牌和营销管理
Chapter 10

思政园地

◎ 学习目标

- 掌握品牌的定义和价值,了解品牌及品牌管理在企业战略中的重要地位。
- 熟悉品牌战略的内容、类型,了解品牌定位的过程和方式,能够分析品牌对消费者和市场的影响。
- 掌握消费者研究和市场调查的内容和主要方法。
- 理解营销管理的核心要素,熟悉市场细分的方法、步骤,掌握市场营销组合策略的实施方法。
- 了解大数据和精准营销,理解运用大数据开展精准营销的原理和方法。

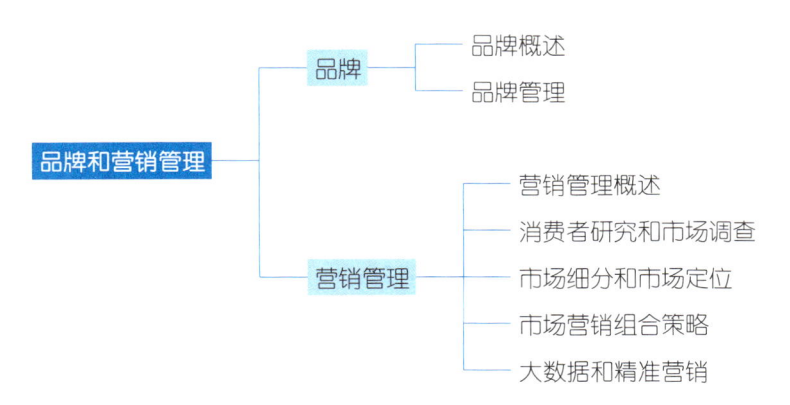

◎ 知识导图

```
                              ┌─ 品牌概述
                   ┌─ 品牌 ───┤
                   │          └─ 品牌管理
                   │
品牌和营销管理 ────┤          ┌─ 营销管理概述
                   │          ├─ 消费者研究和市场调查
                   └─ 营销管理┼─ 市场细分和市场定位
                              ├─ 市场营销组合策略
                              └─ 大数据和精准营销
```

第1节 品　　牌

一、品牌概述

(一)品牌的定义和内涵

在商业和市场营销的语境中,品牌通常指的是用于识别一种产品、服务生产者、服务销售者的一个名称、术语、符号、设计,或者这些元素的组合,并使之与竞争对手的商品或服务相区分。品牌不仅仅是一个简单的标识或符号,更是企业价值观、文化、理念、产品和服务质量的综合体现。一个优秀的品牌不仅能够提升企业的知名度和美誉度,还能够增强企业的竞争力和市场地位。品牌是企业的核心竞争力之一。在科技高速发展、信息快速传播的今天,产品、技术等很容易被对手模仿,但品牌是一种消费者认知,是一种心理上的感觉,其一旦形成,则不但具备巨大的价值,而且难以被模仿。

品牌具有十分丰富的内涵,包含了品牌的价值观、文化、个性、形象等多个方面。品牌的价值观是品牌所代表的核心价值观念和信仰,是企业文化的体现。品牌的文化则反映了品牌所代表的地域、历史、传统等文化背景,是品牌独特性的来源之一。品牌的个性是指品牌所展现出来的独特性格和特点,是品牌与消费者建立情感联系的基础。品牌的形象则是品牌在消费者心中所形成的整体印象和评价,是品牌知名度和美誉度的体现。品牌对企业来说十分重要,它是企业在消费者心中形成的独特印象和记忆,是企业与消费者建立长期、稳定关系的基础。

(二)品牌的价值

品牌是企业形象的直接体现。一个优秀的品牌能够传达出企业的价值观、文化理念和愿景,从而塑造出积极、正面的企业形象。这种形象有助于提升企业的社会声誉和公众形象,为企业赢得更多的合作机会和支持。品牌的价值主要体现在以下五个方面。

1. 经济价值

品牌具有使用价值,能够为企业带来更高的溢价和未来稳定的收益。强大的品牌能使消费者愿意支付更高的溢价,增加企业的利润空间,也有助于吸引和留住客户,保障企业获得持续稳定的收入。而在面对市场风险和危机时,品牌的作用显得尤为重要。一个强大的品牌能够增强企业的公信力和应对危机的能力,使企业在危机中保持稳健有序发展。

2. 市场价值

强大的品牌可以帮助企业拓展市场领域,吸引潜在客户,提高市场份额。品牌可以为企业拓展新的市场和实现多元化发展提供支持。通过品牌的延伸和拓展,企业可以轻松地推出新产品线或进入新的市场领域。这种能力使企业能够更好地适应市场的变化和满足消费者的需求,从而保持其竞争优势。

3. 客户价值

品牌在需求者心目中的综合形象,包括其属性、品质、档次(品位)、文化、个性等,代表着该品牌可以为需求者带来的价值。良好的品牌形象和口碑能吸引客户尝试或选择该品牌，并对该品牌产出情感依赖和信任。这种信任关系一旦建立，将为企业带来稳定的客源和市场份额。

4. 企业价值

品牌属于无形资产，是企业的重要资产，具有增值和保值的作用。一方面，它能够提升企业声誉，促进企业发展，随着品牌知名度和美誉度的提升，企业的市场价值也将不断增长。另一方面，品牌还蕴含着企业的价值观和文化，这些价值观和文化可以被长久地传承和延续。

5. 竞争价值

品牌可以使企业在竞争中获得更强劲、更稳定、更特殊的优势。在竞争激烈的市场环境中，品牌通过其独特的名称、标志、口号等元素，帮助企业在消费者心中形成独特的印象，与竞争对手区分开来。这种差异化不仅有助于吸引目标消费者，还能增强消费者对品牌的忠诚度。

（三）品牌战略

品牌战略就是企业为了塑造和维护自己的品牌形象，提高市场份额和竞争力而制定的一系列战略性决策和行动。它是企业将品牌作为核心竞争力，以获取差别利润与价值的一种企业经营战略。

1. 品牌战略的内容

品牌战略是一个综合性的系统工程。企业在制定品牌战略时，需要全面考虑市场环境、消费者需求、企业自身资源等多方面因素，制定出符合自身实际情况的战略规划。通常而言，品牌战略包含以下几个核心方面：

（1）品牌属性定位。品牌属性定位是指企业根据自身特点和市场环境，确定品牌所代表的产品或服务的特性、品质、价值以及与其他竞争对手的差异化特点。因此，品牌必须紧紧围绕目标客户需求明确自身的属性，包括确定品牌所代表的产品或服务类型、目标市场、消费者群体等。这是构建品牌独特性和竞争优势的基础。

（2）品牌模式选择。品牌模式是企业基于自身情况和市场环境，为塑造独特且富有竞争力的品牌形象而选择的战略路径。它决定了品牌的发展方向、市场定位以及与消费者的沟通方式。从企业和品牌角度来看，品牌模式可以分为单一品牌模式和多品牌模式。具体采用哪种模式，需要根据企业的市场定位、资源状况和竞争环境来决定。

（3）品牌愿景与规划。品牌愿景是品牌希望实现的长期目标和愿景。品牌规划是为实现这些目标而制定的具体行动计划，包括品牌的市场定位、目标设定、产品策略、传播策略等。

（4）品牌延伸与扩展。品牌延伸是指将现有品牌应用于新产品或服务上，以利用现有品牌的知名度和美誉度。品牌扩展则涉及品牌在不同市场、不同领域的扩张和布局。品牌延伸与扩展需要评估品牌的核心价值和潜力，并制定相应的策略。

（5）品牌管理。品牌管理涉及对品牌形象的维护、品牌价值的提升以及品牌资产的保护，包括品牌传播策略的制定、品牌形象的监测与评估、品牌危机的处理等方面。有效的品牌管理可以确保品牌在市场中保持持续的竞争力和影响力。

2. 品牌战略的类型

不同类型的品牌战略代表了不同的市场策略和目标受众，使得企业能够更加合理地配置资源,更准确地把握市场趋势,更有针对性地制定品牌策略,以更好地满足特定消费者群体的需求,促进企业发展。

(1) 单一品牌战略。即企业所生产的所有产品都使用同一品牌。这种战略有助于集中企业资源,树立统一的企业形象,减少营销成本。然而,当企业产品跨行业经营时,单一品牌可能难以在消费者心中形成专业性的品牌认知。

(2) 多品牌战略。多品牌战略是指企业针对每个产品都使用不同的品牌。这种战略能够严格区分不同品牌的市场定位,满足消费者多样化的需求,并降低单一品牌失败的风险。然而,多品牌战略需要企业投入更多的资源来管理和推广多个品牌,增加了运营成本。

(3) 背书品牌战略。即企业使用一个主品牌涵盖企业的系列产品,同时给各个产品打造一个独特的副品牌,以副品牌来突出产品的个性形象。这种战略结合了单一品牌和多品牌战略的优势,既保证了企业整体形象的统一,又突出了产品的个性特点。

(4) 主副品牌战略。主副品牌战略是指企业在同一产品上设立一个主品牌和多个副品牌。其中,主品牌是产品的识别标志,副品牌则是对主品牌的补充和说明。这种战略有助于突出产品的个性化和差异化,增强消费者对产品的认知度。

(5) 联合品牌战略。联合品牌战略是指两个或两个以上的企业品牌,通过相互合作的形式,共同进行品牌传播,以形成品牌联盟。这种战略能够扩大品牌的影响力,提升品牌形象,降低市场进入的壁垒。然而,联合品牌需要双方或多方企业在品牌理念、市场定位等方面达成共识,否则可能产生品牌冲突。

(6) 品牌延伸战略。品牌延伸战略是指企业将某一知名品牌或某一具有市场影响力的成功品牌扩展到与成名产品或原产品不尽相同的产品上,以凭借现有成功品牌推出新产品的过程。这种战略能够利用现有品牌的知名度和美誉度,降低新产品的市场推广成本。然而,品牌延伸需要谨慎评估品牌的核心价值和潜力,避免过度延伸导致品牌形象的模糊和淡化。

(四) 品牌定位

品牌定位是指企业在市场定位和产品定位的基础上,对特定品牌就文化取向及个性差异作出的商业性决策。品牌定位旨在建立一个与目标市场有关的品牌形象,为某个特定品牌确定一个适当的市场位置,使商品在消费者的心中占领一个特殊的位置。

1. 品牌定位的过程

品牌定位的理论来源于"定位之父"杰克·特劳特首创的战略定位,其目的是将产品转化为品牌,使品牌在消费者心中占领一个特殊的位置,以便于潜在顾客形成正确认识。品牌定位的维度包括市场定位、价格定位、形象定位、地理定位、人群定位、渠道定位等。其中,市场定位是基础因素,品牌定位是市场定位的进一步延伸和具体化。品牌定位的过程也就是市场定位的过程,其核心是细分市场、选择目标市场和具体定位,如图 10-1 表示。

2. 品牌定位的方式

品牌定位就是给品牌找一个合适的位置,主要是指品牌给消费者的一种感觉,也是消费者感受到的一种结果。品牌定位表现为品牌的档次、特征、个性、目标人群等。品牌的定位有多种方式,以下我们列举八种不同的品牌定位方式。

1) 以产品特点为导向

品牌的定位根据产品和服务的特点来设计,广告创意、诉求和表现方式都紧密围绕品

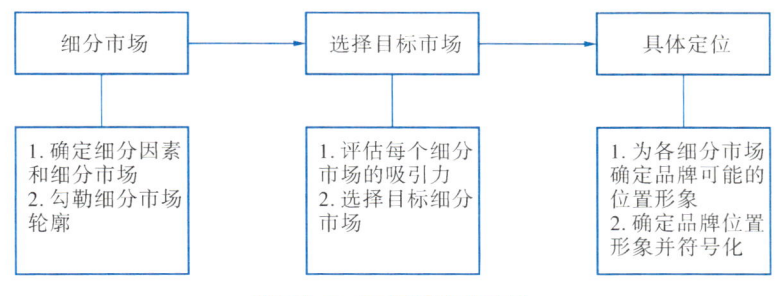

```
┌──────────┐      ┌──────────┐      ┌──────────┐
│ 细分市场 │─────▶│选择目标市场│─────▶│ 具体定位 │
└────┬─────┘      └────┬─────┘      └────┬─────┘
┌────┴─────────┐ ┌────┴─────────┐ ┌────┴─────────┐
│1.确定细分因素│ │1.评估每个细分│ │1.为各细分市场│
│  和细分市场  │ │  市场的吸引力│ │  确定品牌可能│
│2.勾勒细分市场│ │2.选择目标细分│ │  的位置形象  │
│  轮廓        │ │  市场        │ │2.确定品牌位置│
│              │ │              │ │  形象并符号化│
└──────────────┘ └──────────────┘ └──────────────┘
```

图 10-1 市场定位关系图

牌定位。以产品特点为导向的品牌定位要注意凸显品牌的差异性。

比如,现在市场上的洗发水品牌种类繁多,如飘柔、海飞丝、潘婷、力士、资生堂等,每种产品都有自己的品牌定位。"海飞丝"的品牌定位是"去屑",而"飘柔"的品牌定位主打"柔顺"这一核心特性。

在以产品特点为导向进行品牌定位时,要注意产品特点与品牌的关系:既要使品牌定位与产品特点相关联,又要使品牌定位具有差异性。比如,同样主打"去屑",西安杨森的洗发水产品"采乐"在进行品牌塑造时,突出了自己作为制药企业的专业性,其品牌诉求为"采乐去屑,针对根本",旨在向消费者传播其专业的形象。

2) 以因果关系为导向

以因果关系为导向的定位是一种基于事件之间的作用关系来确定品牌定位的策略。在这种定位方法中,我们识别并强调某一事件(即"因")与另一事件(即"果")之间的直接联系,以此来塑造品牌的独特价值和市场地位。

在品牌定位中运用因果关系,关键在于找到并强调与消费者需求紧密相关的因果链。这要求品牌深入了解目标消费者的需求和期望,同时分析产品或服务如何能够满足这些需求,并产生积极的结果。例如,一家主打有机食品的品牌可能会将"有机种植"作为"因",将"健康、营养、无农药残留"作为"果",强调其有机种植方式能够直接带来健康、营养且安全的食品。这种定位策略不仅突出了品牌的独特价值,还满足了消费者对健康、安全食品的需求。

3) 以目标市场为导向

以目标市场为导向的定位瞄准的是消费者,它要求品牌根据特定目标市场的需求和偏好来塑造自身的形象和定位。这种方法的核心在于深入了解目标市场的消费者特征、购买行为、需求和期望,并将这些信息融入品牌定位的过程。

比如,可口可乐公司非常擅长分析目标市场的消费者需求和偏好,并根据这些信息来制定和调整他们的市场定位。他们发现消费者越来越注重身体健康,担心过多摄入糖分,于是通过研发推出了无糖、低糖等系列产品。又如,苹果公司针对追求高品质、时尚潮流的消费者,将苹果品牌定位为高端、专业和时尚的科技品牌,从而吸引了大量忠实客户。

4) 以竞争为导向

其核心思想是将企业的产品或服务与竞争对手进行直接比较,从而凸显自身的独特优势。这种定位策略要求企业深入了解竞争对手,分析他们的优势和劣势,并找出自己在市场竞争中的差异点。这种定位方式可以细分为两种情形:①以竞品为竞争对手;②以自己的产品为竞争对手。这里第一种方式比较容易理解,其核心在于通过对比竞品,找到自己的优势和差异化点,从而吸引目标消费者。第二种方式的核心在于企业通过自我挑战和自我超越,不断提升产品的品质和性能,以满足消费者对高品质生活的追求。同时,企业也可以通过推出不同型号或不同价格区间的产品,覆盖更广泛的消费者群体,提高市场占有率。

现在每种产品的竞争品牌很多,消费者通常很难对某一产品形成忠诚度,他们有时看到其他公司的新产品,就会去尝试。如何应对这种善变的消费者,对企业而言是一项严峻挑战。企业首选的方式就是不断推出新品,以自己的前代产品为竞品,给消费者以全新的感觉。这些新品其实在功能上并不一定要有很大的改善,但应以新的品牌概念吸引消费者继续购买。

5) 以情感心理为导向

这是一种深入探索消费者内心情感需求,并以此为核心来塑造品牌形象和营销策略的方法。这种定位策略强调与消费者的情感连接,通过引发共鸣、建立情感联系来增强品牌的吸引力。比如,通常而言,我们戴普通手表是用来看时间的,但是如果戴情侣表感觉就不一样了,这时我们不是为了看时间,而更多的是表达一种情感。情侣表企业正是采取了这种以情感心理为导向的定位方式。

在以情感心理为导向的定位中,企业首先要深入了解目标消费者的情感需求和心理特点。通过深入了解消费者的内心世界,企业可以发现与品牌相关的情感连接点,从而构建出与消费者产生情感共鸣的品牌形象。

在品牌形象塑造方面,企业可以通过故事叙述、情感诉求、象征性元素等方式来传递品牌的情感价值。例如,通过讲述品牌背后的故事,展现品牌的初心和使命;通过强调品牌所代表的情感价值,如爱、友情、梦想等,与消费者建立深厚的情感联系;利用象征性元素来传递品牌的独特性,如特定的颜色、图案或标志等。

在营销策略方面,企业可以通过情感化的广告、活动或体验来引发消费者的共鸣。例如,企业可制作能够触动消费者内心的广告片,通过真实的情感故事来打动消费者;举办与品牌情感价值相关的活动,让消费者亲身感受品牌的情感魅力;利用社交媒体等渠道与消费者进行情感互动,了解消费者的情感需求和反馈,并及时调整营销策略。

拓展资料

南方黑芝麻集团的品牌定位策略

南方黑芝麻集团作为中国黑芝麻产业的领军企业,一直致力于为消费者提供高品质的黑芝麻产品。然而,在市场竞争日益激烈的今天,南方黑芝麻集团意识到仅仅依靠产品本身的品质已经不足以吸引消费者的目光。

南方黑芝麻集团通过市场调研和消费者洞察,发现黑芝麻在中国文化中有着深厚的情感基础。它不仅是传统的滋补佳品,更是许多家庭日常饮食的一部分。因此,其决定以"家的味道,温暖的回忆"为情感连接点,与消费者建立情感共鸣。其在广告宣传中大量运用家庭、亲情、回忆等元素,通过温馨的画面和感人的故事,引发消费者的情感共鸣。例如,南方黑芝麻集团曾拍摄一个广告,讲述一个年轻人回到家乡,品尝到妈妈亲手做的黑芝麻糊,感受到了家的温暖和母爱的伟大。这个广告在社交媒体上广泛传播,引发了众多网友的共鸣和讨论。

南方黑芝麻集团还与一些知名的家庭剧、亲情节目等进行合作,通过植入广告或赞助的方式,将品牌与家庭、亲情的情感元素紧密联系在一起。在产品包装设计上,其采用温馨、亲切的色调和图案,如家庭合影、亲子互动等,让消费者在看到产品的第一眼就能感受到家的温暖和关爱。

通过以情感心理为导向的品牌定位策略,南方黑芝麻集团成功地在消费者心中树立了"家的味道,温暖的回忆"的品牌形象。消费者在购买南方黑芝麻产品时,不仅能够享受到优质的产品品质,还能感受到品牌所传递的家的温暖和关爱。这种情感连接让南方黑芝麻集团在市场竞争中脱颖而出,赢得了消费者的喜爱和信任。

6)以利益为导向

以利益为导向的定位,指的是品牌或产品以满足消费者利益为出发点,通过强调产品或服务能够带来的具体利益点,来吸引和留住消费者。消费者因为产品和品牌能给自己带来利益才会购买,因此品牌的定位可以瞄准消费者利益来达成。这里的利益既可以是产品的利益,也可以是品牌的利益。产品的利益是指产品如何能满足消费者的需求,而品牌的利益更多的是带给消费者一种感觉和结果,如让消费者感觉很有品位、很有档次、能够体现他的身份等。

消费者在购买家电产品时,通常希望售后服务能跟得上,这是消费者的重要利益点。对此,海尔推出24小时服务热线,建立完善的售后服务体系,塑造了"购买海尔,享受优质服务"的品牌形象。

7)以激情为导向

这主要是指品牌在塑造自身形象和进行推广时,注重激发消费者的情感共鸣,让消费者感受到使用或拥有该品牌的产品会带来的情感上的动力。这种定位策略通常会强调品牌或产品的独特性、创新性和活力,以及它们与消费者之间的情感联系。例如,品牌可能会强调自己代表了一种积极的生活方式、一种追求梦想的态度,或者一种对美好事物的热爱和追求。

很多饮料、运动产品等较多采用这样的定位方式,如可口可乐、百事可乐、耐克运动鞋、美特斯·邦威等。这些品牌向消费者呈现出活力和激情。

8)以价值为导向

以价值为导向的定位是指企业在市场定位和产品策略上,着重强调产品或服务所能提供的实际价值。这种定位方式的核心在于通过深入了解目标市场的需求和期望,明确产品或服务所能提供的核心价值,并围绕这一价值进行品牌建设、产品设计、市场推广等一系列活动。以价值为导向的定位实际上是在满足人们的价值感,即品牌给人一种良好的心理感觉,是品位与个性的体现。

比如,在服装上,拉夫劳伦(Ralph Lauren)品牌擅长打造带有"上流社会"氛围的美式穿搭。它的设计充满了美式经典元素,同时也注重面料和剪裁,打造出低调、优雅、有质感的风格。这些品牌形象与目标消费者注重个人形象,具有一定经济实力和文化素养的特征相契合,充分满足了目标客户的价值需求。

二、品牌管理

(一)品牌管理的含义

品牌管理是指企业针对品牌所进行的一系列规划、实施、监控和评估活动,旨在建立、维护和提升品牌形象,以实现企业的市场目标和战略愿景。品牌管理包括品牌定位、品牌传播、品牌维护等多个方面,是企业长期发展的重要战略之一。

(二)品牌管理的重要性
品牌管理对于企业的长期成功和持续发展具有深远的影响。

1. 建立企业形象和信誉
品牌是企业形象的代表,通过品牌管理,企业可以塑造一个清晰、独特的品牌形象,使消费者能够迅速识别和记住品牌形象。一个优秀的品牌能够传达企业的价值观、文化理念和服务承诺,从而在消费者心中建立起良好的信誉。

2. 增强消费者忠诚度
品牌管理有助于建立与消费者的情感联系。当消费者对品牌产生认同感和信任感时,他们更有可能成为品牌的忠实拥趸,持续购买该品牌的产品或服务。这种忠诚度对于企业的稳定发展和市场拓展至关重要。

3. 提升市场竞争力
在竞争激烈的市场环境中,品牌是企业的重要竞争优势。通过品牌管理,企业可以突出自己的特点和优势,与其他品牌形成差异化竞争。一个强大的品牌能够在消费者心中占据独特的地位,从而提高企业的市场占有率。

4. 促进产品价值提升
品牌管理能够提升产品的附加值。消费者在购买产品时,往往不仅关注产品的质量和价格,还关注品牌所代表的价值和品质。一个优秀的品牌能够为产品带来更高的附加值,从而提高产品的售价和利润。

5. 增强企业凝聚力
品牌管理能够增强企业内部的凝聚力和向心力。当员工认同并热爱自己的品牌时,他们会更加努力地工作,为企业的发展贡献自己的力量。同时,品牌管理还能够促进企业文化的建设和传承,为企业的发展提供有力的支持。

6. 降低营销成本
品牌管理能够降低企业的营销成本。一个强大的品牌具有强大的传播力和影响力,能够吸引更多的消费者关注和购买。因此,企业可以通过品牌管理来减少广告投放和促销活动的频率和成本,从而降低企业整体营销成本。

7. 增强企业抗风险能力
品牌管理有助于企业应对市场变化和风险。当市场环境发生变化时,一个强大的品牌能够迅速调整自己的战略和策略,以适应新的市场环境。同时,品牌管理还能够帮助企业抵御竞争对手的模仿和攻击,降低企业风险。

(三)品牌管理的主要内容

1. 品牌定位
品牌定位是品牌管理的核心,它涉及确定品牌在目标市场中的位置、竞争优势以及独特价值。通过深入了解目标消费者的需求、偏好和行为,结合品牌自身的资源和能力,企业可以制定独特的品牌定位策略。

2. 品牌传播
品牌传播是品牌管理的重要环节,它涉及通过各种渠道和方式向目标消费者传递品牌信息,提高品牌知名度和美誉度。品牌传播可以采用广告、公关、社交媒体传播等多种手段,同时需要关注媒体选择和传播效果评估。其中,广告传播是指通过电视、广播、报纸、杂志等媒体进行广告宣传;公关传播是通过新闻发布、媒体采访、社会活动等手段,树立企业良好的社会形象;社交媒体传播是利用微博、微信、抖音等平台,与消费者进行互动和交流,提升品牌影响力。

3. 品牌维护

品牌维护是品牌管理的重要任务,涉及保护品牌的知识产权、防止侵权和假冒伪劣行为、维护品牌形象和声誉等方面。品牌管理需要建立完善的品牌维护机制,及时发现并处理侵权和假冒行为,确保品牌的合法权益不受侵害。

品牌维护包括以下内容:

（1）品牌危机管理。制定应对品牌危机的策略和措施,保护品牌形象和声誉。

（2）品牌法律保护。申请注册商标、专利等,保护品牌的合法权益。

（3）品牌持续创新。不断推出新产品、新服务,满足消费者的需求,保持品牌的活力和竞争力。

（四）品牌管理的实施步骤

1. 明确品牌目标和定位

这具体包括以下内容:

（1）确定品牌目标。这些目标包括提高品牌知名度、增加市场份额、提升品牌价值等。

（2）确定品牌定位。即企业希望品牌在消费者心目中所占有的位置。这包括确定品牌的目标受众、品牌的核心竞争力和品牌的差异化特点。

2. 建立品牌标识和形象

这具体包括以下内容:

（1）设计品牌标识。品牌标识是品牌的重要组成部分,它能够在消费者心中留下深刻的印象。企业需要设计有吸引力和独特性的品牌标识,以准确地传达品牌的价值和个性。

（2）建立品牌形象。品牌形象是指企业希望品牌在消费者心目中所呈现的形象。这需要通过各种渠道,如广告、公关、社交媒体等,来塑造品牌形象,并与目标消费者建立情感连接。

3. 制定品牌管理策略

这具体包括以下内容:

（1）建立品牌管理团队。企业需要组建一支专业的品牌管理团队,负责品牌管理的整个过程。团队成员应具备市场营销、品牌策略、传媒等方面的背景和经验。

（2）制订品牌传播计划。品牌传播计划是品牌管理的重要组成部分。这包括确定传播目标、选择传播渠道、确定传播内容等。有效的品牌传播能够提升品牌知名度和美誉度。

4. 实施品牌传播和推广

即通过广告、公关、社交媒体等多种渠道进行品牌传播和推广,可以提高品牌知名度和曝光率。可策划和组织品牌活动,如发布会、展览、赞助等,增强品牌与消费者的互动和联系。也可以借助合作伙伴和意见领袖的力量,扩大品牌的影响力和传播范围。

5. 监控品牌声誉和消费者反馈

这具体包括以下内容:

（1）建立品牌声誉监控系统，实时关注消费者对品牌的评价和反馈。

（2）及时处理消费者投诉和负面信息，维护品牌声誉和形象。

（3）定期对品牌管理效果进行评估和调整，确保品牌管理策略的有效性等。

6. 持续创新和提升品牌价值

即加强品牌文化建设，提高品牌的认知度和忠诚度。企业应不断创新产品和服务，满足消费者的需求和期望，提升品牌的价值和竞争力；通过跨界合作、品牌延伸等方式，拓展品牌的市场份额和影响力。

通过以上步骤的实施，企业可以建立起一个强大的品牌，提升品牌价值和竞争力，赢得消费者的信任度和忠诚度。同时，品牌管理也需要持续不断地进行改进和创新，以适应市场的变化和消费者的需求。

（五）品牌管理的未来趋势

随着科学技术的进步和消费者行为的变化，品牌管理的发展呈现以下一些特征。

1. 数字化和智能化

随着大数据、人工智能等技术的不断发展，品牌管理将呈现出数字化和智能化的特点。企业可以利用这些技术来收集和分析消费者数据，以更准确地了解消费者需求和市场趋势，从而制定更有效的品牌策略。此外，智能化技术还可以应用于品牌传播、客户服务等方面，提升品牌管理效率和消费者体验。

2. 个性化和定制化

未来的消费者将更加注重个性化和定制化。他们希望品牌能够提供更多符合自己需求和喜好的产品和服务。因此，品牌管理需要更加关注消费者的个性化需求，通过定制化策略来满足不同消费者的需求，增强品牌的吸引力和忠诚度。

3. 社会化和情感化

未来的消费者不仅关注产品的功能和品质，还关注品牌所传递的价值观。因此，品牌管理需要更加关注社会责任和公益事业，通过积极参与社会公益活动来提升品牌形象和吸引力。同时，品牌还需要与消费者建立更紧密的情感联系，通过情感营销来增强品牌的忠诚度。

4. 全球化和本地化

随着全球化竞争的加剧，企业需要了解不同国家和地区的文化和市场需求，制定相应的品牌策略。同时，企业还需要注重本地化运营和服务，以更好地满足当地消费者的需求，提升品牌在当地市场的竞争力。

5. 跨界合作和生态化

未来的品牌管理将更加注重跨界合作和生态化。企业可以通过与其他品牌、行业或领域的合作来拓展自己的业务范围和市场份额。同时，企业还可以构建自己的生态圈，通过整合上下游资源来提供更完整、更便捷的产品和服务，增强品牌的竞争力和吸引力。

在数字化、个性化、社会化、全球化和跨界合作等发展趋势下，企业需要不断适应市场变化和技术发展，不断创新和完善自己的品牌管理策略，以在激烈的市场竞争中立于不败之地。

第 2 节 营销管理

一、营销管理概述

(一) 营销管理的含义

营销管理是企业为满足客户需求并实现组织目标而进行的规划、实施和控制的一系列过程和活动。它涵盖了从市场研究、产品推广、定价策略、分销渠道选择,到销售和客户服务等与市场营销相关的活动。营销管理的目标是通过有效的市场营销活动,实现企业的销售目标、市场份额和利润目标,同时提升企业的品牌形象和竞争力。因此,营销管理是企业运营中不可或缺的一环,对于企业的成功和长远发展具有重要意义。

营销管理的核心在于深入理解市场需求,包括消费者需求、竞争对手情况,以及市场环境等。通过对这些信息的分析和整合,企业可以制定出针对性的市场营销策略,以吸引并保留目标客户。

(二) 营销管理的核心要素

营销计划、营销组织和营销控制是市场营销过程中的三个核心要素。

1. 营销计划

营销计划是指企业为实现其营销目标,在特定时期内对其营销战略进行的具体规划和安排。它详细描述了企业为实现其营销目标所需采取的行动和策略,以及预期的结果和时间表。

一份完整的营销计划通常包括以下几个关键部分:

(1) 执行概要。简要介绍企业的背景、目标、市场定位以及营销计划的主要内容和目标。

(2) 市场分析。对目标市场进行深入分析,包括市场规模、增长趋势、消费者需求、竞争对手情况等。通过市场分析,企业可以了解市场的机会和威胁,为制定营销策略提供依据。

(3) 营销目标。明确企业在特定时期内希望实现的营销目标,如销售额、市场份额、品牌知名度等。这些目标应该与企业的总体战略目标保持一致。

(4) 营销策略。详细描述企业为实现营销目标所采取的策略,包括产品策略、价格策略、分销策略和促销策略。这些策略应该根据市场分析和企业资源状况来制定,以确保其有效性和可行性。

(5) 行动计划。列出实现营销策略所需的具体行动步骤和时间表,包括产品开发、定价、渠道选择、促销活动安排等。行动计划应该具有可操作性和可衡量性,以便于后续执行和监控。

(6) 预算。为营销计划制定详细的预算,包括各项营销活动的费用估算和资金来源。预算应该根据企业的财务状况和营销目标来制定,以确保营销活动的顺利进行。

2. 营销组织

营销组织即指企业内部涉及市场营销活动的各个部门和岗位的总和。企业的市场营销部门是执行市场营销计划、服务市场购买者的职能部门。市场营销部门的组织形式主要受企业战略和目标、宏观市场营销环境、目标客户群特点，以及企业自身所处的发展阶段、经营范围、业务特点等因素的影响。

1）职能型组织

这种组织形式是最传统也最常见的营销组织形式。职能型营销组织是以市场营销的各种职能为基础来构建的组织结构。在这种组织中，各种营销职能，如市场调研、产品管理、销售、促销等都被明确划分并分别由相应的部门负责。在这种组织里，销售职能是重中之重。

职能型营销组织通过专业化分工和清晰的责任划分，具有管理和协调相对简单、资源集中利用等优点。但随着产品增多和市场扩大，这种组织形式会暴露很大的缺点。在这种组织里，由于没有人对一项产品或一个市场负全部责任，故每项产品或每个市场制订的计划不够完整，有些产品或市场很容易被忽略。另外，各个职能部门之间很容易发生纠纷。

2）产品型组织

随着产品品种的增多，为了更好地管理和推广产品，产品型组织便应运而生。产品型组织就是按照产品或产品线的不同来划分营销组织的结构。在这种组织形式下，每个产品或产品线都会有一个专门的产品经理或团队来负责，这个产品经理或团队主要负责制定营销策略、管理销售渠道、协调与其他部门的关系等。

每个产品经理或团队都专注于自己的产品或产品线，因而其能够更深入地了解市场需求和竞争态势，更快速地响应市场变化并制定更具针对性的营销策略。但由于每个产品经理或团队都专注于自己的产品或产品线，其可能也会因过于关注部门自身利益而忽视公司整体战略和目标，导致营销活动较为片面。

3）市场型组织

市场型组织以市场为中心，根据消费者需求来设置营销组织结构。这种组织里，市场成为企业各部门服务的中心。在这种组织里，专门的市场主管经理会来管理市场经理们。当企业把一条产品线上的各种产品向不同市场进行营销时，其通常会采用这种组织模式。

市场型组织有利于企业更好地满足各类消费者群体的需求，从而加强销售和市场开拓。但其缺点是容易导致权责不清和多头领导。

4）地理型组织

如果一个企业的市场营销活动面向全国甚至全球，那它很可能会按照地理区域来设置市场营销机构，以更好地适应不同地区的市场特点。这种结构的特点是根据企业产品或服务所覆盖的地理区域，如国家、地区、城市等，来设置营销机构，每个地理区域的营销机构都具有一定的独立性。

地理型组织针对不同地区的市场特点制定营销策略，能够更快速地响应市场变化。另外，分散化经营也能降低单一地区市场波动对企业整体业绩的影响。但由于各地理区域的营销机构相对独立，存在管理难度较大、资源较为分散、跨文化管理能力要求高等挑战。

5）矩阵型组织

这是职能型组织与产品型组织相结合的产物。它在原有的直线指挥系统和职能部门组成的垂直领导系统的基础上,又增加了一种横向的领导系统,两者结合起来就组成了一个矩阵。这种组织形式较为灵活和高效。

在矩阵型组织中,员工同时受到职能部门的职能经理和项目或产品团队的项目经理的领导和管理。职能经理负责员工的技能培训和职业发展,确保员工具备相应的专业知识和技能;而项目经理则负责项目的整体管理,包括资源调配、进度控制、质量控制等,确保项目能够按时、保质完成。

这种双重领导结构使得矩阵型组织具有市场响应快速、信息易于共享、资源利用合理的优点。但是,矩阵型组织也存在一些缺点,包括权责不清、协调困难、稳定性差等。

6) 虚拟式组织

随着互联网和移动互联网的发展,虚拟式组织逐渐兴起,并在现代企业中越来越受到重视。它能够更好地适应数字化市场的需求和特点。

虚拟式组织是指利用现代通信技术、信息存储技术和机器智能产品,实现组织内部和外部资源的高度整合与协作,形成的一种无固定地理空间、无时间限制的人机一体化组织。其运作方式主要是通过互联网、移动互联网等技术手段,对市场调研、产品开发、销售推广等各个环节进行虚拟化和网络化,实现市场信息的共享和交流。

虚拟式组织具有高度的灵活性和适应性,能够整合全球资源,实现最优化的资源配置。然而,虚拟式组织也面临着技术依赖、沟通和协作难度大以及风险管理复杂等挑战。因此,企业在采用虚拟式组织时,需要充分考虑自身的实际情况和市场环境,建立完善的管理机制和风险控制机制。

拓展资料

字节跳动是一家成立于2012年3月的科技公司,其总部位于中国北京。该公司是最早将人工智能应用于移动互联网场景的科技企业之一。通过技术创新和算法优势,字节跳动为全球用户提供多元化的产品和服务。通过采用虚拟式组织模式,字节跳动成功实现了全球资源的有效整合、高效管理以及技术创新,为其在全球范围内的持续发展和领先地位奠定了坚实基础。

字节跳动凭借强大的技术实力,为虚拟式组织的运作提供了有力支持。通过现代通信技术和信息技术,字节跳动打破了地域限制,让不同部门的员工能够无缝沟通、协作,形成了扁平化的管理结构。这种结构鼓励创新,使得其决策过程更加迅速和灵活,能够迅速响应市场变化。在字节跳动的虚拟式组织中,项目制管理方式得到广泛应用。字节跳动根据项目的需求和目标,快速组建专业的跨部门和跨地域团队,利用全球资源高效完成任务。这种灵活性使得字节跳动能够在不同领域迅速推出具有竞争力的产品。

2023年,字节跳动在全球的营收达到了1 200亿美元(约合8 635亿元人民币),同比增长约40%。其中,其针对美国市场所开发的TikTok,销售额达到了160亿美元(约合1 151.36亿元人民币),创下新高。全年约有1.7亿美国人使用了TikTok。

3. 营销控制

1) 营销控制及其程序

营销控制是企业为确保营销活动的顺利进行,实现预定的营销目标,而对营销计划执行情况进行检查、评估和修正的一系列管理活动。它涉及对营销活动的监督、评估和调整,旨在确保资源的有效利用、市场反应的及时应对，以及营销策略的持续优化。

营销控制的程序通常包括以下几个步骤：确定控制对象、设置控制目标、建立衡量目标、确定控制标准、评估营销效果、分析偏差原因、调整营销策略。

2）营销控制的分类

（1）年度计划控制。年度计划控制是指在本年内采取控制的步骤，检查实际业绩效益与计划的偏差，并采取必要措施予以纠正。其目的在于保证企业实现年度计划中制定的销售、利润以及其他目标。年度计划控制主要关注销售额、市场份额和费用率等指标，通过设定月度或季度目标、检查绩效、确定偏差原因和采取纠偏措施四个步骤来实现。

（2）盈利能力控制。盈利能力控制是指企业衡量各种产品、地区、顾客群、分销渠道和订单规模等方面的获利能力，以帮助管理者决定哪些产品或者营销活动应该扩大、收缩或取消。盈利能力控制一般由企业内部负责监控营销支出和活动的营销主计人员负责，包括各营销渠道的营销成本控制、营销净损益和营销活动贡献毛收益的分析，以及反映企业盈利水平的指标考察等内容。盈利能力的指标包括资产收益率、销售利润率和资产周转率等。

（3）营销效率控制。营销效率控制主要关注企业能否有效率地工作。营销效率控制的责任人通常包括生产线和行政部门管理人员、营销主管等，其目的是评估并提高成本效率和营销支出的效率，其方法包括销售团队效率控制、广告效率控制、促销效率控制和分销效率控制等。营销效率控制的这些方法可帮助企业评估营销活动的投入产出比，确保资源得到最大化利用。

3）营销审计

营销审计又称营销稽核或营销审核，是对企业环境、目标、战略和行动的综合的、系统的、独立的和周期性的考察，以确定问题和机遇。

营销审计的主要目的是通过对企业或业务单位的营销环境、目标、战略和活动进行检查，发现营销机会，找出营销问题，并提出正确的短期和长期的行动方案，以确保营销计划的实施或不合理的营销计划得到修正。

营销审计是营销战略控制的重要工具。一次完整的营销审计活动的内容概括起来包括六大方面：营销环境审计、营销战略审计、营销组织审计、营销制度审计、营销效率审计和营销职能审计。

二、消费者研究和市场调查

营销管理是将消费者研究的成果应用于实际市场活动中的过程，因此，消费者研究是营销管理的基础和核心。消费者研究需要大量的数据和信息来支持其分析，这些数据和信息则需要通过市场调查来实现。市场调查是营销管理的依据，为营销管理提供必要的数据支持。

（一）消费者研究

1. 消费者研究的定义

消费者研究又称消费市场研究，是指在对市场环境（政治、社会、文化、技术）、人口特征、生活方式、经济水平等基本特征进行研究的基础上，运用各种市场调研技术和方法，对消费者群体在认知、态度、动机、选择、决策、购买、使用等阶段如何实现自身愿望的研究。它通过对消费者进行系统的、科学的分析，旨在为企业提供有关消费者市场的宝贵信息，从而帮助企业制定更为精准和有效的市场策略。

2. 消费者研究的内容

消费者研究是一个复杂而重要的领域,它涉及消费者的基本特征、消费者的行为、消费者的购买动机及认知能力等多方面的研究。

1)消费者的基本特征研究

消费者基本特征研究是消费者研究的基础,它主要关注消费者的基本属性、社会文化背景、经济水平等方面。

(1)基本属性。这包括消费者的年龄、性别、家庭结构、职业、教育程度等基本信息。这些信息有助于企业了解目标市场的消费者群体特征,为企业制定市场策略提供依据。

(2)社会文化背景。研究消费者的文化背景、宗教信仰、价值观念、生活方式等,有助于企业理解消费者的需求和偏好,并据此调整产品和服务以满足消费者的期望。

(3)经济水平。分析消费者的收入水平、消费能力、消费习惯等,有助于企业确定产品的定价策略、促销策略等。

2)消费者的行为研究

消费者的行为研究关注消费者在购买、使用和处理产品或服务过程中的行为表现。

(1)购买行为。研究消费者的购买决策过程,包括信息收集、产品评估、购买决策、购买后评价等阶段。这有助于企业了解消费者在购买过程中的需求和期望,从而制定更有效的营销策略。

(2)使用行为。研究消费者如何使用产品或服务,以及使用过程中的满意度和反馈。这有助于企业了解产品的实际使用效果,发现产品存在的问题,以便进行改进。

(3)处置行为。研究消费者在产品使用完毕后如何处置产品或服务,包括回收、再利用、丢弃等方式。这有助于企业了解产品的生命周期和环保责任,推动可持续发展。

3)消费者的购买动机及认知能力研究

消费者购买动机及认知能力分析旨在深入了解消费者的心理过程,以便更好地满足他们的需求。

(1)购买动机。购买动机是消费者购买行为的内在驱动力。根据马斯洛的需求层次理论,消费者的购买动机可以分为生理需求、安全需求、社交需求、尊重需求和自我实现需求等。了解消费者的购买动机,有助于企业设计对消费者更具吸引力的产品和服务。

(2)认知能力。认知能力是指消费者获取、处理、存储和应用信息的能力。这包括消费者的感知、注意、记忆、思维等方面。分析消费者的认知能力有助于企业了解消费者如何理解和评价产品,从而制定更有效的营销策略。例如,通过优化产品包装和广告信息的设计,可改善消费者的感知效果,进而增强品牌的吸引力和忠诚度。

(二)市场调查

1. 市场调查的定义

市场调查是一种通过科学方法收集和分析关于市场、消费者、竞争对手、行业动态等方面的信息,以帮助企业作出明智的商业决策的过程。它涵盖了从确定研究目标、设计研究方法、收集数据、分析数据到提出解决方案和行动计划的整个过程。

市场调查主要是为企业提供关于市场趋势、消费者需求、竞争态势等方面的深入洞察,从而帮助企业制定和调整市场策略,优化产品设计,提高市场竞争力。通过市场调查,企业可以更加准确地了解目标市场的需求和期望,以及竞争对手的优势和劣势,从而制订出更加符合市场实际和消费者需求的商业计划。

2. 市场调查的内容

市场调查的内容涉及市场营销活动的整个过程，主要包括以下方面。

1）市场环境调查

市场环境调查主要是指对影响企业生产经营活动的外部因素进行调查，如政治、经济、社会文化、技术、法律和竞争等宏观因素。调查层次包括总体环境调查、产业环境调查和竞争环境调查。

2）市场需求调查

市场需求调查也叫市场商品需求调查，主要内容包括市场商品需求总量调查和市场商品需求结构调查。市场需求调查是市场调查的主要内容，它从宏观上研究市场需求。

3）市场供给调查

市场供给调查分析在一定的时期内，一定条件下，在一定的市场范围内可提供给消费者的某种商品或劳务的总量。这有助于企业了解市场供应状况，为企业的生产和销售策略提供依据。

4）市场营销因素调查

市场营销因素调查主要包括产品、渠道（通路）和促销（广告、宣传）等因素的调查。这些因素直接影响企业的营销效果和市场竞争力，因此需要对其进行深入调查和分析。

5）市场竞争情况调查

市场竞争情况调查衡量竞争者在市场环境中的状态，包括竞争者的个数、行动及可见的活动内容等。通过了解竞争对手的市场策略、产品特点、价格策略等信息，企业可以制定更有针对性的竞争策略。

3. 市场调查的步骤

市场调查即用科学的方法，有目的、系统地搜集、记录、整理和分析市场情况，了解市场的现状及趋势的过程。其中，消费者研究是市场调查的一个重要组成部分。

市场调查和消费者研究都是为了帮助企业了解市场、了解消费者，从而为企业制定市场策略、产品策略、营销策略等提供决策依据。两者的目的相同，采用的步骤也基本相似。

1）明确调查目标

市场调查的首要步骤是明确调查的目标。这涉及明确了解企业的具体需求，如评估市场需求、了解竞争对手状况、确定产品定位等。清晰的目的有助于指导企业后续的调查活动，确保调查结果的针对性和有效性。

2）收集调查资料

在明确调查目的后，企业需要收集相关的二手资料。所谓的二手资料，是指已经存在的数据，包括行业报告、市场调研报告、统计数据等，其能够为后续的实地调查提供背景信息和参考依据。通过收集和分析二手资料，企业可以对市场形成一个初步的了解，从而为实地调查作好准备。

3）制订调查计划

根据调查目的和二手资料的分析结果，制订详细的调查计划，包括确定调查方法（如问卷调查、访谈、观察等）、选择调查对象、制定调查时间表和预算等。调查计划需要充分考虑各种因素，确保调查活动的顺利进行。

4）实施实地调查

按照调查计划，进行实地调查。实地调查是市场调查的核心环节，需要深入市场，与目标对象进行面对面的交流，收集第一手资料。在实地调查过程中，要保持客观、公正的态度，确保数据的真实性和准确性。

5）数据分析与解读

收集到足够的数据后，需要进行数据分析和解读。这包括使用统计分析工具、数据可视化软件等工具对数据进行处理和分析，发现数据中的规律和趋势。同时，还需要结合市场背景和企业需求，对数据进行深入解读，提炼出有价值的信息和结论。

6）撰写调查报告

最后一步是撰写调查报告。调查报告需要清晰、准确地呈现调查结果和结论，包括市场现状、潜在机会、竞争态势等方面的分析。同时，还需要提出相应的建议和措施，为企业决策提供参考依据。调查报告需要遵循一定的格式和规范，确保内容的条理性和可读性。

（三）常用的市场调查方法

1）文案调研

文案调研是对已存在并为某种目的而收集起来的信息进行的调研活动，也就是对二手资料的收集、整理和分析。它主要是利用企业内部和外部现有的各种信息、情报资料，对调查内容进行分析研究的一种调查方法。文案调研可以帮助企业快速了解市场情况，为决策提供有力支持。然而，文案调研主要依赖于二手资料，因此在使用时需要注意信息的准确性和可靠性。

2）实地调研

（1）询问法。询问法就是调查人员通过各种方式向被调查者发问或征求意见来搜集市场信息的一种方法。它可分为深度访谈、GI座谈会、问卷调查等方法，其中，问卷调查又可分为电话访问、邮寄调查、留置问卷调查、入户访问、街头拦访等调查形式。采用此方法时的要点包括所提问题确属必要，被访问者有能力回答问题，访问的时间不能过长，询问的语气、措词、态度、气氛必须合适。

（2）观察法。观察法是一种通过直接观察研究对象来收集信息的方法。在实地调研中，观察法允许研究人员在不干扰自然行为和环境的情况下，深入理解和描述被研究的现象或行为。观察法可以分为直接观察和间接观察两种方式。直接观察是指研究人员亲自观察研究对象，而间接观察则是通过仪器或技术手段进行观察。运用观察法时，研究人员需要选择适当的观察工具，如笔记本、相机、录音设备等。

（3）实验法。实验法是通过实际的、小规模的营销活动来调查关于某一产品或某项营销措施执行效果等市场信息的方法。实验的主要内容包括产品的质量、品种、商标、外观、价格、促销方式及销售渠道等。实验法常用于新产品的试销和展销。

3）专业调研

（1）头脑风暴法。头脑风暴法由美国BBDO广告公司的亚历克斯·奥斯本首创，是一种用于激发创新思维和产生新想法的集体讨论方法。头脑风暴法在市场调查中也有广泛的应用。比如，我们想要了解消费者对某个新产品的接受程度，或者想要找出影响产品销售的关键因素等，就可以组织一场头脑风暴会议。会议参与者可以包括市场调研人员、产品经理、销售人员等，以确保从不同的角度和层面收集到更多的创意和想法。在头脑风暴过程中，参与者可以围绕调查目的和范围自由发表自己的观点和想法。主持人需要保持会议的积极氛围,鼓励大家畅所欲言,同时记录员需要认真记录每一个想法,不论其是否可行或合理。会议结束后,我们需要对收集到的想法进行整理和分析,对每个想法进行评估和筛选,找出其中最有潜力和价值的想法。最后,可将这些想法进行结合和改进,形成更优的解决方案。

(2) 德尔菲法。德尔菲法又称专家调查法,是在 1946 年由美国兰德公司首次实行的。其核心思想就是一种反馈匿名函询法。简单来说,就是先找一堆专家,问他们对某个问题的看法,把这些看法整理、归纳、统计后,再匿名地反馈给这些专家,让他们再次给出意见,如此反复,直到大家的意见达成一致。德尔菲法的优点非常明显,即充分利用了不同专家的经验和学识;同时由于其是匿名进行的,所以其能更真实地反映出专家的想法,结论比较可靠。经过几轮的反馈,专家的意见会逐渐趋同,得出一个统一的结论。比如,某公司想要预测一款新产品的销量,就可以通过德尔菲法来成立一个专家小组,包括业务经理、市场专家和销售人员等,让他们多次反馈意见,最后得到一个相对准确的预测结果。

(3) 名义群体法。名义群体法又称 NGT 法、名义团体技术,是一种集合群体智慧与意见的决策方法,旨在通过有序的讨论与交流,确保每位成员的观点得到充分的表达与尊重。简而言之,它就是在决策过程中限制群体成员的讨论或人际沟通,但允许他们独立思考。每位成员在决策过程中都是独立思考的,他们的观点是基于自己的专业知识和经验得出的。虽然每位成员均可独立思考,但最终决策是由集体作出的,这样就可以确保决策的全面性和公正性。

(四) 新技术条件下的市场调查方法

科学技术的发展为市场调查带来了质的变化。借助先进的信息技术,市场调查能够获取更广泛和深入的数据,不再局限于局部样本,而是能涵盖海量的信息,让分析结果更具代表性和说服力。数据处理技术的提升使得大规模数据的分析变得高效快捷,使得在短时间内得出有价值的结论成为现实,从而为企业决策赢得时间。新的科学技术还拓宽了市场调查的渠道和方式,如通过网络爬虫获取实时的线上数据,利用智能设备收集消费者行为数据等。同时,数据分析模型和算法的不断优化,使得企业能挖掘出数据中隐藏的规律和趋势,从而帮助企业更好地理解市场和消费者。此外,区块链技术、虚拟现实、人工智能等技术的应用,能创造更真实的调查数据、调查场景和更智能的互动,提升消费者参与度和反馈质量。总之,科学技术有力推动了市场调查的进步和发展。以下是一些利用现代技术开展市场调查的最新方法:

(1) 人工智能辅助调查。即利用人工智能技术对大量数据进行快速分析和解读,挖掘潜在信息,通过智能客服与消费者进行互动来收集反馈。利用人工智能可以在几个关键方面辅助开展市场调查。例如,人工智能通过大数据和算法,能够高效地收集和分析市场数据,帮助企业更好地了解消费者需求和市场趋势;人工智能通过自然语言处理和机器学习技术,可以实现智能问卷调查并智能筛选样本,通过分析大量的数据和样本,AI 可以快速准确地找到目标受众,提高市场调研的效率和准确性;人工智能还可以利用自然语言处理和机器学习技术,分析用户在社交媒体和互联网平台上的评论和意见,判断用户的情感倾向和对产品或服务的满意度。

(2) 虚拟现实(VR)和增强现实(AR)调研。即创建虚拟场景或在现实中增强信息,观察消费者在这类环境中的反应和行为。VR 和 AR 提供沉浸式和交互式的体验,可使得市场调查更加高效、直观和准确。VR在市场调查中的应用包括虚拟产品体验和虚拟场景模拟,利用VR技术可以创建出产品的三维虚拟模型或模拟出各种复杂场景。市场调查人员可以利用VR,观察和分析消费者的行为和偏好。这种体验方式能为企业的产品设计和市场定位提供有价值的反馈。

而增强现实(AR)可以实现实时信息叠加,开展互动与宣传,虚拟房间试用产品等,使得市场调查更加高效、直观和准确。

(3)基于位置的大数据分析。这是近年来数据科学领域的一个热门话题。基于位置的大数据分析通过收集、整理和分析与地理位置有关的信息,为各种应用场景提供有价值的洞察。在市场调查中,可以用技术手段获取消费者的位置信息,分析他们的活动范围、常去地点等与市场相关的信息,从而为企业提供深入的市场洞察和消费者行为分析。

(4)情感识别技术。情感识别技术在市场调查中的应用日益广泛,它能够深入洞察消费者的情感状态,为企业提供更精准的市场分析和策略建议。一方面,通过分析消费者在网络平台上的评论、社交媒体帖子、产品评价等文本内容,可利用情感识别技术识别出消费者的积极、消极或中性情感倾向。另一方面,除文本内容外,情感识别技术还可以结合图像、视频、音频等多模态信息,进行更全面的情感分析,从而使企业可以更加精准地了解市场需求和消费者需求。

(5)物联网数据采集。即利用物联网设备收集消费者与产品互动的数据,如智能家电的使用情况等。

三、市场细分和市场定位

市场细分可使得企业明确目标市场,并针对不同消费者群体的不同需求,制定更具有针对性的营销策略。

(一)市场细分

1. 市场细分的概念

市场细分,简而言之,就是将一个广阔的市场划分为若干个具有相似需求或特征的较小市场的过程。这些被划分出来的小市场,我们称为细分市场或子市场。通过市场细分,企业可以更准确地识别和理解不同消费者群体的需求、欲望和购买行为,从而为他们提供更符合其需求的产品或服务。

市场细分并非随意而为,它依赖于一定的变量和依据。这些变量可以是地理变量(如地区、城市规模、气候等)、人口变量(如年龄、性别、收入、职业、教育水平等)、心理变量(如生活方式、个性、价值观等)或行为变量(如购买时机、追求的利益、使用频率、品牌忠诚度等)。企业可以根据这些变量来划分市场,确保每个细分市场都具有明显的特征,以便企业能够有针对性地制定营销策略。

市场细分有助于企业更深入地了解消费者需求,从而更准确地定位产品和市场。通过市场细分,企业可以更加精准地投放资源,提高营销效率和效果。此外,市场细分还能帮助企业发现新的市场机会,开拓新的业务领域。

2. 市场细分的步骤

市场细分包括以下步骤:

(1)确定市场范围。企业需要明确其产品或服务所在的市场范围。在考虑企业的任务和目标的前提下,确定和选择市场范围的依据应该是市场需求,而不是产品特性。这需要充分的市场调研和数据分析支持,以确保最终确定的市场范围既具有吸引力,又符合企业的实际情况。

(2)识别潜在顾客的需求。企业可以从地理因素、心理因素和行为的因素等各个方面,通过头脑风暴法,对潜在顾客的需要作出大致分析。这一步所掌握的材料也许不够全面,但可以为之后各个步骤作准备。

(3)分析潜在顾客的不同需求。企业可以询问不同的潜在顾客,了解他们认为上述基本要求中,哪些是最重要的。这一步骤应进行到有若干个细分市场出现为止。

(4)评估各细分市场。检验每一个细分市场,抽掉各细分市场中潜在顾客的共同要求。这些共同要求虽然也很重要,但只能作为企业进行营销组合决策时的参考,不能作为市场细分的依据。只有那些具有差异性的需求才能作为细分市场的标准。

(5)划分子市场。根据不同顾客群体的需求特性,划分相应的子市场。为便于操作,可结合各细分市场上顾客的特点,用形象化、直观化的方法为细分市场确定名称,如某旅游市场可分为舒适型、好奇型、冒险型、享受型等。

(6)复核。分析、评估已确定的各个细分市场的规模和性质,审查各细分市场的大小、竞争状况和变化趋势。在复核过程中,企业还要进行营销机会的分析,主要是分析总的市场和每个子市场的竞争状况,以及总的市场和每个子市场的营销组合方案。可根据市场研究对需求潜力的估计,确定总的或每个子市场的营销收入和费用情况,以估计潜在的利润,作为最后敲定目标市场和制定营销策略的依据。

(7)选定目标市场。企业在各子市场中选择与本企业经营优势和特色相一致的子市场作为目标市场。通过分析研究,企业可能发现有利可图的细分市场往往不止一个,但企业的资源和短期生产能力又是有限的。因此,应将若干个有利可图的细分市场按盈利能力排列,结合企业的状况选择目标市场。企业应有针对性地分别制定市场营销组合策略,以便有效占领每一个被选作目标市场的细分市场。

经过以上七个步骤,企业便完成了市场细分的工作,就可以根据自身的实际情况确定目标市场,并采取相应的目标市场策略。

3. 市场细分的方法

企业需要根据自身的战略目标和资源状况,结合市场环境、消费者需求等因素,选择合适的市场细分方法。同时,企业也可以根据实际情况,将多种方法结合使用,以达到更好的市场细分效果。这些细分方法包括以下几种:

(1)单一变量法(单一因素法)。即根据影响消费者需求的某一个重要因素进行市场细分。比如,服装企业按年龄细分市场,可分为童装、少年装、青年装等。这一细分方法适用于竞争不太激烈,且某一变量对消费者需求影响最为显著的市场。其优点是细分过程简单、易于操作;但其缺点在于,形成的细分市场描述不够明确,针对性可能不足。

(2)双变量法。即以两种影响需求较大的因素为细分变量。这种方法能够更精确地识别目标市场,并帮助企业制定更有针对性的市场策略。当单一变量法不足以精确描述市场时,便考虑使用两种变量进行组合。比如,服装企业可以选择年龄和收入作为细分变量。根据年龄,将市场细分为儿童、青少年、成年人、老年人等不同的年龄段。在每个年龄段内,再根据收入水平进一步细分,如低收入、中等收入、高收入等。这样企业就可以得到多个细分市场,如低收入儿童服装市场和中等收入成年人服装市场等。该方法的优点在于它能够更全面地考虑消费者的需求差异,形成更具体、更有针对性的细分市场。但其关键在于选择合适的细分变量,这需要企业深入了解市场和消费者需求;同时由于细分市场的数量可能较多,故企业需要确保有足够的资源和能力来覆盖所有细分市场。

(3) 主导因素排列法。即在一个细分市场的选择存在多个因素时,从消费者的特征中先寻找和确定主导因素,再与其他因素有机结合,从而确定细分的目标市场。例如,在女青年服装市场上,年龄与收入可能是影响服装选择的主导因素,而职业、婚姻、气候等因素则居于从属地位。通过主导因素排列法,企业可以更精确地了解这一市场的特点和需求,从而制定更有针对性的市场策略。这种细分方法简便易行,能抓住主要矛盾,但其缺点在于难以反映复杂多变的顾客需求。

(4) 综合因素细分法。即用影响消费需求的两种或两种以上的因素,来研究和理解消费者需求的差异,从而实现对市场的有效细分。以女性服装市场为例,可以综合考虑消费者的生活方式、收入水平和年龄等因素来进行细分。例如,可以将追求时尚、注重品质的年轻女性细分为一个细分市场;将注重舒适、追求性价比的成熟女性细分为另一个细分市场。然后,针对不同细分市场的消费者特征和需求特点,制定相应的产品策略、价格策略和营销策略等。综合因素细分法能够全面考虑多个因素对消费者需求的影响,使得市场细分更加精确和细致。这种方法虽然数据收集和处理复杂度较高,但有助于提高市场营销的针对性和有效性,降低营销成本,提高市场竞争力。综合因素细分法已被广泛应用于各个行业和领域。

(5) 系列因素细分法。当细分市场所涉及的因素为多项,且各因素是按一定顺序逐步进行时,可由粗到细、由浅入深,逐步进行细分。例如,以一家小型咖啡馆为例,它可以使用系列因素细分法来细分其顾客市场。首先,可以根据顾客的年龄进行细分,将顾客分为年轻人、中年人、老年人等群体。然后,在每个年龄层内,根据职业、收入水平、喜好等因素,进行进一步细分。最后,根据细分结果,为不同的顾客群体设计不同的营销策略,如针对年轻人可设计时尚新品咖啡,针对白领可设计快捷早餐套餐等。这种细分方法的目标市场明确而具体,有利于制定市场营销策略,但其操作复杂,需要大量数据支持。

4. 目标市场策略

根据各个细分市场的独特性和自身目标,企业需要确定目标市场营销策略。目标市场策略包括无差异市场策略、差异性市场策略和集中性市场策略三种。三种策略各有利弊,企业需要根据自身情况和市场环境来作出选择。

1) 无差异市场策略

这个策略即不考虑市场的差异性,将整体市场看作一个整体,用一种产品或一个营销方案来吸引尽可能多的消费者。

20 世纪 60 年代以前,可口可乐公司就只有一种口味的可乐,其用统一的广告和促销策略来吸引所有人。这种策略的好处是成本低,因为公司可以大规模生产、储运和宣传,不用投入太多资源用于市场调研和产品开发。但是,这种策略也有风险:如果市场需求发生变化,或者竞争对手推出更符合消费者需求的产品,企业的市场份额就会降低。

2) 差异性市场策略

即先对市场进行细分,然后针对每个细分市场制定不同的营销方案。

以服装生产企业为例,它们会针对不同性别、不同收入水平的消费者推出不同品牌、不同价格的产品,并用不同的广告来进行宣传。这种策略的好处是可以更好地满足消费者的需求,提高市场占有率。但是,这种策略也有缺点,即成本会较高,企业需要为每个细分市场制定独立的营销方案。

3)集中性市场策略

即集中力量进入一个或少数几个细分市场,实行专业化生产和销售。

这种策略的好处是可以集中资源,提高企业在特定市场中的专业性和竞争力。但是,这种策略也存在风险,即如果市场需求发生变化,或者竞争对手在其他市场取得优势,企业就可能面临困境。

(二)市场定位

企业要制定有针对性的营销策略,提高产品的市场占有率和竞争力,关键要通过市场定位明确自己的目标市场和竞争优势。基于消费者角度,企业可以从区域、阶层、年龄、职业、个性等维度进行市场定位。

1. 区域定位

区域定位是指企业在进行营销策略时,应当为产品确立要进入的市场区域,即确定该产品是进入国际市场、全国市场,还是进入某地区、某城市等。

只有找准了自己的市场,企业的营销计划才更有可能成功。这需要对目标市场进行深入的考察和分析,以确定生产点或销售点的建立可行性及生产、销售的目标客户。

2. 阶层定位

只要有社会就会有阶层,而每个社会阶层的消费行为和偏好等都是不一样的。阶层定位涉及社会上不同阶层消费者的需求和消费特点。企业在选择目标市场时,需要周密考虑产品的特性和目标市场的阶层特点。

3. 职业定位

职业定位是指企业在制定市场营销策略时,将目标市场细分到具有相似职业特征或从事相同行业的消费者群体。职业定位有助于企业更准确地把握目标消费者的需求和偏好,从而设计出更符合他们职业特点的产品或服务。例如,商务人士可能需要高效、便捷的办公设备和服务,如高性能的笔记本电脑以及专业的商务会议设施等。

4. 个性定位

个性定位是考虑把企业的产品如何销售给那些具有特殊个性的人。选择具有相同个性特点的消费者群体作为目标市场,可以更精准地满足其需求。通过个性定位,企业可以建立起与特定消费者群体的情感连接,形成独特的品牌形象和忠诚度。

5. 年龄定位

年龄定位是指根据目标消费者的年龄阶段进行市场细分和定位。不同年龄段的消费者具有不同的需求和消费习惯。企业只有更准确地把握目标消费者的需求和喜好,提供更符合其年龄特点的产品或服务来,才能赢得市场。

四、市场营销组合策略

市场营销组合是企业在目标市场上用来追逐其营销目标的一系列可控营销工具的综合运用。简单来说,它就是企业根据市场需求和自身资源,将各种营销手段进行有机组合,以实现营销目标的过程。营销组合作为企业市场营销战略的重要组成部分,能将企业可控的基本营销措施组合成一个整体性活动。

(一) 4P 营销组合策略

4P 营销组合策略是从企业的角度出发,强调产品(product)、价格(price)、分销(place)和促销(promotion)四个基本要素的组合运用,以满足市场需求的市场营销策略。这四个要素构成了企业市场营销活动的主要内容,也是企业进行市场营销活动的主要手段。

在制定 4P 营销组合策略时,企业需要综合考虑市场环境、竞争对手、消费者需求等因素,制定出适合企业的营销策略。同时,企业还需要根据市场变化和产品生命周期的变化,不断调整和优化营销组合策略,以保持市场竞争力和实现可持续发展。

4P 营销组合策略是市场营销领域中最经典和基础的理论框架之一。这一策略适用范围广泛,几乎涵盖了所有的产品和服务市场,其中,快消品、汽车、电子等特别关注产品特性、价格策略、销售渠道和促销活动的行业最为适用。

(二) 4C 营销组合策略

4C 营销组合策略是一种以消费者为中心的市场营销策略,它强调从顾客的角度出发,理解并满足顾客的需求和期望。通过关注顾客(customer)、成本(cost)、便利(convenience)和沟通(communication)这四个核心要素,企业可以建立起与顾客的紧密联系,提升顾客满意度和忠诚度,从而实现可持续的竞争优势。

4C 营销组合策略特别适用于那些需要深入了解消费者需求、提供个性化服务、降低消费者成本、提供便利和保持有效沟通的行业,如旅游、餐饮、酒店等服务业、电商行业、教培行业等。

(三) 4R 营销组合策略

4R 营销组合策略是一种以顾客为中心,强调关系(relationship)、反馈(reaction)、回报(reward)和责任(responsibility)的营销策略。通过实施这一策略,企业可以更好地满足顾客需求,提高顾客满意度和忠诚度,从而实现持续的利润增长和市场竞争力的提升。

4R 营销组合策略适用于那些需要建立长期顾客关系、提供个性化服务、注重顾客体验和履行社会责任的行业,如金融服务、互联网、手机电子产品等。通过实施 4R 策略,企业可以更好地满足顾客需求,提高顾客满意度和忠诚度,从而实现持续的发展和市场竞争力的提升。

五、大数据和精准营销

(一) 大数据的定义和特征

1980 年,著名未来学家托夫勒在其《第三次浪潮》提出了"大数据"的概念,但受限于当时的技术条件,大数据并没有得到人们的重视。2008 年开始,移动计算、物联网、云计算等一系列新兴技术相继兴起。这些技术的发展及其在社交媒体、协同创造、虚拟服务等新型模式中的广泛应用,使得全球数据量呈现出前所未有的爆发式增长态势。数据复杂性急剧增长,客观上要求发明新的分析方法和技术来挖掘数据价值,大数据技术便应运而生,并得到迅速发展和应用。由此,大数据时代真正来临。

对于大数据的概念,企业和学术界目前尚未形成公认的准确定义。美国国家科学基金会(NSF)将大数据定义为由科学仪器、传感设备、互联网交易、电子邮件、音视频软件、网络点击流等多种数据源生成的大规模、多元化、复杂、长期的分布式数据集。尽管存在不同的表述,但一个普遍的观点是,大数据与海量数据和大规模数据的概念一脉相承。大数据在数据体量、数据复杂性和产生速度三个方面均大大超出了传统的数据形态,也超出了现有技术手段的处理能力,并带来了巨大的产业创新机遇。

IBM公司把大数据的特征概括为三个"V":规模、快速和多样,但是更多的人则将其概括为四个"V",即规模(volume)、快速(velocity)、多样(variety)和价值(value)。

(1) 规模。大数据首先必须具有海量数据,但是究竟多大体量才叫海量,人们并没有形成定论。有人认为应该达到TB数量级,一般在10TB规模左右。但在实际应用中,很多用户把多个数据集放在一起,已经形成了PB级的数据量。

(2) 快速。在当前常规的信息安全产品中,特别是具有代表性的检测响应类产品技术中,大量采用实时监测,而"实时"就意味着快速。在当前带宽越来越大、系统越来越复杂、采集的数据越来越多的情况下,安全检测对于事件响应的及时性要求并没减弱。另外,"实时"还包含着一种内在的含义,即主要根据当前的数据作出分析判断。

(3) 多样。这是大数据概念区别于之前的数据管理的一个重要特征。传统的数据管理主要强调对于结构化数据的分析和利用,而大数据则更加强调对于半结构化和非结构化数据的分析和应用。

(4) 价值。大数据的体量很大,所蕴含的价值总量也会很大,但是其平均到单条信息的价值却很低,即价值密度很低。

(二) 大数据的关键技术

在大数据环境下,数据来源非常丰富,数据类型多样,存储和分析挖掘的数据量庞大,数据处理的高效性和可用性受到广泛重视,企业需要依靠并行计算来提升数据处理速度。同时,大数据环境下,企业需要采取以数据为中心的模式,减少数据移动带来的开销。大数据的关键技术体现在数据挖掘和数据分析两方面。

(1) 数据挖掘。数据挖掘是指从大量的、不完全的、有噪声的、模糊的、随机的数据中提取隐含在其中的、人们事先不知道的、但又是潜在有用信息和知识的过程。

(2) 数据分析。在相关技术中,比较具有代表性的是 Apache 软件基金会开发的 Hadoop。以 MapReduce 和 Hadoop 为代表的非关系数据分析技术,凭借其适合非结构处理、大规模并行处理和简单易用等优势,在互联网搜索和其他大数据分析技术领域取得重大进展,成为主流技术。

(三) 精准营销的定义和理论依据

1) 精准营销的定义

1999年,美国的莱斯特·伟门提出了精准营销(precision marketing)的概念。2005年,菲利普·科特勒(Philip Kotler)在其全球巡回演讲论坛上宣布了一个营销传播的新趋势——精准营销,并对其进行阐述,具体来说,就是公司需要更精准、可衡量和高投资回报的营销沟通,需要更注重结果和行动的营销传播计划,还有越来越注重对直接销售沟通的投资。2006年,科特勒在其畅销书《营销学原理》(*Principles of Marketing*)中,首次将基于互联网的精准营销理论融入其中。他认为日新月异的科技使一些公司勇于从传统的大众传媒沟通方式转移到更加有针对性目标市场的互动模式,以此来不断提高沟通的效果和效率。科特勒提出对于营销来说,将沟通个性化,并在正确的时间,对正确的人表达而且做出正确的事情,是至关重要的。我国学者许瑾在科特勒精准营销理论的基础上,从实践的角度进行了补充。其认为精准营销是以客户为中心,运用各种可利用的方式,在恰当的时间,以恰当的价格,通过恰当的渠道,向恰当的顾客提供恰当的产品。

2) 精准营销的理论依据

精准营销并不是一个全新的营销思想。随着信息技术的飞速发展,市场形态与人们的消费行为、消费观念都产生了巨大变化,随之产生的新营销环境促使营销方式和营销途径在传统营销理论的基础上不断演变发展。精准营销的理论依据包括以下四个方面:

(1) 4C 理论。罗伯特·劳特朋(Robert F. Lauterbon)教授(1990)在其《4P 退休 4C 登场》专文中,提出了以顾客为中心的一个新的营销模式。4C 理论的核心是,强调购买一方在市场营销活动中的主动性与积极参与,强调顾客购买的便利性。精准营销为买卖双方创造了得以即时交流的小环境,符合消费者导向、成本低廉、购买的便利,以及充分沟通的 4C 要求,是 4C 理论的实际应用。一方面,精准营销真正贯彻了消费者导向的基本原则,强调比竞争对手更及时、更有效地了解并传递目标市场所期待的满足。另一方面,精准营销降低了消费者的满足成本。精准营销是渠道最短的一种营销方式,由于减少了流转环节,其营销成本大为降低。此外,精准营销方便了顾客购买,减少了顾客购物的麻烦,增进了购物的便利性,实现了与顾客的双向互动沟通。

(2) 让渡价值理论。这一理论认为,顾客总价值与顾客总成本之间的差额是"让客价值"的中心。企业为在竞争中战胜对手,就需要吸引更多的潜在顾客,同时必须向顾客提供比竞争对手更多的"让渡价值",以满足顾客的实际利益最大化的期望。一方面,精准营销实现了"一对一"的营销,其产品设计、开发、销售充分考虑了消费者需求的个性特征,增强了产品价值的适应性,从而为顾客创造了更大的产品价值。另一方面,精准营销大幅地缩短了营销渠道,通过直接手段和直接媒体及时向顾客传递商品信息,降低了顾客搜寻信息的精力成本与时间成本,因此大大降低了顾客总成本。

(3) 直接沟通理论。20 世纪 80 年代以来,随着世界经济政治的变化,管理思想发生了重大的转变,管理沟通理论的研究也遇到新的挑战,主要表现为沟通中信息网络技术的应用、知识型企业及学习型组织的建立等。伴随着现代管理理论呈现出的管理理念知识化、管理组织虚拟化、管理手段和设施网络化、管理文化全球化等总体趋势,管理沟通理论也出现了企业流程再造沟通趋势、知识管理沟通趋势等趋势。精准营销的直接沟通使沟通距离达到最短,强化了沟通的效果。

(四) 大数据在精准营销中的应用

(1) 客户信息收集与处理。客户数据管理是数据分析和挖掘的基础,是做好精准营销的关键。通常某些产品的购买在一定时段里是不会重复的,如强行推荐,只会导致消费者产生厌烦情绪。传统的客户关系管理一般关注两方面的客户数据:客户的描述性数据和行为数据。描述性数据类似于一个人的简历,包括姓名、性别、年龄、学历等;行为数据则复杂一些,包括消费者购买数量、购买频次、退货行为、付款方式等。在大数据时代,结构性数据仅占 15%,更多的是类似于购物过程、社交评论等这样的非结构性数据,并且数据十分复杂,符合 4V 特征。只有通过大数据技术收集和整理数据,才有可能形成关于客户的 360°式数据库,使得企业不错过每一次营销机会。

（2）客户细分与定位。只有区分出不同的客户群，企业才有可能对不同客户群展开有效的管理并采取差异化的营销手段，提供满足这个客户群特征要求的产品或服务。在实际操作中，传统的市场细分变量，如人口因素、地理因素、心理因素等只能提供较为模糊的客户轮廓，已经难以为精准营销的决策提供可靠的依据。大数据时代，利用大数据技术可在收集的海量非结构信息中快速筛选出对企业有价值的信息，对客户行为模式与客户价值进行准确判断与分析，使得企业有可能深入了解"每一个人"。

（3）营销战略制定。在得到基于现有数据的不同客户群特征后，市场人员需要结合企业战略、企业能力、市场环境等因素，在不同的客户群体中寻找可能的商业机会，最终为每个群制定个性化的营销战略，如获取相似的客户、交叉销售或提升销售，或采取措施防止客户流失等。

（4）营销方案设计。在大数据时代，一个好的营销方案可以聚焦到某个目标客户群，甚至可以精准地根据每位消费者的兴趣与偏好提供专属市场营销组合方案，包括产品组合方案、产品价格方案、渠道设计方案、一对一的沟通促销方案等。

（5）营销结果反馈。在大数据时代，营销活动结束后，企业应对营销活动执行过程中收集到的各种数据进行综合分析，从海量数据中发掘出最有效的企业市场绩效度量，并与企业传统的市场绩效度量方法进行比较，以确立基于新型数据度量的优越性和价值，为下一阶段的营销活动打下良好的基础。

练 习 题

一、单项选择题

1. 下列各项中,不属于品牌的是( )。
   A. 耐克　　　　　B. 李宁　　　　　C. 可乐　　　　　D. 芬达
2. 下列品牌中,拥有最高的溢价的是( )。
   A. 宾利　　　　　B. 本田　　　　　C. 吉利　　　　　D. 大众
3. 下列广告中,最能提升情感价值的是( )。
   A. 三星曲面屏展现新功能　　　　B. 可口可乐让年轻人回家过年
   C. 周黑鸭买三赠一　　　　　　　D. 宝马操控性世界第一
4. 下列各项中,属于大学生群体性特质的是( )。
   A. 易冲动　　　　B. 价格敏感　　　C. 兴趣多元化　　D. 以上皆有
5. 基于中国市场的企业,下列比较成功的市场细分是( )。
   A. 三四十岁的商务男性　　　　　B. 大学生
   C. 成功女性　　　　　　　　　　D. 经理人
6. "高露洁,没有蛀牙"属于( )。
   A. 利益定位　　　B. 情感定位　　　C. USP 定位　　　D. 空当定位
7. 市场定位是( )在细分市场的位置。
   A. 塑造一家企业　　　　　　　　B. 塑造一种产品
   C. 确定目标市场　　　　　　　　D. 分析竞争对手
8. 企业在考虑营销组合策略时,首先需要确定生产经营什么产品来满足( )的需要。
   A. 消费者　　　　B. 顾客　　　　　C. 社会　　　　　D. 目标市场
9. 顾客购买商品的实质是购买某种( )。
   A. 特征　　　　　B. 用途　　　　　C. 功能　　　　　D. 利益
10. 假设你是一家知名互联网公司的市场部门负责人,公司即将推出一款全新的社交媒体应用。为了准确地进行市场定位,你需要考虑( )来确定目标用户群体和相应的营销策略。
    A. 公司的历史业绩和财务状况
    B. 竞争对手的产品特点和市场份额
    C. 潜在用户的年龄、兴趣、职业和行为习惯等
    D. 新技术的研发进展和应用前景

二、判断题

1. 品牌指的是用于识别一种产品、服务生产者、服务销售者的名称、术语、标记、符号、设计或这些元素的组合。　　　　　　　　　　　　　　　　　　　　　　( )
2. 企业讲述品牌故事,仅仅只是为了吸引消费者。　　　　　　　　　　　　( )
3. 华为不属于一个品牌。　　　　　　　　　　　　　　　　　　　　　　　( )
4. 品牌可以有效降低消费者的价格敏感度。　　　　　　　　　　　　　　　( )
5. 品牌化有助于企业细分市场。　　　　　　　　　　　　　　　　　　　　( )

6. 4P营销组合策略是一种以消费者为中心的市场营销策略。　　　　　(　　)
7. 产品型组织就是按照产品或产品线的不同来划分营销组织的结构。　　(　　)
8. 品牌定位包括三个步骤：市场细分、目标市场选择和明确定位。　　　(　　)
9. 矩阵型组织是职能型组织与产品型组织相结合的产物。　　　　　　　(　　)
10. 服装企业会针对不同性别、不同收入水平的消费者推出不同品牌并用不同的广告来宣传，这种策略就是集中性市场策略。　　　　　　　　　　　　　　　(　　)

三、简答题
1. 品牌对企业的价值主要体现在哪几个方面？
2. 细分消费者市场主要依据哪些变量？
3. 简述4C营销组合策略。

四、论述题
什么是市场定位？可供企业选择的市场定位策略有哪几种？其内容是什么？试联系实际，举例说明对定位策略的具体应用。

第 11 章 创新管理

思政园地

◎ 学习目标

➤ 理解和掌握企业创新的定义和基本类型。
➤ 掌握企业创新管理的流程,了解企业创新管理的关键要素,并理解它们对创新管理的影响。
➤ 识别企业创新管理过程中可能遇到的主要挑战,分析这些挑战对企业创新管理的影响,并探讨其产生的原因和根源。

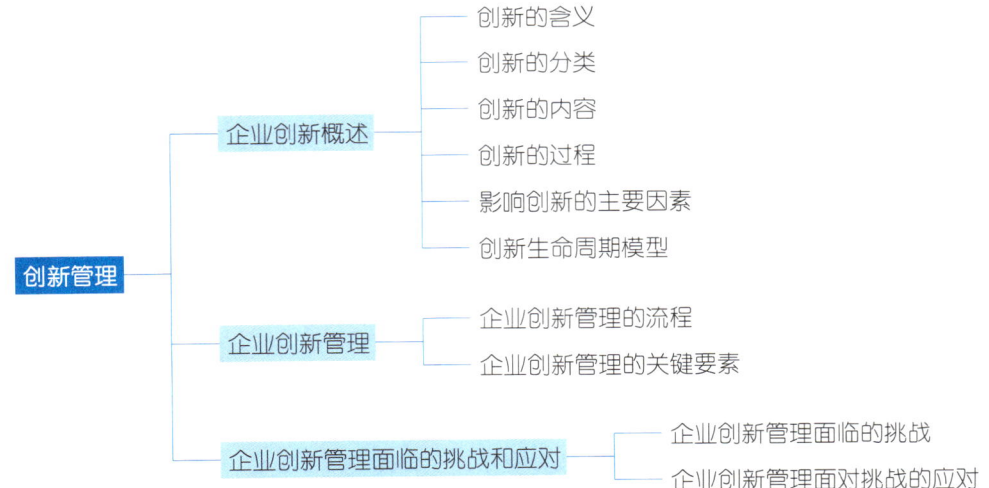

◎ 知识导图

创新管理
- 企业创新概述
  - 创新的含义
  - 创新的分类
  - 创新的内容
  - 创新的过程
  - 影响创新的主要因素
  - 创新生命周期模型
- 企业创新管理
  - 企业创新管理的流程
  - 企业创新管理的关键要素
- 企业创新管理面临的挑战和应对
  - 企业创新管理面临的挑战
  - 企业创新管理面对挑战的应对

第1节　企业创新概述

一、创新的含义

进入21世纪之后,"创新"这个词成为新闻里的高频词。大到国家、行业,小到企业、个人,都在全面深入地讲述着创新的故事。创新这个词大家耳熟能详,但对其内涵我们未必能清晰地了解。

"创新"这个词源自拉丁语词根"novus",这个词根的意思就是"新的"。所以,"创新"这个词在字面上就可以理解为创造新的东西或引入新的思想、方法。这个词在历史上逐渐演变和发展,成为我们今天所熟知的含义。

事实上,创新的含义十分丰富,从社会学、管理学、哲学等不同角度来看,创新有不同的内涵。从广义上来说,创新是一种提出新思想、新方法或新技术,并创造出新产品、新服务或新流程的过程。从管理学的角度来看,创新是指为了更有效地运用资源以实现组织目标而进行的创新活动过程。这包括用新的更有效的方式、方法来整合组织资源,以及引入新的管理方式、方法等。在这个过程中,创新被视为管理的一项基本职能,而管理过程本身也可以被视为一个创新过程。

管理学界对于创新给予了异乎寻常的重视。彼得·德鲁克,这位被誉为"现代管理学之父"的大师,对创新有着独到的见解和深刻的认识,他认为,创新不仅仅是技术或产品上的突破,更是一种思维方式、一种管理实践、一种对市场和社会的深刻洞察。被誉为"竞争战略之父"和"现代管理学之父"的哈佛商学院教授迈克尔·波特强调,企业通过创新活动获得竞争优势。这里的创新不仅仅是技术的突破,更包括新的做事方式,即管理创新。"创新理论"的鼻祖美籍奥地利政治经济学家约瑟夫·熊彼特认为,创新确实是经济发展的重要驱动力,他提出的创新理论中有五个关键方面,即产品创新、生产方法创新、市场创新、原材料创新和组织创新。

总之,长期的企业实践证明,创新是企业组织发展的核心驱动力。只有不断创新,企业才能在激烈的市场竞争中立于不败之地,实现可持续发展。

二、创新的分类

创新可以根据不同的标准进行分类。

1. 基于创新对象的分类

根据创新对象的不同,创新可分为两种:

(1) 产品创新。即在产品设计、功能、材料等方面引入新的理念和创意,创造符合市场需求并具备竞争力的产品。

(2) 工艺创新(过程创新)。即产品的生产技术变革,目的在于提高生产效率、降低成本或提升产品质量。

2. 基于创新模式的分类

根据创新模式的不同，创新可分为三种：

（1）原始创新，主要集中在基础科学和前沿技术领域，具有原创性和第一性，可为未来发展奠定坚实基础。

（2）集成创新，是将多种技术或资源集成在一起，形成新的解决方案或产品。

（3）引进消化吸收再创新，是从外部引进技术、设备等，通过消化吸收后进行再创新。

3. 基于创新强度的分类

根据创新强度的不同，创新可分为两种：

（1）渐进性创新，对现有技术、产品或服务进行改进和优化。

（2）根本性创新（重大创新），彻底改变技术、产品或服务的性质，创造全新的市场机会。

4. 基于创新组织方式的分类

根据创新组织方式的不同，创新可分为三种：

（1）独立创新，依靠自身力量独立进行研究开发，攻克技术难关，并获得新的技术成果。

（2）合作创新，即企业、研究机构、大学之间的联合创新行为，目的在于共同开发新技术或新产品。

（3）引进创新，即从其他组织引进先进技术、生产设备、管理方法等，进行消化、吸收和再创新。

以上分类只是创新的一部分，实际上创新的分类更加复杂和多样化，不同的分类方式有助于我们从不同角度理解和把握创新。

三、创新的内容

创新的主要内容大致可以分为以下几个方面。

1. 产品创新

这是指企业在产品的技术、结构、性能、功能、品牌、包装和服务等方面的创新。产品创新能够带来全新的用户体验，满足市场的新需求，甚至能创造出全新的市场。例如，智能手机、电动汽车等都是产品创新的典型代表。

2. 技术创新

技术创新是创新的核心内容，它涵盖了产品、生产过程、管理系统等多方面的技术变革。技术创新可以提高生产效率，降低生产成本，同时提升产品的质量和性能。例如，人工智能、大数据、云计算等技术的运用，都在推动各行各业的技术创新。

3. 市场创新

市场创新是指企业在市场开拓、市场渗透、市场份额的扩大，以及新的消费群体的发现和新的消费方式的创造等方面的创新。市场创新能够帮助企业发现新的市场机会，拓展业务领域，实现更大的商业价值。

4. 资源配置创新

这是指企业在资源配置方面，如原材料、设备、资金、人才等方面的创新。通过资源配置的创新，企业可以实现资源的优化组合，提高资源利用效率，从而增强企业的竞争力。

5. 组织创新

组织创新是指企业内部的组织结构、管理方式和运行机制等方面的创新。组织创新可以打破原有的束缚，提高组织的灵活性和适应性，使企业能够更好地应对外部环境的变化。

此外，创新还包括制度创新、服务创新、文化创新等多个方面。制度创新能够为企业的创新活动提供制度保障，服务创新能够满足客户的需求和期望，提高客户满意度和忠诚度，文化创新则能够激发员工的创新精神和创新意识，为企业的创新活动提供源源不断的动力。

四、创新的过程

企业创新是一个系统性的过程，它涵盖了从想法的萌发到实际落地应用的各个环节。通常而言，创新过程包括四个关键性的阶段，即搜寻、选择、实施和获取。

1. 搜寻阶段

在这个阶段，企业或组织会广泛地收集信息，包括市场趋势、客户需求、技术动态、竞争对手的活动等。搜寻的目的是发现可能的创新机会或问题，为后续的创新活动奠定基础。

在搜寻阶段，决策者需要保持敏锐的洞察力、开放的心态和务实的态度，积极收集和分析信息，关注跨界融合的机会。其中，要特别注意避免颠覆式创新的误区。虽然颠覆式创新听起来很吸引人，但如果不具备相应的技术能力和市场基础，则盲目追求颠覆式创新可能会导致失败。因此，在搜寻阶段，企业应根据自己的实际情况和市场环境来选择合适的创新方式。

2. 选择阶段

在收集到足够的信息后，企业或组织需要对这些信息进行筛选和评估，以确定最有潜力的创新方向或项目。在这个阶段，企业需要权衡各种因素，如项目的可行性、风险、预期收益等，以作出明智的决策。创新本质上也是一种冒险，即使实力非常强大的企业也经不起无节制的冒险。因此，在这一阶段，企业需要全面、深入地考虑项目的可行性、风险、长期价值、资源状况、创新性、独特性等多个因素，并进行充分沟通和协商，以确保能够选出最具有潜力和价值的创新项目。

3. 实施阶段

一旦确定了创新项目，企业或组织就需要开始实施。这包括制订详细的计划、分配资源、组织团队和进行研发等。在实施阶段，企业需要确保项目按照预定的时间表和质量标准进行，同时及时调整策略以应对可能出现的问题。

实施创新是一个复杂而艰难的过程，需要团队成员的共同努力和协作。通过明确目标和计划、建立跨部门协作机制、风险管理、监控和调整、确保资源充足、鼓励创新和试错、知识产权保护、持续沟通和反馈、关注市场动态和竞争环境以及确保项目质量等措施，企业可以提高创新项目的成功率和效果。

4. 获取阶段

当创新项目完成后，企业或组织需要将其推向市场，并通过销售、营销等手段获取收益。在这个阶段，企业需要关注市场反馈，了解客户的需求和满意度，以便对产品或服务进行持续改进和优化。

同时，该阶段企业还需要注重内部创新环境的营造。内部创新环境是企业创新活动的重要保障，企业应当积极营造有利于创新的环境，鼓励员工提出新想法、尝试新方法，从而获得持续改进和优化的动力。

五、影响创新的主要因素

创新对企业而言，能带来竞争优势，提升产品与服务的质量，满足市场需求，增强品牌影响力，并推动企业持续增长。然而，创新也存在风险，其可能导致成本上升、失败率提高，以及管理复杂度增加，对企业的资源和稳定性构成挑战。因此，我们要充分认识影响创新成效的主要因素，努力为创新构筑良好的内外部条件。

1. 企业文化

一个开放、尊重和积极的学习文化能够鼓励员工提出新的想法和尝试新的方法。在这样的环境中，员工感到自由，受到鼓励，愿意挑战现状，从而促进创新的产生。

2. 领导力

领导者在创新过程中起着至关重要的作用。领导者不仅要激励员工提出新的想法，还要鼓励员工冒险尝试，并为员工提供必要的资源和支持。领导者的态度和行为将直接影响整个组织的创新氛围。

3. 团队合作与多样性

创新通常需要来自不同背景和专业领域的人员进行合作。团队成员之间的良好沟通和合作非常重要，而多样性则可以为团队带来不同的视角和思维方式，促进创新的产生。

4. 技术和知识储备

创新往往依赖于新的技术和知识。企业需要投入足够的资源来推动技术与知识的积累和应用，以保持竞争优势。此外，对市场和客户需求的深入理解也是推动创新的重要因素。

5. 风险与失败的接受度

创新往往伴随着风险和失败。一个成功的企业需要能够接受失败，并从失败中学习和成长。对风险的正确评估和管理也是推动创新的关键。

6. 市场需求

创新必须与市场需求紧密结合。创新仅仅有技术或想法是不够的，而必须能够满足消费者的需求，为他们提供更好的产品和服务。因此，企业需要密切关注市场和消费者的变化，以发现新的机会和需求。

7. 企业规模与资源

企业规模的大小和资源的多少会影响创新的能力。大型企业通常拥有更多的资源和更强的研发能力，但也可能面临更多的决策延迟。而小型企业可能更加灵活和快速，但也可能面临资源不足的问题。

8. 政策支持

政府的政策和支持也对创新产生重要影响。例如，政府可以通过提供资金、税收优惠、知识产权保护等措施来鼓励企业进行创新活动。有了政府的政策支持，企业创新的成功概率往往会明显提高。

影响创新的因素还有很多，企业需要综合考虑这些因素，并制定相应的策略和措施来推动创新活动的发展。

六、创新生命周期模型

20世纪70年代,科技和工业领域正经历着前所未有的变革。新产品、新技术层出不穷,市场竞争异常激烈。阿伯内西(Abernathy)和厄特巴克(Utterback)这两位学者敏锐地观察到了这一切,并开始思考:这些创新是如何产生的?它们又经历了怎样的发展过程?经过深入研究,他们发现创新并不是一蹴而就的,而是经历了一个复杂的过程。于是,他们提出了著名的"A—U创新模式",也就是我们现在所说的创新生命周期模型。这个模型将创新过程分为了流动阶段、过渡阶段和专业阶段,每个阶段都有其独特的特点和挑战。

1. 流动阶段

流动阶段(fluid phase)就像是创新的萌芽期,该阶段新技术、新产品、新想法层出不穷,市场充满了无限可能。这个阶段的特点就是高度的技术不确定性和市场不确定性。市场和技术都还在摸索阶段,大家都在摸索、尝试中寻找最佳的解决方案。这个阶段也伴随着许多挑战。由于技术的不成熟和市场的不明确,创新者们可能会面临资金短缺、技术难题、市场接受度低等挑战。但也正是这些挑战,更能激发创新者们的创造力和毅力,推动他们不断前行。这个阶段虽然充满风险,但也有着巨大的机遇,一旦创新能够成功度过这个阶段,企业就有可能引领市场潮流,成为行业的佼佼者。

2. 过渡阶段

随着时间的推移,技术和市场逐渐稳定,一些创新开始崭露头角,形成主导设计的过渡阶段(transitional phase)。这个主导设计就像是一个标杆,引领着市场和技术的发展方向。同时,这个阶段也伴随着对产品差异化的关注,企业开始注重产品的独特性和竞争力。同时,随着主导设计的出现,技术纷争可能会逐渐加剧,不同的企业和团队可能会为了争夺主导权而展开激烈的竞争。此外,企业还需要关注产品的稳定性和质量,确保产品能够满足市场和用户的需求。在这个阶段,企业需要不断投入研发和创新,以保持产品的竞争力和市场地位。这时候,竞争的重点也从单纯的技术创新转向了如何优化生产流程、降低成本等方面。

为了应对这些挑战,企业可以采取以下策略:首先,加强市场调研和用户需求分析,了解市场和用户的真实需求,以便更好地把握市场脉搏。其次,注重产品质量的提升和稳定性的保障,确保产品能够满足用户的需求和期望。最后,企业还可以加强与其他企业和团队的合作和交流,共同推动技术和市场的发展。

3. 专业阶段

当技术和市场都趋于稳定时,就进入了专业阶段(specialized phase)。在这个阶段,经过之前的探索和竞争,一些技术和产品开始脱颖而出,形成行业标准。这使得产品设计和生产产品的设计和生产都非常成熟,逐步规范化、模块化,大大提高了生产效率和产品质量。而消费者对产品的需求也趋于稳定,这使得企业开始注重产品的差异化和个性化,以满足不同消费者的需求。在这个阶段,创新速度放缓,竞争的重点也转移到了如何提供更高质量、更专业的服务上,由此产品和服务的质量都得到了大幅提升。

当然这个阶段的挑战也是巨大的。随着市场的逐渐饱和,企业之间的竞争也会更加激烈。企业需要不断提升产品质量和服务水平,以赢得消费者的青睐。企业还可能会遇到一些技术"瓶颈",导致产品升级和优化的难度加大,需要加大研发投入,寻求技术突破。

第 2 节　企业创新管理

一、企业创新管理的流程

（一）建立创新型组织

创新型组织是指那些将创新视为组织文化和核心竞争力的组织。它们通过构建一种鼓励创新、支持创新、奖励创新的环境，持续推动技术创新、管理创新、产品创新和市场创新。这些创新不仅致力于解决组织面临的当前挑战，也积极探寻未来的发展机会，以维持和提升组织的长期竞争优势。创新型组织通常具备开放性的思维、灵活的组织结构、鼓励跨界合作的氛围，以及勇于接受挑战的决心，这使得它们能够在复杂多变的市场环境中保持领先地位。

彼得·德鲁克认为创新型组织应该将创新精神制度化，并创造出一种创新的习惯。由此可见，创新型组织并不只是一种结构，而是各组成要素的集成。这些要素共同构建了一个充满活力、创新精神和高效执行力的组织体系。创新型组织的组成要素及关键特征如表11-1所示。

表 11-1　创新型组织的组成要素及关键特征

组成要素	关键特征
共同愿景、领导力和创新意愿	明确阐述的共同使命；延伸的战略目标
灵活的组织结构和流程	快速响应市场变化和客户需求
关键个体	关键角色赋予创新活力或促进创新
有效的团队合作和知识共享	鼓励员工与不同领域不同背景的人进行交流合作；组织内部建立完善的知识管理系统
全员参与创新	全员参与整个组织的持续改进活动
开放的文化和价值观	采用积极的方法鼓励员工获得创造性想法，挑战传统思维

1. 创新型团队的构建原则

创新型团队的构建，主要围绕着如何激发和保持团队的创新能力，促进团队成员之间的有效合作与沟通而进行。

（1）系统性原则。创新团队的构建不是孤立的，它需要与组织的整体战略、文化、流程等相互协调。因此，在构建创新团队时，需要系统性地考虑各种因素，确保团队与组织的整体目标保持一致。

（2）实事求是原则。创新团队的构建需要根据实际情况进行具体分析，不能盲目跟风或全盘接受其他团队的成功经验。要深入了解团队成员的特点、能力、需求等，以及组织内部和外部的环境因素，从而制定出符合实际情况的团队构建方案。

（3）创新导向原则。创新型团队的核心目标是创新。因此，在团队构建过程中，要始终坚持以创新为导向，注重培养团队成员的创新意识、创新思维和创新能力。同时，要为团队成员提供足够的创新资源和支持，鼓励他们勇于尝试、敢于创新。

（4）协作与沟通原则。创新团队需要成员之间的紧密协作和有效沟通。在构建团队时，要注重培养团队成员的协作精神和沟通能力，确保团队成员之间能够相互理解、相互支持、相互学习。同时，要建立良好的沟通机制，确保信息在团队内部畅通无阻。

（5）激励与保障原则。创新团队需要持续的动力和保障。在构建团队时，要设计合理的激励机制，如奖励制度、晋升制度等，以激发团队成员的积极性和创造力。同时，要为团队成员提供必要的保障措施，如培训、福利等，以确保他们能够全身心地投入创新工作。

（6）持续学习与改进原则。创新是一个持续不断的过程，因此创新团队也需要具备持续学习和改进的能力。在构建团队时，要注重培养团队成员的学习意识和学习能力，鼓励他们不断学习新知识、掌握新技能。同时，要建立完善的反馈机制，及时收集团队成员的意见和建议，对团队的工作进行持续改进和优化。

2. 创新型团队的构建方法

创新是推动组织持续发展和竞争优势的关键动力，因此，构建创新型团队在现代组织中显得非常重要。

（1）明确团队目标和愿景。首先，需要明确团队的目标和愿景，确保所有成员对团队的方向有共同的理解和认同。一个清晰的目标和愿景能够激发团队成员的积极性和创新动力。

（2）选拔多样化的人才。创新型团队需要不同背景、不同专业知识的人才共同合作。在选拔团队成员时，应注重其创新能力、问题解决能力、团队协作能力等多方面的素质，同时鼓励团队成员保持多样性。

（3）建立开放和包容的团队文化。创新型团队需要一种开放和包容的文化氛围，鼓励成员们敢于提出新的想法和观点，勇于尝试和接受失败。同时，团队领导也应具有倾听的能力，为成员提供充分的支持和帮助。

（4）建立有效的沟通机制。良好的沟通是创新型团队成功的关键。团队应建立有效的沟通机制，包括定期的团队会议、周报制度、信息共享平台等，确保团队成员之间的信息畅通无阻，及时发现和解决问题。

（5）设立合理的激励机制。合理的激励机制能够激发团队成员的创新动力。可以通过设立创新奖励基金、提供晋升机会、表彰优秀成员等方式，对团队成员的创新成果进行肯定和奖励。

（二）制定创新战略

制定创新战略是企业创新管理的关键步骤。创新战略应该基于企业的整体战略和目标，明确创新的方向和重点，为企业的发展提供明确的指引。

1. 分析市场需求和竞争状况

企业制定创新战略时，需要对市场需求进行深入的分析，掌握市场规模与增长趋势，深入了解客户的需求和期望，挖掘增长潜力和市场机会。创新战略的制定还必须要考虑市场竞争态势。企业需要通过了解竞争对手的策略、评估竞争对手的威胁、利用竞争对手的弱点，以及寻找合作机会等方式，来制定更具针对性的创新战略，从而帮助企业在激烈的市场竞争中保持领先地位,实现持续稳健的发展。只有深刻了解竞争对手的情况,企业才可以扬长避短,通过在产品设计、市场营销等方面的创新,来抢占市场份额。

2. 确定创新领域和重点

企业需要根据市场需求、竞争状况、自身资源和能力,明确创新的目标和方向,确定企业创新的领域和重点。

3. 制订创新计划和时间表

企业应根据创新领域和重点,制订详细的创新计划和时间表,明确各个阶段的任务和目标,确保创新活动的有序进行。

(三) 建立创新方案

建立创新方案是企业创新管理的核心环节。创新方案应该基于创新战略,针对具体的创新项目或产品,提出具体的解决方案和实施计划。

1. 深入研究和分析

首先,要明确研究目标,进行市场调研,了解市场需求和趋势。其次,评估项目的技术可行性和潜在风险,确保技术支撑和风险控制到位。再次,进行财务分析,预测项目的经济效益。同时,制订详细的研究计划,系统收集和分析数据,运用统计方法和模型挖掘信息。最后,撰写全面的研究报告,呈现研究成果,为项目决策提供有力支持。在整个过程中,应保持开放和批判性思维,确保研究的准确性和有效性。

2. 提出创新想法和解决方案

创新的想法和解决方案必须基于研究结果提出。这样的创新想法和解决方案往往能够针对当前市场或行业中的痛点,提出独特的解决方案,以满足消费者的需求或提升行业的效率。方案中要明确产品或服务的创新点,突出其与众不同的特性和功能。这些创新点可能是在技术上的突破,也可能是对服务模式的创新,抑或是用户体验上的优化。所有创新点均应该能够解决用户的核心问题,提供超越竞争对手的价值。

3. 制定实施方案和预算

根据创新想法和解决方案,制定详细的实施方案和预算。制定实施方案时,需明确目标、步骤和责任人,同时进行风险识别和应对策略制定。在预算制定上,要收集相关信息,根据目标制定详细的收入和支出预算,并经过审查和批准后执行。执行过程中需监控预算执行情况,并根据实际情况进行调整,确保项目顺利推进。

(四) 创新的实施

创新的实施是企业创新管理的最终环节。创新的实施需要确保创新方案得到有效的执行,同时还需要对创新过程进行监控和评估,确保创新活动能够达到预期的效果。

1. 组建实施团队

企业应组建一支专业的实施团队,负责创新项目的实施和推进。这个团队应该具备跨学科的知识和技能,能够有效地整合不同部门和员工之间的资源和经验。

2. 投入创新资源

创新离不开投入,企业需要投入大量的资源来实现创新战略。这包括人力、资金以及时间等资源的投入,投入越多,创新战略实现的可能性就越大。同时,企业也需要进行有效的资源配置,提高资源的使用效率,从而确保企业有效地实现创新。

3. 监控和评估创新过程

企业需要对创新过程进行持续的监控和评估,确保创新活动能够按照计划和预算进行并达到预期的效果,同时及时发现和解决可能出现的问题和风险。评估可以包括定期的项目评审、绩效评估和风险管理等。通过评估,企业可以及时发现问题并采取相应的措施进行改进。

4. 持续改进和优化

企业应根据监控和评估的结果,进行工作反思和经验总结,对创新方案进行持续改进和优化,确保创新活动能够不断提高效率和效果,为企业的长期发展提供有力的支持。改进和优化可以包括知识分享、团队培训和制定改进措施等。同时,企业还可以从外部获取新的知识和信息,以提高自身的创新能力。

二、企业创新管理的关键要素

(一)所有权问题

在当今竞争激烈的商业环境中,企业的创新能力对于其长期发展具有决定性的意义。而企业创新管理组织制度作为支撑和推动创新活动的基础框架,其设计和实施显得尤为重要。其中,所有权问题作为创新管理组织制度的核心,不仅关系到企业的创新动力,还影响到创新资源的配置和创新成果的转化。

1. 所有权问题在创新管理组织制度中的重要性

(1)激发创新动力。明确的所有权归属能够激发员工的创新热情。当员工意识到自己的创新成果能够得到应有的回报和认可时,他们会更愿意投入时间和精力开展创新活动。因此,一个合理的所有权制度能够为企业营造一种积极向上的创新氛围。

(2)保障资源配置。所有权问题还涉及创新资源的配置。在创新过程中,资金、人才、技术等资源的投入都是必不可少的。一个清晰的所有权制度能够确保这些资源得到合理的配置和使用,从而提高创新的效率和成功率。

(3)促进成果转化。创新成果的成功转化是企业实现创新价值的关键环节。一个健全的所有权制度能够保障创新成果的合法权益得到保护,防止侵权行为的发生,从而鼓励更多的创新。

2. 所有权问题在创新管理组织制度中的具体体现

(1)知识产权归属。知识产权是企业创新成果的重要体现。在创新过程中,企业需要明确知识产权的归属问题,确保创新成果的合法权益得到保护。这包括专利、商标、著作权等不同类型的知识产权的归属和权益分配。

(2)股权激励制度。股权激励是一种有效的创新激励机制。通过给予员工股权或期权等形式的激励,企业能够激发员工的创新热情,促进创新成果的产生和转化。然而,在实施股权激励制度时,企业需要明确股权的归属和权益分配问题,以确保激励效果的最大化。

3. 部门利益保障机制

创新活动往往需要多个部门和团队的协作。为了确保创新活动的顺利进行,企业需要建立跨部门协作机制,明确各部门的职责和权限。在这个过程中,所有权问题也是一个需要关注的重点。企业需要确保各部门在创新活动中的权益得到保障,避免因所有权问题而引发纠纷和冲突。

所有权问题对于企业的创新动力、创新资源配置和创新成果转化具有重要影响。因此，在设计和实施创新管理组织制度时，企业需要充分考虑所有权问题，确保创新活动的顺利进行和创新成果的合法权益得到保护。同时，企业还需要不断完善和优化创新管理组织制度，以适应不断变化的市场环境和竞争态势。

（二）以团队为基本组织单元的网状结构

现代企业的创新管理更倾向于选择以团队为基本组织单元的网状结构。这种结构能够更有效地激发创新活力，提高创新效率，从而增强企业的竞争力。

1. 网状结构的特征

（1）扁平化。网状结构打破了传统的层级壁垒，使得信息能够更快速地流通和共享。这种扁平化的结构有助于减少决策层级，提高决策效率。

（2）多元化。网状结构中的团队具备不同的专业背景和创新领域，这使得企业能够同时开展多个创新项目，实现多元化的创新。

（3）灵活性。网状结构中的团队可以根据市场需求和项目进展进行灵活调整。例如，当某个项目遇到困难时，可以从其他团队调配资源，或者将部分团队成员调整到其他项目中。

（4）互联互通。网状结构中的团队之间保持密切的互联互通，通过定期的交流、分享和合作，实现知识、经验和资源的共享。这种互联互通有助于提升整个企业的创新能力。

2. 实施以团队为基本组织单元的网状结构的关键点

（1）明确团队目标和职责。每个团队都需要有清晰的目标和职责，以确保团队成员能够明确自己的任务和责任，从而实现高效协作。

（2）建立健全的沟通机制。良好的沟通机制是确保团队之间信息流通和共享的关键。企业需要建立定期的团队会议、信息共享平台等机制，以促进团队之间的交流和合作。

（3）提供必要的资源和支持。企业需要为团队提供必要的资源和支持，包括资金、技术、人才等。同时，企业还需要为团队提供培训和指导，以提升团队成员的专业能力和创新水平。

（4）营造积极的创新氛围。企业需要营造积极的创新氛围，鼓励员工敢于尝试、敢于失败。同时，企业还需要为员工的创新成果提供适当的奖励和认可，以激发员工的创新热情。

以团队为基本组织单元的网状结构是现代企业创新管理的重要趋势。这种结构能够更有效地激发创新活力，提高创新效率，从而增强企业的竞争力。通过不断优化和完善这些关键点，企业可以构建更加高效、灵活和创新的组织结构，以适应不断变化的市场环境和竞争态势。

（三）强大的领导力

领导力在创新过程中起着至关重要的作用。领导者需要为团队设定明确的目标和愿景，激发团队成员的创新热情和动力。同时，领导者还需要具备决策能力、风险承担能力和资源整合能力，以确保创新项目的顺利进行。领导力的作用体现在以下几个方面。

1. 提供战略方向

领导者为企业设定清晰的创新目标和愿景，将创新与组织的长期目标结合。他们通过制定明确的战略规划和愿景，确保全体员工能够在同一个方向上努力，共同追求创新。

2. 营造创新文化

领导者通过提供积极的工作氛围、鼓励员工思考和发表新创意以及支持实验和冒险，建立积极的创新文化。他们鼓励员工尝试新方法，接受失败并从中学习，为员工提供必要的资源和支持，使他们能够充分发挥创新潜力。

3. 培养创新团队

领导者通过选拔和培养具备创新思维和能力的团队成员，构建一个优秀的创新团队。他们注重团队成员的专业技能和协作精神，鼓励团队成员之间的开放沟通和合作，共同面对挑战和解决问题。

4. 决策与风险承担

在创新过程中，领导者需要作出明智的决策，并勇于承担风险。他们需要评估项目的风险和潜在回报，平衡短期利益和长期目标，为企业的长远发展考虑。同时，他们还需要为团队提供必要的支持和帮助，确保创新项目的顺利进行。

5. 推动创新实施

创新项目的有效实施和落地需要领导者的大力支持。他们需要与团队成员保持密切沟通和协作，时刻关注项目的进展和成果，及时调整策略和计划，以确保项目能够按时完成并达到预期效果。同时，创新是一个不断迭代和改进的过程，领导者需要保持开放的心态，不断学习和借鉴新的思想和方法，关注团队成员的成长和发展，为他们提供必要的培训和支持，帮助他们提升技能和能力。

一个优秀的领导者能够激发团队成员的创新热情和动力，为企业的创新发展提供强有力的支持。

第3节 企业创新管理面临的挑战和应对

在当今快速变化的商业环境中，创新已成为企业生存和发展的关键驱动力。然而，在实施创新管理的过程中，企业往往会面临一系列挑战。

一、企业创新管理面临的挑战

（一）创新文化缺失

许多企业缺乏鼓励创新的文化氛围，员工在日常工作中缺乏对新思想、新方法的探索和实践。他们往往墨守成规，沿用老旧的工作模式，不敢轻易尝试新的解决方案。在这样的企业中，失败往往被视为不可接受的结果，员工因害怕失败而不敢创新。这种对失败的恐惧心理会进一步抑制企业的创新活力。同时，企业可能缺乏对创新成果的奖励机制，导致员工对创新的积极性不高。长此以往，企业的创新能力将逐渐衰退，难以在竞争激烈的市场环境中立足。这种氛围会抑制员工的创新思维和创造力，阻碍企业的创新活动。

（二）跨部门协作困难

创新往往需要不同部门和团队的协作。然而，在企业创新管理过程中，跨部门协作往往成为阻碍创新实施的重要因素。由于各部门拥有各自独特的业绩目标和视角，其难以形成统一的创新目标导向,且在协作过程中会产生摩擦。同时,信息流通不畅,缺乏有效的信息共享机制,使得各部门之间形成信息孤岛,难以实现协同工作。这种困难的具体表现为:部门间出现沟通障碍,信息传递缓慢或失真,导致决策效率低下;责任边界模糊,导致在创新项目执行过程中互相推诿、扯皮;由于文化差异和工作习惯不同,不同部门难以形成默契。这些问题都严重制约了企业创新能力的提升。

(三) 技术与资源限制

在当今日益激烈的市场竞争中,企业为了保持竞争力,不得不寻求创新,投入新的技术和资源来推动产品或服务的升级换代。然而,现实往往很残酷,企业的资源并非无穷无尽,而是面临着一系列限制,这些限制成为制约企业创新能力的枷锁。

(1) 技术落后是企业面临的首要问题。随着科技的飞速发展,新技术层出不穷。若企业未能紧跟科技潮流,及时引进和掌握新技术,其产品和服务将会很快失去市场竞争力。技术落后的企业不仅难以满足消费者日益增长的需求,更难以在市场中立足。

(2) 资金短缺则是制约企业创新能力的另一大难题。创新需要大量的资金投入,从研发到生产,再到市场推广,每一个环节都离不开资金的支持。资金短缺的企业往往无法承担如此高昂的成本,导致它们无法开展有效的创新活动。一些企业往往只能在有限的资源下维持运营,难以进行大规模的创新尝试。

(四) 市场需求变化快速

随着市场的不断变化,消费者需求也在快速变化,这对企业创新管理形成重大挑战。一方面,企业需要能够迅速捕捉到消费者的新需求并立即作出反应,通过不断调整创新方向,开发新的产品或服务来满足市场需求。然而,技术更新与升级需要企业具备强大的研发能力和灵活的生产流程,否则很难完成。另一方面,市场需求的快速变化和产品迭代加速使得创新项目出现"还未落地就已经落后"的情况,导致企业出现大量资源的无效投入。

二、企业创新管理面对挑战的应对

(一) 培育创新文化,激发创新热情

企业应积极培育鼓励创新的文化氛围,让员工敢于提出新想法、尝试新方法。企业可以通过设立创新奖励机制、举办创新大赛、分享创新成功案例等方式,激发员工的创新热情,形成全员参与创新的良好氛围。

1. 建立开放、包容的创新环境

鼓励员工提出新想法和建议,不论职位高低,员工的新想法都应被平等对待。企业可设立专门的创新平台或论坛,让员工自由地分享和交流创新想法。例如,谷歌从公司层面鼓励员工将 20% 的工作时间用于个人兴趣和创新项目,这种宽松的环境让员工有更多的自由去探索新领域,从而产生了一系列创新产品,如 Gmail、Google News 等。

2. 提供资源和支持

为创新项目提供必要的资金、技术和人力资源支持。设立专门的创新团队或实验室,专注于前沿技术和产品的研发等。以特斯拉为例,特斯拉在电动汽车和可再生能源技术方面取得了显著成就。公司投入大量资源进行技术研发和创新,建立了专门的研发团队和实验室,不断探索新技术和新材料的应用。这些投入和支持使得特斯拉能够持续推出具有颠

覆性的创新产品。

3. 激励和认可

设立创新奖励制度，对提出有价值创新想法或成功实施创新的员工进行表彰和奖励，将创新能力作为员工晋升和绩效评估的重要指标之一。有的公司为了鼓励创新，会设立"创新之星"奖励制度，每年评选出最具创新精神和创新成果的员工，并给予丰厚的奖金和晋升机会。这种激励措施能有效激发员工的创新热情，使得公司内部不断涌现出优秀的创新项目和产品。

4. 培养创新意识和能力

通过培训、研讨会等方式提高员工的创新意识和能力，企业鼓励员工跨界学习和合作，拓宽视野和思维方式。苹果公司为了培养员工的创新意识和能力，定期举办设计研讨会和培训课程，邀请业界专家和学者分享最新的设计理念和技巧。同时，公司也鼓励员工跨界学习和合作，将不同领域的知识和思维方式融入产品设计，从而创造出更具创新性和竞争力的产品。

（二）建立完善机制，强化跨部门协作

企业建立跨部门协作的机制，促进不同部门之间的信息共享和资源整合。

1. 明确协作目标

一是设定共同目标，确保所有部门都明确并理解公司的整体目标，以及各自部门如何为实现这些目标作出贡献。二是做好目标分解，将公司目标分解为各部门的具体目标，并确保这些目标在部门间相互对齐，避免工作重复或遗漏。

2. 优化组织架构与流程

全面梳理组织架构，确保各部门职责清晰、不重叠，并根据战略目标和市场环境适时调整组织架构。明确跨部门协作的具体流程和步骤，包括信息收集、需求确认、任务分配、进度跟踪、成果交付等环节。

3. 建立有效的沟通机制

可通过一些方式来建立有效的沟通机制：指定对外联络人负责与其他部门的日常沟通和协调工作；引入适合团队的协作工具，帮助团队成员实现实时沟通；定期组织跨部门会议，共同讨论和解决问题，确保信息及时传递和问题及时解决，提高跨部门协作的效率。

4. 建立责任追究与激励机制

建立责任追究与激励机制主要包括：建立责任边界，明确各部门、岗位之间的责任界限，避免责任模糊和工作推诿；建立责任追究机制，对未能履行职责或造成损失的成员进行问责和处理，确保责任的严肃性和权威性；建立跨部门合作奖励机制，对在协作中表现出色的团队或个人进行表彰和奖励，激励团队成员积极参与跨部门合作。

（三）加大研发投入，注重人才培养

企业应加大技术研发投入，引进先进的技术和设备，提升企业的技术水平和创新能力。同时，企业还应注重人才培养和引进，吸引具备创新能力和专业素养的人才加入企业，为企业创新提供有力的人才保障。

1. 加大研发投入，提高创新效率

（1）建立稳定的研发投入机制。制定明确的研发投入预算，并将其纳入公司年度财务

计划。设立研发专项资金,确保研发项目得到持续、稳定的资金支持。

(2) 优化研发投入结构。根据企业战略目标和市场需求,合理分配研发资金,确保关键技术和产品的研发投入。鼓励并支持创新性强、技术含量高的研发项目,提高研发投入的效益。

(3) 加强研发项目管理。引入项目管理方法和工具,对研发项目进行规范化、标准化的管理。设立研发项目管理团队,负责项目的立项、进度跟踪、质量监控和成果验收等工作。

(4) 强化产学研合作。与高校、科研机构建立紧密的合作关系,共同开展技术研发和人才培养工作。通过产学研合作项目,将高校和科研机构的最新科研成果转化为公司实际产品和技术。

2. 注重人才培养,强化人才建设

(1) 制订人才培养计划。根据企业战略目标和人才需求,制订长期和短期的人才培养计划。针对不同层次、不同岗位的员工,设计个性化的培训和发展方案。

(2) 加强内部培训。企业定期组织内部培训课程和讲座,提高员工的专业技能和综合素质。鼓励员工参与外部培训和学术交流活动,拓宽视野和知识面。

(3) 建立导师制度。为新员工配备经验丰富的导师,提供一对一的指导和帮助。鼓励老员工成为导师,分享自己的经验和知识,促进团队内部的交流和学习。

3. 建立激励机制

设立研发成果奖励制度,对在研发工作中取得突出成果的员工进行表彰和奖励。将研发成果设为员工晋升和绩效评估的重要指标之一,激发员工的创新热情和积极性。

4. 吸引和留住人才

提供具有竞争力的薪酬和福利待遇,吸引优秀人才的加入。营造良好的企业文化和工作氛围,让员工感受到归属感和成就感,降低员工流失率。

5. 跨部门协作与培养

鼓励不同部门之间的交流和合作,促进员工之间的知识共享和互相学习。设立跨部门协作项目或团队,让员工有机会接触和学习其他领域的知识和技能,提高综合素质和跨领域合作能力。

(四) 敏锐洞察市场需求,及时调整策略方向

企业应密切关注市场动态和消费者需求变化,及时调整创新策略和方向。通过市场调研、数据分析等方式,了解消费者的需求和偏好,为创新项目提供有针对性的方向和建议。同时,企业还应加强与消费者的沟通和互动,及时获取反馈和建议,不断完善产品和服务。

1. 深入了解消费者

通过市场调研、消费者访谈、在线调查等方式,了解消费者的需求、喜好和期望。分析消费者的购买行为、频率、时间和地点,以及他们对不同产品或服务的偏好。积极收集并分析消费者的反馈和投诉,从中发现潜在的市场需求和改进空间。

2. 关注竞争对手

密切关注竞争对手的产品和服务,了解他们的优点和缺点,以及他们在市场上的表现。分析竞争对手的定价策略、营销策略、促销活动等,以便发现市场的变化和趋势。学习竞争对手的成功经验,为企业自身的市场决策提供参考。

3. 技术趋势与创新

了解并关注新技术的发展趋势,分析它们如何影响市场需求和消费者行为。通过参加

行业会议、学术文章、研究报告等方式,分析行业内的创新点和趋势,以便把握未来的市场机会。在创新选择的决策过程中,全面且细致的市场洞察和技术前瞻性是不可或缺的要素。要成功推动创新,我们不仅需要深刻理解当前的市场需求和竞争格局,还需要具备对未来市场变化和技术演进的敏锐嗅觉。只有这样,我们才能在众多的创新机会中,挑选出那些真正具有潜力、能够引领未来趋势的创新项目。

拓展资料

首钢集团携手用友建设实现数字化转型

首钢集团是我国冶金工业企业的缩影,也是改革开放的一面旗帜。作为一个跨行业、跨地区、跨所有制、跨国经营的综合性企业集团,首钢集团在近年来特别是在人力资源管理方面,积极推动数字化转型。其携手用友建设的HR数字化项目,成功入选了2024年全国企业数字化应用创新十佳案例,这充分证明了其创新实践的成功。

这个项目通过引入先进的数字化技术,对首钢集团的人力资源管理流程进行了全面优化和升级。首先,该项目实现了集团各管控系统组织、人事数据同源,打破了部门间横向端到端业务流程的壁垒,以及集团公司、平台公司、企业间的纵向业务流程的隔阂,使得整个集团的人力资源管理更加高效、协同。其次,HR数字化项目推动了首钢集团从宏观管理到精细化管理、从经验管理到数据赋能管理的转变。通过数据分析和挖掘,集团能够更准确地把握人力资源的动态变化,为决策提供更科学的依据。

在业务管理方面,HR数字化项目助力业务管理从事后分析到事前控制,实现了跨部门业务联动,全面提升了专业管理效率。这使得集团能够更快速地响应市场变化,抓住商机,实现业务的快速增长。

此外,HR数字化项目还赋能了人力资源全流程的精细化管理。该项目从招聘、培训、绩效、薪酬等方面都实现了数字化管理,使得人力资源工作更加规范、透明、高效。这不仅提升了员工的工作体验,也增强了集团的凝聚力和竞争力。

目前,首钢集团HR数字化项目已经覆盖了集团公司及项下投资的各级全资单位、控股单位、具有实际控制权的参股单位,以及首钢企业受托履行管理职责的单位。这大大提升了薪资数据汇总效率及人力资源服务效率,为集团的9万多名员工、300多家单位提供了更加便捷、高效的人力资源服务。这个项目的成功实施,不仅为首钢集团带来了显著的经济效益,而且为整个行业树立了数字化转型的典范。

首钢集团的这个创新案例表明,只有不断创新,企业才能在激烈的市场竞争中立于不败之地。通过引入新的技术和管理模式,企业可以不断提升自身的核心竞争力,实现可持续发展。

练 习 题

一、单项选择题

1. 下列各项中,准确描述了"创新是企业组织发展的核心驱动力"的是(　　)。
   A. 企业应维持传统的经营模式和产品,以保持市场稳定
   B. 创新是企业发展的唯一动力,只需关注新技术的引入
   C. 企业应不断寻求创新,包括产品、服务和内部管理,以应对市场变化和满足客户需求
   D. 企业只需关注市场营销的创新,以提高品牌知名度和销售额
2. 企业与研究机构、大学之间共同开发新技术或新产品,属于(　　)。
   A. 原始创新　　　B. 合作创新　　　C. 独立创新　　　D. 引进创新
3. 下列关于产品创新的描述中,正确的是(　　)。
   A. 产品创新仅限于技术结构的改进,不涉及其他方面
   B. 产品创新对于满足市场新需求或创造新市场并不重要
   C. 产品创新主要关注品牌的包装,与技术结构无关
   D. 产品创新可以带来全新的用户体验,满足市场的新需求,甚至创造全新的市场
4. 创新的关键是(　　)。
   A. 领导力　　　　B. 组织能力　　　C. 创新能力　　　D. 竞争能力
5. 创新的主体是(　　)。
   A. 全体员工　　　　　　　　　　　B. 各级管理者
   C. 各方面的专家　　　　　　　　　D. 以上都是
6. 下列选项中,不属于创新活动的是(　　)。
   A. 质量的检验　　　　　　　　　　B. 产品的开发
   C. 设备的更新改造　　　　　　　　D. 工艺的改进
7. 下列各项中,不属于创新生命周期模型将创新过程分成的阶段的是(　　)。
   A. 流动阶段　　　B. 过渡阶段　　　C. 起始阶段　　　D. 专业阶段
8. 创新项目要成功,除资金以外,还需要(　　)。
   A. 产品资源　　　B. 项目资源　　　C. 人才资源　　　D. 生产资源
9. 在创新过程中,对团队合作至关重要的是(　　)。
   A. 个人独立思考　B. 高效沟通　　　C. 领导者决策　　D. 技术专长
10. 创新管理的步骤包括(　　)。
    A. 创新计划、创新实施和创新评估
    B. 创新调查、创新分析和创新决策
    C. 创新设计、创新开发和创新推广
    D. 创新控制、创新监督和创新整合

二、判断题

1. 所谓创新,就是一种影响更大的发明。（　　）
2. 产品创新是技术创新的一种形式。（　　）
3. 在组织中维持要远比创新重要。（　　）

4. 产品创新是指企业在产品的技术结构、性能功能、品牌包装和服务等方面的创新。
（　　）
5. 知识产权是企业创新成果的重要体现。（　　）
6. 汽车动力系统由燃油驱动改为电力驱动属于一种创新。（　　）
7. 创新的过程包含搜寻、选择、实施、获取四个阶段。（　　）
8. 管理创新中的"管理"是名词，不是动词。（　　）
9. 鼓励员工跨界学习和合作，拓宽视野和思维方式，是培养创新意识和能力的方法之一。
（　　）
10. 领导力在创新过程中起着至关重要的作用。（　　）

三、简答题
1. 简述创新与企业创新的意义。
2. 简述创新生命周期模型各阶段的主要内容。
3. 简述企业创新管理面临的挑战和应对方式。

四、论述题
请结合实际论述企业在创新管理过程中应如何平衡创新的风险与收益，并举例说明。

主要参考文献

[1] 柏海燕,武海燕.管理学基础与实务[M].2版.上海:立信会计出版社,2023:2-24.
[2] 贾旭东.现代企业管理[M].2版.北京:中国人民大学出版社,2020:207-219.
[3] 陈文安,薛松.企业管理[M].8版.上海:立信会计出版社,2021:230-288.
[4] 财政部财务评价中心.财务管理[M].北京:财经科学出版社,2023:355-387.